U0578813

西安交通大学人口与发展研究所·学术文库

中国农村男性的婚姻困境与突破

基于生命质量和社会支持视角

THE MARRIAGE DIFFICULTIES
AND BREAKTHROUGH AMONG RURAL CHINESE MEN

THE PERSPECTIVES OF QUALITY OF LIFE AND SOCIAL SUPPORT

杨雪燕　王洒洒　著

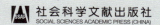

社会科学文献出版社
SOCIAL SCIENCES ACADEMIC PRESS (CHINA)

总　　序

　　西安交通大学人口与发展研究所一直致力于社会性别歧视与弱势群体问题的研究，在儿童、妇女、老年人、失地农民、城乡流动人口和城镇困难企业职工等弱势群体的保护和发展领域进行了深入研究。研究所注重国内外的学术交流与合作，已承担并成功完成了多项国家级、省部级重大科研项目及国际合作项目，在弱势群体、人口与社会发展战略、公共政策研究等领域积累了丰富的理论与实践经验。

　　研究所拥有广泛的国际合作，与美国斯坦福大学人口与资源研究所、杜克大学、加州大学尔湾分校、南加州大学、加拿大维多利亚大学、圣塔菲研究所等国际知名大学和研究机构建立了长期的学术合作与交流，形成了研究人员互访和合作课题研究等机制；同时，研究所多次受到联合国人口基金会、联合国儿童基金会、联合国粮农组织、世界卫生组织、国际计划、美国 NIH 基金会、美国福特基金会、麦克阿瑟基金会等国际组织的资助，合作研究了多项有关中国弱势群体问题的科研项目。国际合作使研究所拥有了相关学术领域的国际对话能力，扩大了国际影响力。

　　研究所注重与国内各级政府部门的合作，已形成了与国家、地方各级政府的合作研究网络，为研究的开展及研究成果的扩散与推广提供了有利条件和保障。研究所多次参与有关中国弱势群体、国家和省区人口与发展战略等重大社会问题的研究，在国家有关政府部门、国际机构的支持下，在计划生育和生殖健康、女童生活环境等领域系统地开展了有关弱势群体问题的研究，并将研究结果应用于实践，进行了社区干预与传播扩散。自1989 年以来，研究所建立了社会实验基地 6 个，包括"全国 39 个县建设新型婚育文化社区实验网络"（1998～2000 年，国家人口和计划生育委员会）、

"巢湖改善女孩生活环境实验区"（2000～2003 年，美国福特基金会、国家人口和计划生育委员会）、"社会性别引入生殖健康的实验和推广"（2003年至今，美国福特基金会、联合国人口基金会和国家人口与计划生育委员会）等。其中，"巢湖改善女孩生活环境实验区"在国内外产生了重要影响，引起了国家和社会各界对男孩偏好问题的重视，直接推动了全国"关爱女孩行动"的开展。

近年来，研究所开始致力于人口与社会可持续发展问题的理论、方法、政策和实践的系统研究，尤其关注以社会性别和社会弱势人群的保护与发展为核心的交叉领域。作为国家"985 工程"二期"人口与经济社会可持续发展政策与管理创新"研究基地的重要组成部分，研究所目前的主要研究领域包括：人口与社会复杂系统的一般理论、分析方法与应用研究——探索人口与社会复杂系统的理论和方法、分析人口与社会复杂系统的一般特征及结构，建立人口与社会复杂系统模型，深入分析社会发展过程中出现的重大人口与社会问题并为其提供理论和方法指导；人口与社会政策创新的一般理论、分析方法与应用研究——分析人口与社会政策创新的理论内涵与模式，人口与社会政策创新的政策环境、条件、机制、过程与应用，建立人口与社会政策创新评估体系；转型期面向弱势群体保护与发展的社会政策创新研究、评价与实践——以多学科交叉的研究方法，研究农村流动人口在城镇社会的融合过程，分析农民工观念与行为的演变及其影响机制，研究农村流动人口与社会后果，探索促进农民工社会融合的途径，探讨适合中国国情的城市化道路；国家人口与社会可持续发展决策支持系统的研究与应用——在人口与社会复杂系统和人口与社会政策创新研究的基础上，结合弱势群体研究所得到的结果，面向国家战略需求，从应用角度建立人口与社会可持续发展决策支持系统，并形成相应的数据库、模型库、知识库和方法库，解决人口与社会可持续发展过程中的重大战略问题。

中国社会正处于人口与社会的急剧转型期，性别歧视、城乡社会发展不平衡、弱势群体生活困难等问题日益凸显，社会潜在危机不断增大，影响并制约着人口与社会的可持续发展。西安交通大学人口与发展研究所的研究成果有利于解决中国社会面临的以社会性别和弱势群体保护与发展为核心的人口与社会问题。本学术文库将陆续推出其学术研究成果，以飨读者。

序

这本书脱胎于我的国家社科基金重点项目"婚姻挤压背景下农村男性生命质量研究"（项目编号：14ARK002）的结题报告，不免使我回想起2014~2015年，我往返于陕西西安—陕西安康—美国斯坦福大学—陕西西安—陕西安康—安徽巢湖无比曲折的调查路线，带领课题组获取了丰富的一手调查数据。调查过程且长且艰巨，课题组的老师和同学们也在其间获得了快速成长。课题组成员、我的师妹张群林，目前已经是西安工程大学的副教授和科研骨干；课题组成员、我的师弟杨博，目前已经是陕西师范大学的副教授和科研骨干；课题组成员、李树茁老师的博士研究生孟阳、宋瑞霞等，也都陆续毕业获得博士学位；课题组的小领导、我的博士研究生王洒洒，也通过这个课题完成了她的博士学位论文，我亲眼见证她从一个热情又有点毛躁的硕士研究生一路升级打怪，最终成长为陕西师范大学的青年科研骨干老师。

这本书是对那段奋斗岁月的纪念。我一直记得课题组学生们是怎样在大雪纷飞的冬季，扛着十几台沉重的 IBM 电脑奔赴建筑工地开展调查；我也记得课题组学生们是怎样在酷热难当的夏季，抱着 IPAD 深入陕南的山区进行调查，汗水湿透了学生们的衣衫，干了以后甚至能看到盐渍般的斑驳痕迹；我还记得由于沟通失误，群林和我是怎样被困在陕南山村的一个办公室里一筹莫展、愁绪满怀……当然，我更记得课题组在法国巴黎 INED 会议室汇报调查过程和研究成果时，国际同行所给予的肯定和敬意。这一切努力最终成就了这本书。

但还是有遗憾的。书稿付梓之际，深感言辞匮乏、文思枯竭，无法全方位多角度展示整个研究的过程。唯愿对性别失衡问题有兴趣的读者在打开此书时，能透过文字、数据和分析窥见整个课题组长期努力的汗水和智慧。

衷心感谢"西安交通大学人文社会科学学术著作出版基金"和"中央高校基本科研业务费专项资金"（the Fundamental Research Funds for the Central Universities）对于此书出版的资助。

杨雪燕

2023 年 3 月 20 日于西安

摘　　要

　　中国是世界上少数几个男性人口比例高于女性的国家之一，目前正面临着人口历史上前所未有的严峻状况。据估计，目前已经有 3300 万的剩余男性。成年人口中较高性别比的后果是婚姻市场中女性伴侣的可及性大大降低，部分男性可能无法找到妻子。而由于"婚姻梯度"的影响，那些生活在偏远农村地区，社会地位较低下的男性因对女性的吸引力较低，在婚姻市场上更易成为被挤压的对象，从而陷入婚姻困境。

　　中国是一个普婚制的国家，异性婚姻是家庭形成的先决条件。大多数年轻男性和女性在进入成年期后，会遭受到社会和家庭的双重催婚；在一定年龄内仍旧单身会被视为"耻辱"。研究发现，未能结婚可能带来各种消极后果，如性福利匮乏、生活福利水平较低、缺乏社会认同、健康风险较大；可以推断出婚姻困境中农村男性的生命质量水平较低。生命质量概括了生命的本质特征，本研究以它为切入点，旨在调查婚姻困境中婚姻挤压如何影响农村男性的生命质量，以及不同类型的社会支持、社会参与能否提升婚姻困境中农村男性的生命质量，帮助其对抗婚姻挤压造成的威胁。本书属于性别失衡后果的延伸性研究，可以弥补婚姻挤压背景下农村男性生存现状研究的不足，还可以为改善婚姻困境中农村男性的生存状况提供思路和依据，具有重要的学术价值和实践意义。

　　关键词：性别失衡；农村男性；婚姻困境；生命质量；社会支持

ABSTRACT

China is one of the few countries in the world where the proportion of men is higher than that of women, and it is facing a situation unprecedented in its history. It is estimated that there are already 33 million remaining men. The consequence of the higher sex ratio in the adult population is that the accessibility of female partners in the marriage market will be greatly reduced, and some men may not be able to find a wife. Due to the influence of the "Hypergamy Marriage System", those men living in remote rural areas and with lower social status are more likely to be squeezed in the marriage market because they are less attractive to women, and thus fall into marital difficulties.

China is a country with universal marriage system, and heterosexual marriage is a prerequisite for family formation. Most young men and womenare forced to get married and have to be face the dual pressures from social and family when they reach adulthood; Being single for a certain age is considered a "shame". Studies have found that failure to marry may have various negative consequences, such as lack of sexual wellbeing, lower living benefits, lack of social recognition, and greater health risks; It can be inferred that rural men in marital distress have a lower quality of life. Quality of life summarizes the essential characteristics of life, and this study aims to investigate how marriage squeeze affects the quality of life of rural men in marriage difficulties, and whether different types of social support and social participation can protect the quality of life of rural men in marital difficulties and help them fight the threat caused by marriage squeeze.

This book is an extended study of the consequences of gender imbalance, which can make up for the lack of research on the survival status of rural men under the background of marriage squeeze, and can also provide ideas and basis for improving and improving the living conditions of rural men in marital difficulties, which has important academic value and practical significance.

Gender Imbalance; Rurai Men; Marriage Difficulties; Quality of Life; Social Support

目　　录

第一章　绪论···1

　　第一节　研究背景和问题···1

　　第二节　研究目标···3

　　第三节　研究框架和思路···4

　　第四节　数据来源和研究方法···5

　　第五节　概念界定···8

　　第六节　研究内容···10

第二章　国内外相关研究综述···12

　　第一节　生命质量的概念界定和测量···12

　　第二节　婚姻与生命质量的关系···18

　　第三节　社会支持与生命质量的关系···21

　　第四节　婚姻困境中的农村男性相关研究点···28

　　第五节　研究述评···34

第三章　研究设计···37

　　第一节　社会支持与生命质量···38

　　第二节　社会参与与生命质量···42

　　第三节　社会支持网与生命质量···44

　　第四节　感知社会支持与生命质量··47

　　第五节　分析框架的提出···48

　　小　结···49

第四章　婚姻困境中农村男性生命质量概念及测量 ································· 50

　第一节　生命质量的含义 ··· 50

　第二节　生命质量的概念 ··· 51

　第三节　生命质量的组成：领域和指标 ··························· 52

　第四节　农村男性的生命质量 ····································· 57

　小　结 ··· 64

第五章　婚姻困境中的农村男性生命质量 ························· 65

　第一节　研究目的 ··· 65

　第二节　研究方法 ··· 66

　第三节　农村男性生命质量状况 ··································· 77

　第四节　婚姻困境中婚姻挤压对农村男性生命质量的影响 ··········· 102

　第五节　讨论：婚姻挤压与农村男性生命质量存在怎样的关系？ ····· 106

　小　结 ··· 110

第六章　社会参与对婚姻困境中农村男性生命质量的影响 ··········· 112

　第一节　研究目的 ··· 112

　第二节　研究方法 ··· 114

　第三节　农村男性的社会参与状况 ································· 118

　第四节　社会参与对农村男性生命质量的影响 ····················· 121

　第五节　讨论：社会参与对农村男性生命质量存在怎样的影响？ ····· 131

　小　结 ··· 134

第七章　社会支持网对婚姻困境中农村男性生命质量的影响 ········· 136

　第一节　研究目的 ··· 136

　第二节　研究方法 ··· 140

　第三节　农村男性的社会支持网状况 ······························· 143

　第四节　社会支持网对农村男性生命质量的影响 ··················· 155

　第五节　讨论：社会支持网对农村男性生命质量存在怎样的
　　　　　影响？ ··· 179

　小　结 ··· 183

第八章　感知社会支持对婚姻困境中农村男性生命质量的影响…………　186

第一节　研究目的 ……………………………………………………　186

第二节　研究方法 ……………………………………………………　188

第三节　农村男性感知社会支持状况 ………………………………　191

第四节　感知社会支持对农村男性生命质量的影响………………　194

第五节　讨论：感知社会支持对农村男性生命质量存在怎样的

　　　　影响？ …………………………………………………………　202

小　　结………………………………………………………………　205

第九章　结论与展望………………………………………………………　207

第一节　主要结论 ……………………………………………………　207

第二节　政策建议 ……………………………………………………　211

第三节　研究展望 ……………………………………………………　215

参考文献 ………………………………………………………………　217

附　录…………………………………………………………………　249

CONTENTS

CHAPTER I   Introduction ··· 1

  Background and Problems ··· 1

  Research Objectives ··· 3

  Research Framework ··· 4

  Data Scource and Methodologies ·· 5

  Concept Definition ··· 8

  Research Content ··· 10

CHAPTER II   Literature Review ··· 12

  Concept Defintion and Measurements for Quality of Life ··············· 12

  Relationship between Marriage and Quality of Life ······················ 18

  Relationship between Social Support and Quality of Life ················· 21

  Research Points among Rural Men in Marriage Difficulties ·············· 28

  Research Review ··· 34

CHAPTER III   Study Design ··· 37

  Social Support and Quality of Life ·· 38

  Social Participation and Quality of Life ······································ 42

  Social Support Network and Quality of Life ································· 44

  Percieved Social Support and Quality of Life ······························ 47

  Research Framework ·· 48

  Summaries ··· 49

CHAPTER Ⅳ   Defintions For Quality of Lifeamong Rural Men In Marriage Difficulties ················ 50

Meaning of Quality of Life ···································· 50

Concept of Quality of Life ···································· 51

Composition of Quality of Life: Field and Indicators ·················· 52

Quality of Life among Rural Men ································· 57

Summaries ··· 64

CHAPTER Ⅴ   Quality Of Life Among Rural Men In Marriage Difficulties
·· 65

Research Objectives ·· 65

Research Methodologies ····································· 66

Quality of life Status among Rural Men ························ 77

The Impacts of Marriage Squeeze on Quality of Life among Rural Men in Marriage difficulties ·· 102

Discussion: How did Marriage Squeeze Affect Quality of Life among Rural Men ·· 106

Summaries ··· 110

CHAPTER Ⅵ   The Impacts of Social Participation on Quality of Life Among Rural Men In Marriage Dificulties ············· 112

Research Objectives ·· 112

Research Methodologies ····································· 114

Social Participation Status among rural men ···················· 118

Impacts of Social Participation on Quality of Life among Rural Men ······ 121

Discussion: How did Social Participation Affect Quality of Life among Rural Men ·· 131

Summaries ··· 134

CHAPTER Ⅶ   The Impacts of Social Support Network on Quality of Life Among Rural Men In Marriage Dificulties ······ 136

Research Objectives ·· 136

Research Methodologies ·· 140

Social Support Networks Status among Rural Men ····················· 143

The Impacts of Social Support Network on Quality of Life among Rural

Men in Marriage difficulties ·· 155

Discussion: How did Social Suppot Network Affecet Quality of Life

among Rural Men ··· 179

Sammaries ·· 183

CHAPTER Ⅷ The Impacts of Percieved Social Support on Quality
of Life Among Rural Men In Marriage Dificulties ······ 186

Research Objectives ··· 186

Research Methodologies ·· 188

Percieved Social Support Status among Rural Men ···················· 191

The Impacts of Percieved Social Support on Quality of Life among

Rural Men in Marriage difficulties ·································· 194

Discussion: How did Percieved Social Suppot Affecet Quality of

Life among Rural Men ·· 202

Sammaries ·· 205

CHAPTER Ⅸ Concludions and Prospect ···························· 207

Main Conclusions ··· 207

Policy Suugestions ·· 211

Research Propect ·· 215

References ·· 217

Appendix ··· 249

第一章 绪论

第一节 研究背景和问题

中国是世界上少数几个国家中男性人口比例高于女性的国家之一，尤其是在某些年龄组（Li，Jiang & Feldman，2014；Das Gupta，Ebenstein & Sharygin，2010）。比如，2010 年统计数据显示，30～39 岁从未结过婚的人群中，男女性别比达 278 ∶ 100；其中在农村区域，该比例高达 411 ∶ 100（中国国家统计局，2012）。这就导致中国正在面临着人口历史上前所未有的严峻情况，不管是在规模上还是在对社会和个体的持久影响方面（Attané，2013）。成年人口中性别比较高的后果是异性伴侣市场中女性伴侣的可及性大大降低。因而，一个基本假设是在未婚女性相对于未婚男性的可及性降低的情况下，部分中国男性可能无法找到妻子（Das Gupta et al.，2010；Attané，Zhang，Li，Yang & Guilmoto，2013）。据估计，中国目前已经有 3300 万的剩余男性；并且在未来 30 年内，每年可能还会新增 12 万～15 万（Jiang，Guo，& Li，2010）。而由于女性倾向于嫁给社会经济地位较高的男性，那些生活在偏远农村地区，社会地位较低下的男性因对女性的吸引力低下，在婚姻市场上更易成为被挤压的对象。2009 年，一项百村调查数据显示，平均每个村庄有 9.03 位 28 岁及以上结婚困难的男性（靳小怡等，2013）。到了 2016 年，本研究的百村调查数据显示平均每个村庄已经增加到了 15.81 位；尤其是在西部农村地区，平均数量远超东部和中部地区。

目前在中国，婚姻被高度重视，无法结婚并不是一件小事。大多数年轻男性和女性在进入成年时期后，都认为他们应该结婚，正如 Ownby

（2002）所言"在大多数中国人眼中，一个从未结过婚的人既不算是一个真正的成年人，也不算是一个男人"。在中国社会，异性婚姻是家庭形成的先决条件，除此之外，没有别的选择（Yu & Xie, 2015）。因为婚姻状况意味着是否够资格享受各种家庭、社会权利，因而通常将成年人群分为已婚和未婚两个群体。其中，未婚男性和女性总是遭受社会和家庭的双重催婚压力（Attané et al., 2013；Eklund, 2013），在一定年龄内仍旧单身会被视为"耻辱"。已有研究已经确定，未能结婚与各种各样的消极经历有关，包括性福利匮乏、生活福利水平较低、缺乏社会认同、健康风险较大、犯罪率较高等（Attané et al., 2013；Eklund, 2013）。虽然从中可以推断出婚姻困境中农村男性的生命质量水平也可能较低，但已有研究并没有用综合的指标去进行整体描述。而针对"生命质量"这一概念，已有研究中常用"有多少人研究生命质量就有多少个定义"来描述。那么对于婚姻困境中农村男性而言，他们的生命质量概念该如何定义，应该包括哪些领域和指标？目前虽然已经有了多款成熟的测量工具，如 WHOQOL，SF - 36 和 EQ - 5D，但这些工具的发展背景是西方国家情景。本研究在应用它们时是否需要结合婚姻挤压这一情景进行修订？如何修订？这些都是本研究需要考虑、解决的问题。可以说，到目前为止，婚姻困境中农村男性的生命质量现状尚未被完整、贴切地评估。

与此同时，近年来许多西方研究者开始认为婚姻状况与健康之间的关系已经发生变化。未婚男性和已婚男性的自评健康差距在逐渐缩小，趋于接近；婚后关系质量变得愈加重要。那么，对于中国农村男性的生命质量而言，婚姻挤压实际上处于怎样的地位？也是一个值得关注、探讨的问题。

另外，婚姻是一种法律承诺的形式，不仅有助于夫妻间建立牢固的关系，而且通过它还可以在一个家庭中建立不同层次的关系。已婚夫妇在各个领域互相帮助，尤其是碰到与健康相关的问题，配偶是最重要的支持来源（Revenson, 1994）。那么，婚姻困境中农村男性从他处获得的社会支持能否为他们的生命质量提供保护效应呢？即是说，社会支持对婚姻挤压背景下农村男性生命质量的影响如何，将是本研究另一个重点探讨的问题。虽然 Cohen & Wills（1984）曾提出了两个解释社会支持与个体健康、福利关系的模型：主效应模型和压力—缓冲模型（主效应模型，是指社会支持对健康、福利有直接的增益作用；压力—缓冲模型，假设社会支持可以缓冲压力事件对健康、福利的消极影响）；但这两个模型的解释并不充分。因为已有研究结果已经表明对于不同群体，他们从社会支持中受益的途径并不一样。事实上，受压力源本身特征，以及社会支持缺乏统一定义、测量多样化等原因的影响，目前对不同压力群体甚至是同一压力群体的社会支持研究结果都是多样化的。而对于婚姻困境中农村男性，目前研究主要检验了社会支持、应对资源等对心理福利（生活满意度、抑郁、心理失范）的影响，对社会支持与他们生命质量之间的关系并未探讨。

总体而言，本研究的核心问题在于探讨社会支持对婚姻挤压背景下农村男性生命质量的影响途径和效应。而回答这一问题的前提是明确婚姻挤压背景下农村男性的生命质量概念，并确定婚姻挤压是不是影响农村男性生命质量的重要压力事件。最终结果将不仅可以较好地弥补婚姻困境中农村男性生存现状研究方面的不足；还可以为如何改善、提高婚姻困境中农村男性的生存状况提供政策思路和依据；同时对维护地区公共安全，促进美丽乡村建设，也具有重要的学术价值和实践意义。

第二节　研究目标

本研究的最终目的是为了调查社会支持是否能够保护婚姻困境中农村男性的生命质量，帮助其对抗婚姻挤压造成的威胁，从而为如何提高他们的生命质量水平提供思路和建议。对此，本研究需实现以下几个具体目标：

（1）对婚姻困境中农村男性的生命质量概念进行清晰的界定，包括明确其结构，有哪些领域应该被重点关注，每个领域具体包括哪些测量指标，如何有效测量等问题。

（2）全面展示婚姻困境中农村男性的生命质量现状，表明婚姻困境在农村男性生命质量中的地位。这需要通过利用陕西省和安徽省两省的调查数据，采用描述性比较分析和回归分析的方法，对比不同年龄、不同婚姻状况和不同婚姻质量的农村男性，以及不同婚姻挤压感受和不同婚姻质量的农村男性在生命质量各领域、总体状况上的差异，进一步证实婚姻挤压对农村男性生命质量的影响。

（3）构建社会支持对婚姻困境中农村男性生命质量影响的分析框架。社会支持包括三个阶段：社会参与（日常社交互动）、社会支持网（向谁求助）、感知社会支持（求助结果）。社会支持对婚姻困境中农村男性生命质量的影响如何，本研究需要根据对文献内容的分析预先建立一个分析框架，以用来指导后续的研究工作。

（4）详细检验并探讨社会支持三变量——社会参与、社会支持网和感知社会支持对婚姻困境中农村男性生命质量的影响机制和效应。其中，社会参与分为休闲性参与和发展性参与；社会支持网同时测量其功能和结构，功能包括工具支持、情感支持、社会交往和信息支持四种类型，结构主要测量规模和构成；感知社会支持同时测量总体感知水平和不同来源支持的感知水平：家人支持、亲戚邻居支持和朋友支持。

（5）依据实证分析结果，总结出可以用来改善、提高婚姻困境中农村男性生命质量水平的政策思路和建议。

第三节　研究框架和思路

基于上述目标，本研究的思路如图 1 - 1 所示。具体来说，基于对婚姻困境中农村男性生命质量研究现状的回顾和评述，本研究首先对婚姻困境中农村男性的生命质量进行概念界定，构建社会支持与婚姻困境中农村男性生命质量关系的分析框架。完成上述工作后，本研究再利用陕西省安康市和安徽省巢湖市的调查数据全面展示婚姻困境中农村男性的生命质量现状，检验婚姻困境对农村男性生命质量的威胁程度；然后以此为基础，详细检验、讨论社会支持变量：社会参与、社会支持网和感知社会支持对婚姻困境中农村男性生命质量的影响机制和效应。最后，基于研究发现，有

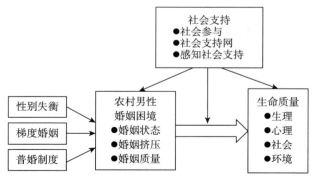

图 1 - 1　研究思路和框架

针对性地提出一些改善、提高婚姻困境中农村男性生命质量水平的思路和建议。

如图 1-1 所示，本书将针对以下内容展开研究。

（1）农村男性的生命质量概念测量和状况评估。对应本书的第四章内容。

（2）农村男性的婚姻困境对其生命质量的影响研究。对应本书第五章内容。

（3）社会参与对婚姻困境中农村男性生命质量的影响研究。对应本书第六章内容。

（4）社会支持网对婚姻困境中农村男性生命质量的影响研究。对应本书第七章内容。

（5）感知社会支持对婚姻困境中农村男性生命质量的影响研究。对应本书第八章内容。

第四节　数据来源和研究方法

一　数据来源

本研究主要选择了陕西关中地区的安康市、安徽南部的巢湖市为调查地点开展问卷调查。除此之外，本研究在调查时还组织了全国百村调查，以对婚姻困境中农村男性的基本交往和生活质量状况进行摸底。三个调查的过程如下：

（1）陕西省安康市"农村男性家庭生活状况"调查

安康市位于陕西省东南部，汉滨区是安康市的政治、经济、文化和交通信息中心，由于其长期偏高的性别比水平被选为本次农村男性家庭生活状况调查地。2012 年汉滨区总人口性别比为 107.6。而 15 岁及以上未婚人群的性别比高达 158.3。采取整群抽样的方法，按照各乡镇总体经济发展程度上、中上、中下、下分别抽取健民办事处、五里镇和关庙镇、恒口镇和张滩镇、大同镇和吉河镇等 7 个乡镇；随后采用随机抽样的方法，在当地市、区、镇等政府人员的协调和配合下分别从每个乡镇中抽取 100 名左右、年龄为 20～65 岁的农村已婚男性和未婚男性。

调查方案由西安交通大学公管学院学术委员会进行伦理审查并获得通

过。在当地人口计生部门的配合下，将抽中的调查对象集中于各个村委会，在调查之前对调查对象讲解隐私保护原则，要求愿意参与调查的对象在知情选择书上签名并告知调查对象有随时退出的权利；当场发放问卷由调查对象自填，当场收回。共计发放 1200 份问卷，收回 1017 份有效问卷，其中，未婚男性约占 15%，已婚男性约占 85%；28 岁及以下的男性为 17%，28 岁以上的男性约为 83%。

（2）安徽省巢湖市"农村男性家庭生活状况"调查

该调查由西安交通大学人口与发展研究所于 2015 年 1 月在性别比偏高的安徽省巢湖市展开。2013 年巢湖市常住人口 78.2 万人，总人口性别比为 106.32；而 15 岁及以上未婚人群的性别比为 155.2。采用分层抽样的方法、根据乡镇经济发展水平进行乡镇抽样；按照随机抽样方法在每个乡镇抽取 6 个行政村；进而按照婚姻状况和 28 岁的年龄界限从数个行政村抽取调查样本。最终获得调查样本 1053 个，其中已婚男性 590 人，未婚男性 463 人；28 岁以下 392 人，28 岁及以上 661 人。

（3）全国百村"农村男性生活质量状况"调查

该调查由西安交通大学人口与发展研究所组织，招募陕西西安地区多所高校的农村大学生作为调查员，利用他们假期返乡之际开展。该调查共组织了两次，第一次调查的时间是 2016 年的 1～2 月份，此次调查员的招募选择尽可能多地覆盖中国的各个省份。调查结束后，从统计回收的问卷中发现安徽、湖北、湖南、江苏、河北、福建、广东、四川、云南、广西、宁夏等省份的问卷数量较少或者没有。因而，在 2016 年的 7～8 月份开展了第二次调查，此次调查的人群重点是招募这些省份的农村大学生作为调查员。

两次调查的调查员都经过了组织者的登记和培训。登记内容包括调查员的姓名、学校、联系方式和拟调查的村庄名称，从而平衡各省份的问卷调查数量，并且确保问卷的调查地点不重复。培训内容包括调查原则，准确和真实；调查对象选择，以了解村子情况的村干部为主；调查单位选择，以自然村（可以被看作"熟人社会"）为主。另外，组织者还创建了 QQ 联系群以便管理和随时解答调查员在调查过程中遇到的问题。调查内容包括村庄的基本人口、经济、社会信息；28 岁以上未婚男性的生活状况，与健康相关的状况及社会关系状况等信息；被访者的受教育程度、职务、联系电话等。问卷回收分别于 2016 年 3 月和 9 月进行。调查员将问卷交回组织者，组织者在回收问卷时对问卷进行审核，审核内容包括问卷填写的完整性和逻辑关系等。如果问卷合格，组织者会直接发放报酬。如果问卷内容有漏缺或错误，要求调查员进行电话回访，补齐信息，否则视为不合格问卷。

调查共收集有效问卷 380 份，其中只有 12 个村庄回答没有大龄未婚男性。调查涵盖 18 个省份，包括东部 4 个省份的 80 个村，中部 8 个省份的 147 个村，西部 6 个省份的 153 个村。具体分布信息见表 1 – 1。尽管最后因为调查员的限制，调查结果存在偏差，但该调查是以村为单位，调查结果仍具有覆盖区域面积广、数据代表性强的特点。

表 1 – 1　样本分布

东部		中部		西部	
省份	村庄总数	省份	村庄总数	省份	村庄总数
山东	12	吉林	13	云南	33
河北	28	安徽	41	甘肃	31
浙江	23	山西	24	贵州	2
福建	17	江西	6	重庆	17
		河南	30	陕西	59
		湖北	10	青海	11
		湖南	13		
		黑龙江	10		
小计	80	小计	147	小计	153

二　研究方法

本研究采用的研究方法有：在文献综述、概念界定、分析框架构建章节，采用文献检索和文献内容分析的方法。在调查数据收集和处理时，主要采用问卷调查方法和统计分析方法，如 Epidata、频率描述、信度和效度分析等。在描述婚姻困境中农村男性的生命质量现状时，采用独立样本 t 检验、单因素 ANOVA、交叉表分析和 χ^2 检验等描述统计方法。在检验婚姻挤压对农村男性生命质量的影响时，采用 OLS 回归方法；而在检验社会支持变量对婚姻挤压背景下农村男性的生命质量的影响时，采用有调节效应的

OLS 回归方法。在政策建议、总结部分，主要采用归纳分析的方法。各种方法的应用过程和细节详见相应章节。

第五节　概念界定

一　婚姻困境

婚姻困境在农村男性当中表现为不同的婚姻状态以及农村男性对于自身所处婚姻状态的主观感受，具体包括不同的测量指标，如婚姻状况、婚姻挤压和婚姻质量等。在本研究中，婚姻状况多为客观指标，指的是已婚或者未婚的状态；婚姻挤压通常是宏观层面指标（见后文），但考虑在农村男性个人层面难以直接测量，因此特别设计了婚姻挤压感受而对其加以测量；此外还设计了婚姻质量等指标对已婚农村男性的婚姻困境进行反映。

二　婚姻挤压

"婚姻挤压"指的是婚龄人口中的性别失衡程度；在中国背景下特指婚龄人口中男性过剩、女性缺失的程度。在微观个体层面，婚姻困境中农村男性是指有（过）婚姻挤压感受的农村男性和超过一定年龄仍未结婚的农村男性。这个年龄界限通常是 28 岁或 35 岁，因为已有研究发现农村男性一旦超过 28 岁，他们结婚的可能性就会急剧下降。调查发现，96% 的 28 岁以上未婚男性都经历过择偶困难；而一旦超过 35 岁，就意味着基本上找不到配偶了。本研究调查发现全国农村男性的一般结婚年龄约为 23.45 岁，通常不超过 28.63 岁（见表 1-2）。因而，本研究中婚姻困境中农村男性是指有（过）婚姻挤压感受的农村男性和超过 28 岁仍未结婚的农村男性。

表 1-2　农村男性和女性的结婚年龄

	性别	东部	中部	西部	总体
一般结婚年龄	男	24.00 (1.31)	22.92 (1.63)	23.66 (2.02)	23.45 (1.79)
	女	22.23 (1.17)	21.16 (1.40)	21.49 (1.97)	21.52 (1.66)
结婚年龄 一般不超过	男	28.47 (2.65)	27.79 (3.54)	29.51 (3.39)	28.63 (3.39)
	女	26.33 (2.77)	25.84 (3.42)	26.76 (3.35)	26.31 (3.28)

三　婚姻困境中农村男性的生命质量

生命质量被大部分人理解为好的生活和能够在一定环境中成功、愉快地生活（Brown & Brown，2005；Eiser & Morse，2001；Ventegodt et al.，2003；Michalos，2003；2011）。婚姻困境中农村男性的生命质量是一个多维的、主观为主、客观为辅的综合概念。核心领域包括：生理、心理、社会和环境四个领域。其中，生理领域的测量指标包括消极健康（如疾病，伤害，残疾、疼痛、不舒服等）、功能性能力、睡眠质量、精力以及处理日常事务和工作、休闲的能力等。心理领域的测量指标包括积极心理指标，如生活满意度、幸福感、生活意义、自我认同感、安全感、自尊感等；以及消极心理指标，即心理健康状况，包括抑郁、孤独等情绪。社会领域的测量指标包括两个层面：私人生活领域的亲子关系，与妻子相关的日常照料支持和性生活，家庭（血缘）和社会（地缘和友缘）网络的规模、关系和支持等；公共生活领域的社区互动、社区活动的参与等。环境领域的主要测量指标包括物质经济福利——收入、财富积累、房屋、交通、家庭用品等；以及居住环境质量——医疗服务获取、信息获取、周围生活环境等。主观为主、客观为辅是指除了主要评价婚姻困境中农村男性对生命质量各领域的主观感知外，还需要反映他们的现实生命质量状况。

四　社会支持

本研究倾向认为社会支持是一个"过程"，而非一种状态，将私人生活领域的社会支持分为三个阶段：社会参与（日常社交互动）、社会支持网（向谁求助）、感知社会支持（求助结果）。其中，社会参与是日常生活中很重要的一个方面。通过参与，个体可以减少社会隔离，产生和维持自我认同（Glass，De Leon，Bassuk & Berkman，2006），包括日常与家人、亲戚、邻居、朋友的联系，社区组织参与等（Lindström & Rosvall，2012）。社会支持网是指在需要支持时可求助的网络，与传统描绘个体周围社会关系的"网络"概念不同。感知社会支持，是测量个体对自己在多大程度上能够获得支持的感知（Helgeson，2003）。

第六节　研究内容

本研究共有九章内容，其中第三章至第八章构成了本研究的核心内容。具体如下：

第一章，绪论。对本研究的整体设计进行介绍。首先简述本研究的背景，提出研究问题，明确研究的目标。在此基础上，对研究的思路、数据来源和方法、涉及的概念以及研究的主要内容作详细介绍。

第二章，国内外相关研究综述。首先，归纳生命质量的定义和测量工具发展现状、婚姻与生命质量的关系、社会支持与生命质量关系的研究现状，然后与当前婚姻困境中农村男性的研究现状形成对比，说明当前研究的不足和可研究的空间。

第三章，研究设计。本章首先对社会支持进行了界定，包括社会参与、社会支持网和感知社会支持三个维度；然后，通过总结其他群体研究中各维度与生命质量的关系，构建婚姻挤压背景下各维度与农村男性生命质量关系的分框架，最终整合形成整体框架。

第四章，婚姻困境中农村男性生命质量概念及测量。首先通过分析"生命质量"一词的含义，从本质上介绍该词的内涵。其次，通过列举生命质量的已有定义，总结出存在的争论。然后，通过对多篇文献的内容分析，归纳出生命质量的结构元素，以及在主、客观测量层次上的选择标准。最终，通过分析这些结构元素对婚姻困境中农村男性的重要性，以及应该选择哪些测量层次，定义了婚姻困境中农村男性生命质量的概念。

第五章，婚姻困境中的农村男性生命质量。在介绍了如何测量婚姻困境中农村男性的生命质量后，本章利用陕西省和安徽省两省的调查数据，对比了不同年龄、不同婚姻状况和不同婚姻质量的农村男性，以及不同婚姻挤压感受和不同婚姻质量的农村男性在生命质量各领域、总体状况上的差异；接着，采用回归分析的方法进一步证实了婚姻挤压对农村男性生命质量是否存在威胁。

第六章，社会参与对婚姻困境中农村男性生命质量的影响。首先，简要概述研究背景和目的，提出研究假设；接着，对如何测量社会参与进行介绍，对比陕西省和安徽省受不同婚姻挤压状态的农村男性在社会参与上的差异。然后，采用有调节效应分析的 OLS 回归方法，构建分层模型，检验并讨论婚姻挤压背景下不同社会参与类型对农村男性生命质量的影响。

第七章，社会支持网对婚姻困境中农村男性生命质量的影响。首先，概述研究背景和目的，提出研究假设；接着，详细介绍如何测量社会支持网，涵盖功能和结构；在此基础上，对比描述陕西省和安徽省婚姻困境中农村男性的社会支持网现状。然后，采用有调节效应分析的 OLS 回归方法，构建分层模型，检验并讨论不同功能的社会支持网对婚姻困境中农村男性生命质量的影响。

第八章，感知社会支持对婚姻困境中农村男性生命质量的影响。思路与上述两章相似：概述研究背景和目的，提出研究假设；介绍如何测量"感知社会支持"，对比陕西省和安徽省不同婚姻状态的男性在总体感知支持及不同来源的感知支持水平上的差异。然后，采用有调节效应分析的 OLS 回归方法，检验并系统分析总体感知支持和不同来源的感知支持对婚姻困境中农村男性生命质量的影响。

第九章，结论与展望。首先基于研究发现为改善、提高婚姻困境中农村男性的生命质量水平提供一些建议。接着对本研究的主要工作和发现进行总结。最后对下一步的研究进行展望。

第二章　国内外相关研究综述

本章旨在通过梳理已有研究的现状，总结出可研究的空间，说明本研究的学术研究价值。本章主要包括四个部分：（1）生命质量的概念发展现状，包括对定义、测量工具的归纳；（2）婚姻与生命质量的关系，包括对相关解释性理论的介绍、对关系研究现状的描述；（3）社会支持与生命质量的关系，包括对理论模型的介绍和对关系的总结；（4）婚姻挤压背景下农村男性相关研究点的归纳，包括婚姻困境、性行为、福利、养老困境、公共安全等。

第一节　生命质量的概念界定和测量

一　生命质量的定义

20 世纪 60 年代的美国，社会财富急剧增加，但暴力、犯罪和公共骚乱事件却频繁发生。在此背景下，研究者开始意识到仅经济增长并不足以衡量国民的福利和生活水平，在评估生活状况的好坏、设计公共政策时应该将目光扩散至收入以外的其他领域（Campbell，1981；Binswanger，2006）。在此背景下，1964 年 10 月 31 日 Lyndon Johnson 在麦迪逊广场花园的演讲中第一次使用了"QOL"这一概念（Campbell，1981；McCall，1975）。随后，研究人员开始收集各项社会指标的数据，包括教育程度、房屋类型、社区犯罪率等以此来反映国民的生活质量。逐渐的，生命质量或生活质量（Quality of life）一词开始被应用于各学科领域、各层次的测量。比如，生态学家从环境质量的角度定义"QOL"，测量指标包括水污染、空气污染、能源消耗、荒漠化等。医学领域从健康角度定义 "QOL"，包括宏观层面的测量：死亡率、发病率、预期寿命；微观层面的测量：慢性疾病发展以及后来被 WHO 引入的心理健康和社会状况。心理学家、社会学家、经济学家及哲学家则从社会视角出发将 "QOL" 定义为福利，宏观层面的测量指标包括犯罪率、自杀率、公共暴力、家庭解体、人均收入或 GDP，微观层面的测量指标则除了身体、经济、医疗情况外，尤其注重心理质量或主观福利（Fernández-Ballesteros，1998）。

具体在微观领域的个体研究中，起初研究者认为好的生活是基于对偏好的满足程度，假设认为在资源的限制下，人们会选择最能提高他们生活质量的东西。但后来发现，个体的选择并不一定使他们开心，可能与规范性想法不一致。Berridge（1996）发现 "想要" 和 "喜欢" 来自两个不同的神经系统，因而想要的东西可能并不能增加主观幸福感（Diener & Suh，1997）。研究者们开始达成共识，认为对好的生活、好的社会的分析如果只注重市场经济因素，就会忽略那些真正对生命质量或生活质量有重要影响的因素，如爱、自我发展、生活意义等。他们开始转向设计其他的方法来测量生命质量（Diener & Suh，1997）。综合而言，目前有两种基本测量方法：客观或社会指标测量、主观福利（Subjective Well-being，SWB）测量。

生命质量的客观测量，通常包括与社会、经济、健康相关的可量化指标（UNDP，1998），这些指标反映了人们对生存、生殖、安全、情感等的基本需求。主观福利测量则关注个体对他们生活的主观体验（Easterlin，2003）。许多研究者认为为了了解个体的福利体验质量，最合适的方法是直接检验个体基于自我标准的生活感受。相较而言，许多研究者都更加重视主观福利测量，他们认为客观指标只是评估了个体潜在提高生命质量的机会，并不是测量生命质量的本身。而主观福利测量则可以有效衡量个体认为对幸福至关重要的因素（Diener & Suh，1999）。但也有研究者并不同意这一做法，他们认为改善现实世界同等重要，因为个体的生活质量与主观满意度之间并不是简单的线性关系，而是取决于个体的心理特征、文化背景、信息、教育、个体气质等一系列复杂因素（Costanza et al.，2008；Michalos，2014）。

二　词义辨析：生命质量与生活满意度

许多定义将福利和生活满意度直接等同于生命质量（Ventegodt et al.，

2003；Schalock，1990；Theofilou，2013），那么生命质量和生活满意度之间是怎样的关系呢？

生命质量是个体对生活经历的主观评价，也被视为测量生命质量的方式（Haas，1999）。而生活满意度兴起于"积极心理学"领域，反映了个体对各生活领域的满意程度，包括居住状况、健康、社会关系、工作、金融、安全、休闲、婚姻等（Lehman，1988）。因而在心理学和精神病学领域，生命质量往往等同于满意度（生活满意度和需求满足感）（如 Campbell et al，1976；Young & Longman，1983）。不过，这一观点并不是全然被接受。生活满意度是对个体目标与实际成就之间的比较所产生的一般生存条件的评估（Campbell et al，1976）。它的判断是基于临时可获得的信息（即可询问到的当前或近期情况的信息），并随时间而改变（Schwarz & Strack，1999）。相较之下，生命质量一定程度上代表了个体对整个人生的评价，贯穿了人的生命周期阶段。与此同时，已有研究普遍认为生活满意度仅是主观福利的组成之一，前者还包括积极情感和消极情感（Andrews & Withey，1976；Diener，1984）。生命质量可能同时包括客观和主观测量指标，是一个广泛、多维的概念（Meeberg，1993）。可以说，生活满意度只是生命质量的一个方面，并不能完全代表生命质量（Moons et al.，2006）。

三 生命质量的测量工具

上述已提到生命质量的定义有很多，目前尚没有统一的界定。也因此，已有研究就如何评估也没有达成共识（Moons et al.，2006）。不像生命质量的客观指标是假定各生活领域的重要性，主观测量的典型方法是依据调查和访谈工具来收集受访对象对他们生存状况的自评，形式包括满意度自评、幸福感自评、福利状况自评等，而这些方式可以挖掘出受访对象对各领域的感知重要性。对此，研究者们已经设计出了 1000 多个生命质量测量工具（Ubel，Loewenstein & Jepson，2003），其中与特定疾病和特定状况相关的生命质量测量工具呈爆炸性增长（Bonomi et al.，2000；Theofilou，2013）。因而在选择测量工具时，有必要区分测量功能性状态的工具（如 SF - 36 健康调查简表）和测量普遍生命质量的工具，如 WHOQOL 测量。WHOQOL 测量主要基于对生活状况的主观评价，包括一些用来测量功能性状态良好的群体的领域，如环境和精神福利。

1. 测量普遍生命质量的工具

普遍生命质量的测量工具纳入了一般个体通常关心的领域，可以应用于各种状况下的测量。目前使用最频繁的普遍性测量工具是由世界卫生组织开发的 WHOQOL 量表。WHOQOL 量表有两个版本：WHOQOL - 100 和 WHOQOL - Bref。WHOQOL - 100 量表，包括六个领域：生理、独立性、社会、心理、精神和环境。六个领域共包括 24 个维度，每个维度又包含四个测量指标（见表 2 - 1），共 96 个项目。此外，还有一个测量整体生命质量和一般健康状况的维度（四个测量指标），该维度并不属于生命质量的领域。WHOQOL - 100 采用 5 - point Likert 的形式询问某种症状或现象的发生频率，以及对给定测量区域的满意度和关心程度。比如，WHOQOL - 100 量表的睡眠维度涵盖能力、满意度和关心程度。WHOQOL 项目组认为每个维度中选择四个测量指标能够很好地代表某领域或维度的最大有效性（WHOQOL Group，1998）。不过，在实际运用中为了减轻受访对象的负担，节省时间，世卫组织的大多数国家都对一些可有可无的项目进行了删减、合并。后来，WHOQOL 项目组就提出了 WHOQOL - Bref 量表，该量表是 WHOQOL - 100 的精简版，共包括四个测量领域：生理、心理、社会和环境，26 个测量项目。其中有 2 个项目是分别用来测量整体生命质量和一般健康状况的；7 个项目用来测量身体领域；6 个项目用来测量心理领域；3 个项目用来测量社会关系领域；8 个项目用来测量环境领域。该量表同样采用 5 - point Likert 的形式，询问受访者对被调查领域的频率、能力、满意度等。

目前，WHOQOL - 100 和 WHOQOL - Bref 已经被翻译成了 20 多种语言版本，广泛应用于多语言、多文化、跨文化的研究中（WHOQOL Group，1997）。它们在不同文化人群中或同一文化不同人群中的应用，包括年轻人（Li et al.，2009）、成年人（Fleck et al.，2000）和老年人（von Steinbüchel et al.，2006），以及具有特殊医疗条件的群体，如癌症患者（Michelone & Santos，2004）和癫痫（Liou et al.，2005）；精神障碍患者（Trompenaars et al.，2005），如抑郁症（Berlim et al.，2005）、双相性精神障碍（Chand et al.，2004）、精神病（Oliveira et al.，2016）、精神分裂症（Mas-Expósito et al.，2011）和酗酒（Da Silva Lima et al.，2005）等，都证明了它们具有良好的信度和效度。

表 2 - 1　WHOQOL - 100 的结构

生理领域	心理领域	独立性领域	社会领域	环境领域	精神领域
疼痛（1）	积极感（4）	灵活性（9）	关系（13）	安全（16）	
精力（2）	注意力（5）	日常生活活动（10）	社会支持（14）	家庭摩擦（17）	
睡眠（3）	自尊（6）	医疗（11）	性活动（15）	金融（18）	
	形象（7）	工作能力（12）		社会照料（19）	宗教信仰（24）
	消极感（8）			信息获取（20）	
				休闲（21）	
				环境（22）	
				交通（23）	

2. 测量与功能性相关的生命质量的工具

按照适用范围划分，与功能性相关的生命质量测量工具又可以分为一般型和特定型。一般型测量工具适用于不同健康状况人群的测量，允许进行广泛的比较。最常用的有 SF - 36 健康调查简表和欧洲生命质量量表（Euro-QoL 5 - Dimensions，EQ - 5D）。

SF - 36，被设计用来测量医疗成果中的健康状况，可以说是目前测量与健康相关的生命质量的最重要工具（McDowell & Newell，1996）。它由 36 个项目组成，其中一个项目测量一年前的健康状况，35 个项目测量八个健康概念，含身体机能（10 个）；身体健康问题导致的角色限制（4 个）；身体疼痛（2 个）；社会功能（2 个）；一般心理健康，包括心理困扰和心理健康（5 个）；情绪问题导致的角色限制（3 个）；活力，如能量/疲劳（4 个）；一般健康认知（5 个）。其中大多数测量项目都是从已经使用了 20 ~ 40 年之久的测量工具中改编而来（Ware & Sherbourne，1992）。目前，SF - 36 已经被翻译成大约 50 种语言（McDowell & Newell，1996），被应用于成千上万的一般和特定人群的健康调查，用来比较不同疾病带来的负担，以及不同的治疗方式对健康的益处或害处。在发展过程中，为了减轻受访对象的自评负担，也发展出了更加简短的有效版本——SF - 12。它同样涵盖了 8 个健康概念，其中四个：身体机能、身体健康问题导致的角色限制、心理健康、情绪问题导致的角色限制，分别采用两个项目来测量；剩下的四个（身体疼痛、社会功能、活力、一般健康认知）则分别采用一个项目来测量。后来的研究表明，尽管 SF - 12 量表的精准度较低，但八个维度所测量的结果接近 SF－36 的结果（Jenkinson et al.，1997）。

EQ－5D 是旨在描述和评估健康的通用工具。它由描述性系统和垂直视觉模拟评分（EQ－VAS）两部分组成。描述性系统包括五个维度：行动能力、自我照料、日常活动、疼痛/不适、焦虑/抑郁。最初在 20 世纪 90 年代，每个维度的测量题项对应 3 个选项（EQ－5D－3L）：没有问题、一些问题、极端问题。后来经过十几年的实际检验，发现该测量工具具有灵敏度低、有上限效应的缺点。在 2009 年，EuroQol 项目组引进了 5 个选项（EQ－5D－5L）：没有问题、轻微问题、中度问题、严重问题和极端问题，来改善灵敏度和上限效应。EQ VAS 是指以 0～100 哈希标记的垂直视觉模拟量表来记录患者当天的自测健康状况，这可以用作反映患者自身判断的健康结果的定量度量。最终，五个维度上的分数既可以作为健康档案呈现，也可以转化成为一个总的、单独的指数（Brooks，1996；www. euroqol. org）。EQ－5D 目前已被翻译成 130 多种语言，广泛地用于普通群体和各种疾病患者群体的健康测试（www. euroqol. org）。

相较之下，特定型测量工具详细地考虑了具体疾病患者群体或其他特定群体的特征，比如针对肾脏疾病患者的生命质量测量（Kidney Disease Quality of Life，KDQOL；Hays et al.，1994）、针对糖尿病患者的生命质量测量（Diabetes Quality of Life Clinical Trials Questionnaire Revised，DQLCTQ－R；Shen et al.，1999）、针对艾滋病感染者的生命质量测量（WHOQOL－HIV；O'Connell, Skevington & Saxena，2003）、针对老年群体的生命质量测量（WHOQOL－OLD；Power, Quinn & Schmidt，2005）、针对癌症康复患者的生命质量测量（CARES；Schag & Heinrich，1990），等等。因为相关测量工具实在太多，本研究将着重通过介绍第一个来展示一般型与特定型测量工具之间通常存在的联系与差别。

总体而言，目前的生命质量测量工具选用的方法以主观评估为主，共分为三种：普遍型、功能性—普遍型、特定型。前两者之间的差别是第一种主要针对一般群体，第二种主要针对功能性健康状态不佳的群体。特定型测量工具目前非常多，其形式多是在普遍型和功能性—普遍型工具的基础上，结合群体特征，纳入针对性的项目。

第二节 婚姻与生命质量的关系

婚姻是影响人们生活和福利的重要制度之一。它可以调节性关系，鼓励夫妻之间建立承诺，而这些承诺会积极影响夫妻双方的健康、劳动收入等。

论及婚姻与健康、福利的联系，经济学家总是从家庭生产分工的角度来分析，而社会学家、心理学家则强调情感支持和关系带来的满足感。具体分析如下：

1. 经济论

Becker 假定所有家庭具有相同的生产功能。他认为婚姻具有增加效用，可以使两个人变得更好。该效用不直接取决于市场上购买的商品和服务，而是取决于每个家庭"生产"的商品，包括膳食质量、儿童的质量和数量、声望、娱乐、陪伴、爱情和健康状况。这些商品不能在不同的家庭间销售或转让，尽管它们可以在家庭内的成员间进行转移。也因此，这些商品不能直接作为消费或产出来衡量，因为它们涵盖了更广泛的人类活动和目标。不过，为了证明婚姻带来的效用，Becker 假设所有的商品都可以合并成一个"综合体"。婚姻中的每一个成员都会为了使"综合体"最大化而尝试协调彼此的时间。在这样的假设下，婚姻中夫妻之间的互补性使得团体间的效用似乎达到了均衡，因为没有人可以替代配偶使整体的效用变得更好。对于单身人士而言，他们没有伴侣所补充的时间和物品。尽管膳食、清洁、性以及其他服务都可以通过购买获得，但频繁的花费也会减小家庭的经济规模。更何况，即使经济规模一直不变，单单孩子和爱就意味着男性和女性无法找到完美的替代商品和服务。而当替代品不完美时，就意味着他们的综合体规模是小于已婚夫妇的（Becker，1974）。

同时，婚姻收益还表现为家庭内部的专业化（Becker，1981），通过分工，夫妻一方可以为另一方在劳动力市场上创造有利的人力资本条件。也因此，Becker 认为与仍然是单身的任何两人相比，婚姻收益与他们的收入、工资率的相对差异，以及非市场生产变量（教育或外在形象）的增加水平都相关（Becker，1974）。

2. 社会资源论

在社会学和心理学领域，常用来解释婚姻与健康、福利关系的效应有两个：选择效应和保护效应。选择效应认为健康的个体被选进婚姻的可能性更大，更能够保持婚姻长久。与之相反，身体健康状况不好的人则可能被认为是不太理想的婚姻伴侣，而已婚人士的健康状况不佳则可能会导致婚姻紧张和不满，增加离婚风险（Carr & Springer，2010）。不过实际上，选择效应的路径并不如此简单。正如 Joung et al.（1998）中所提到的，如果两个健康状况不佳的人结婚了，那么更容易发生丧偶的情况，这可能会导致丧偶与健康不良之间的虚假关系。而如果婚姻确实有利，那么身体和精神健康状况不好的人就会千方百计地想结婚，这会导致"不利"的选择效应。也就是说，婚姻市场上被剩下的也可能是健康状况较好的人（Lillard & Panis，1996）。

保护效应是指婚姻会为精神或身体健康带来积极的变化和防止精神或身体健康方面的负面变化。通过婚姻，人们建立长期的关系，并坚定致力于互惠互利的交流。夫妻双方可以获得来自配偶的爱、感激、认可以及安全和物质奖励，大体可归结为两个方面：情感支持和工具支持。情感支持可以有效缓解个体的压力，减少抑郁症，降低精神疾病的发生率（Ross et al.，1990；Berkman，1988）。同时，婚姻还可以增强对心理健康有重要影响的依恋和归属感（House et al.，1988），并且避免受到任何可能因未婚引起的社会歧视。单身人士更可能单独生活，这与已知的抑郁症有关（Ross et al.，1990）。不过，婚外的资源也可以提供情感上的帮助。

工具支持首先表现为社交网络的扩展，尤其对男性而言。关于为何婚姻对男性的好处会大于女性，一个普遍的猜想是女性在婚外有更发达的社交网络，这些网络已经给了宝贵的支持（Schumaker & Hill，1991）。其次表现为监护效应，与单身人士不同，已婚人士倾向于从事健康、风险较小的活动，如婚后抽烟、酗酒的频率明显降低（Umberson，1987；Ross et al.，1990；Power et al.，1999）。与此同时，配偶还可能会无意识地监视、发现一些疾病的早期症状（Wilson & Oswald，2005）。

已有研究指出，婚姻会影响个体的生命质量。后来的研究也证实了此推测的正确性。比如 Abell（2013）使用老年人生命质量问卷（CASP-12）对婚姻状况与老年人生命质量之间的关系进行了检验，发现已婚人群的生命质量比从未结过婚、离异、丧偶的人群高，并且从未结过婚的男性的生命质量比从未结过婚的女性低。Han et al.（2014）利用韩国的社区健康调查数据分析了婚姻状况与生命质量的关系，也发现婚姻对男性的生命质量有积极影响，未婚男性的生命质量总是低于已婚男性。与之不同，婚姻状况对女性生命质量的影响则因年龄而变动，当女性年龄在 30 岁以下时，单身女性的生命质量要好于已婚女性；当女性年龄超过 35 岁时，单身女性的生命质量则低于已婚女性。

不过，随着近几十年的社会发展，已婚、离异、分居、从未结过婚的比例以及社会赋予的意义都已经发生了十分明显的变化。婚姻的文化含义也正在经历"去制度化"，逐渐从以相互分担责任的陪伴转变为强调个人选择和自我满足（Cherlin，2004）。因此许多西方研究者开始认为婚姻状况与健康之间的关系已经发生变化。比如，Liu & Umberson（2008）对 1972～2003 年间美国卫生系统访谈汇总数据的分析发现，在过去三十多年，未婚男性和已婚男性的自评健康差距在逐渐缩小，趋于接近。在这一过程中，研究开始强调和证明婚后关系质量的重要性。为此，Williams 及其同事提出了两个解释模型：*资源模型*和*危机模型*。前者与上述提到的社会心理学视角的解释相似，认为所有未婚的个体，包括未婚、离婚和丧偶，其心理健康状况都比已婚个体差。因为他们缺乏由婚姻提供的促进健康的资源，并且退出婚姻会产生长久的消极后果。后者更关注婚姻解体事件的影响，而非婚姻状况本身。危机模型认为婚姻压力会破坏个体的自我控制力或减少配偶的行为规范，从而导致危害健康风险行为的增加（Kiecolt-Glaser & Newton，2001）。婚姻解体对心理健康的危害程度要高于婚姻资源的保护程度。从未结过婚意味着与所有和婚姻解体相关的压力事件无关。因此，该模型认为已婚者和从未结过婚的个体的健康差距应该小于已婚者与曾经已婚者之间的差距（Williams & Umberson，2004；Williams，Frech & Carlson，2010）。与此同时，一些研究者也提供了一些实证证据，如 Holt-Lunstad，Birmingham & Jones（2008）发现尽管婚姻状况与婚姻质量都非常重要，与未婚个体相比，已婚个体的生活满意度水平更高、动态血压较低；同时高质量的婚姻生活与低动态血压、低压力水平、低抑郁程度以及高生活满意度水平显著相关。但是他们在对比未婚人群和婚姻质量较低的已婚人群后却发现，未婚个体的动态血压较低，健康状况更好。

第三节　社会支持与生命质量的关系

社会支持作为与心理韧性相关的关键因素，是缓冲压力的相对稳定的资源。它会产生一系列影响健康状况的心理和行为机制，包括提高采取健康行为和减少危险行为的动机水平、降低对潜在压力事件的威胁评估、提高自我控制感、增强自尊、促进积极应对策略的应用等。也因此，在健康和卫生领域研究中，社会支持与健康的关系一直是研究的重点（Southwick et al.，2016）。目前，一些项目已经证明了通过改变社会环境，可以成功调整个体的心理，帮助他们从创伤经验中恢复，甚至还可以帮助延长慢性疾病患者的寿命（如 Fawzy et al.，1990；Spiegel，Bloom & Kraemer，1989）。

一　理论模型

Cohen & Wills（1985）区分了社会支持的主效应和压力缓冲效应，而这一区分成为了后来理论塑造与实证研究的基石。如 Helgeson（2003）针对疾病人群及家庭成员的社会支持与生命质量之间关系的分析也是基于 Cohen 的两个效应模型（如 Cohen，1985；Helgeson，2003）。

Cohen 及其同事首先对"社会关系与健康和福利关系"的相关理论研究进行了历史性回顾，包括社会学传统、认知传统、干预传统等。

社会学传统。起源于 Durkheim 的推测，认为家庭、社区和工作关系的断裂会造成个体的社会资源流失，减少基于明确界定的规范和社会角色的社会限制，从而损害心理福利。后来直到 20 世纪七八十年代，社会支持对健康、福利的重要性才正式引起研究者的广泛关注。在这一时期，几项研究发现与孤立的个体相比，社区、社会参与程度较深的个体的心理健康状况较好（如 Bell，LeRoy & Stephenson，1982；Cohen & Wills，1985）。同期，几项大型的前瞻性流行病学研究也表明社会融合程度较高的个体比与社会联系较少的个体更长寿，患有疾病的概率更低（如 House，Robbins & Metzner，1982；Schoenbach，Kaplan，Fredman & Kleinbaum，1986；Vogt，Mullooly，Ernst，Pope & Hollis，1992）。

认知传统。1976 年，医学、流行病学专家 John Cassel 和心理学家 Sidney Cobb 发现强社会联系可以保护个体免受压力事件的潜在影响。后来，

Cohen & Wills（1985）对40多篇相关研究进行了综合性的分析，一致发现社会支持作为可获得的社会资源的评估指标，可以保护个体在遭遇生活压力后不会产生消极的心理。而在这一过程中，其核心元素便是对他人提供资源的感知（Wethington & Kessler，1986）。

干预传统。早期以网络为核心的干预旨在提高非正式社区照料者的反应能力和帮助技能。达成该目标的首要方法是借助非正式的帮助机构，如教师、警察、家庭医生和神职人员等。第二种方法始于20世纪70年代末，通过为经历过一系列严重生活事件和危机（如丧亲、自然灾害、分居等）的人设立援助小组，来提供密集的、暂时的支持。第三种方法是创建一对一的指导和指导计划，从受益人现有的社会网络中提取关键的支持者（Cohen，2004）。

基于回顾，Cohen认为社会支持可以通过情感、认知和行为来影响生理和心理健康，影响途径有两个：

1. 主效应模型

主效应模型假设无论个体是否处于压力之下，社会资源都会产生有益的影响。图2-1展示了社会关系对生理和心理健康的主效应影响机制。具体而言，参与社交网络的个体会受到社会控制和同辈压力的影响，进而作用于健康行为。同时，社会网络中的融合也被认为是一个可以产生普遍积极影响、归属感和安全感以及自我价值认同的来源。而这些积极的心理状态通常被认为是有益的，因为它们可以减少心理绝望，使个体有更大的动机照顾自己，或是抑制神经内分泌反应，增强免疫功能。另外，拥有广泛的网络联系意味着拥有多种信息来源渠道，从而增加了获取需要的信息的可能性。这些信息可能会影响与个体健康相关的行为，帮助他们避免或减少压力及其他高危情况。同时，网络联系还可以通过提供物质和经济支持来为成员带来更好的健康和医疗保健服务；可以通过提供非正式的健康照料，来防止疾病恶化（Cohen，2004）。

除上述机制之外，社会环境对健康的影响机制也可能并不是依靠认知或行为，而是对社会环境所产生的生物机能反应。假设经常发生的社会交往在生物钟的培养和同步变化中起着重要的作用。而不同步被认为是有害于身体平衡和适应能力的（Cohen，2004）。

2. 压力—缓冲效应模型

压力—缓冲效应模型假设只有（或主要）当个体处于压力之下时，支

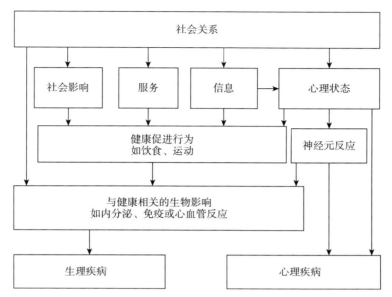

图 2 - 1 社会关系对生理和心理健康的主效应影响机制（Cohen，2004；P12）

持才与个体福利相关；支持可能会在个体面临压力事件时，阻止他们产生有害健康的反应。图 2 - 2 描绘了个体对压力事件反应的影响机制。首先，相信别人会提供必要的资源可以使个体能够重新定义压力事件所造成的伤害的可能性，增强他们对自我应对能力的感知，从而防止过高估计该特定情况的影响。其次，支持感知可以减少或消除个体对压力事件的情感反应和生理反应，防止或改变不良行为反应的发生。

当然，实际获得的支持也可以对压力产生缓冲效应。实际支持可以通过提供解决问题的方法、减少问题的重要性感知、转移注意力等来减轻压力评估的影响。同时，它还可以通过安抚神经内分泌系统，降低个体对压力的感知灵敏度；也可以促进健康行为，如运动、个人卫生、适当的营养和休息等。

二 关于社会支持与生命质量关系的实证证据

尽管 Cohen 的效应模型（主效应模型和压力—缓冲效应模型）及后来多个相似的概念模型，如 Rice（2012）所描述的社会网络/社会支持与健康的概念关系，都表明了社会支持对健康有直接促进和压力缓冲效应，但他们都不能完全说明社会支持、社会关系与健康之间的联系。究其原因是因

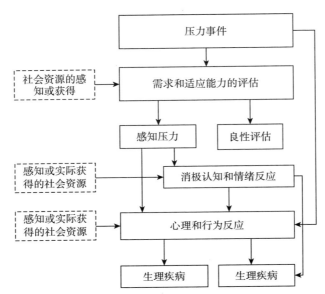

图 2 – 2　个体对压力事件反应的影响机制（Cohen，2004；P14）

为社会支持是一个广泛的术语。早期研究中，Barrera（1986）将社会支持分为三类：社会融入（social embeddedness）、感知社会支持（perceived social support）、实施社会支持（enacted support）。其中，社会融入主要测量社会关系的存在，如婚姻关系、强关系、弱关系、参与社区组织、与朋友的联系；感知社会支持的测量合并了两个维度：可及性感知和充足的支持关系；实施社会支持是指实际执行的帮助行为。到后来，结构和功能性划分使用得最为广泛（Helgeson，2003；Cohen，2004）。其中，结构方面主要测量存在的社会关系—社交互动，描述网络成员的存在、互动和关系，这些被认为是支持的定量测量。测量内容通常反映个体所处环境中的人员联系数量，包括婚姻状况、有多少个朋友、与朋友互动的频率、个体在关系中的角色（如子女、父母、学生、工作人员等）。功能性是指人们在考虑社会支持时的想法，分类有多种。比如基本的功能划分：情感支持、工具支持和信息支持。情感支持是指提供倾听、关怀、同情、安慰；工具支持是指提供实际的支持，比如帮助做家务、借钱或跑腿等；信息支持包括信息和指导的提供。另外还有一种常见的功能划分：感知支持和实际获得的支持（Helgeson，2003）。

　　长期以来，研究者一直在尝试回答：社会支持的哪些方面对生活质量有最强烈的影响？最有用的资源类型是什么？目前已有许多针对老年群体、残疾群体、疾病患者的研究检验了社会支持的结构和功能对健康福利的影响途径。

1. 社会融入/社交互动

绝大多数的研究在处理"社会融入"时都侧重于分析参与一个或多个不同的社会群体所产生的健康利益。比如 Cohen（2004）假设个体可以通过没有明确打算交换帮助或支持的互动来影响自己的认知、情绪、行为和生物反应，这种方式有益于健康和福利。确实，这些研究都已经表明深厚而有意义的关系在人类繁荣中起着至关重要的作用（Feeney & Collins，2015）。社会融合程度较高，有较多支持和鼓励关系的个体，他们的生理和心理健康状况更好、主观幸福感程度更高、发病率和死亡率更低（如 Lakey & Cronin，2008；Uchino，2009；Barger，2013；Crittenden et al.，2014；Kuiper et al.，2015）。甚至 Holt-Lunstad & Smith（2012）的 meta 分析结果还表明在有意义的关系网络中的融合比许多健康行为（如体力活动）更能有效地预测死亡率。同样的，关于生命质量的研究也表明了社会融合程度较高、参与娱乐活动可以积极地影响疾病患者的压力和健康生命质量（García-Villamisar & Dattilo，2010；Orwelius et al.，2011）。

除此之外，许多研究也表明了社会融合是人们应对逆境的保护性因素。Orwelius et al.（2011）对 ICU 病人的研究表明，社会融合程度会显著地影响前 ICU 患者的健康生命质量，而对一般参考人群的健康生命质量没有影响。Schwarzer，Bowle & Cone（2014）对参与 9·11 世界贸易中心恐怖袭击事件警员的调查也发现暴露水平越高，压力反应就越大，但这种反应程度会被高水平的社会融合缓解。不过，也有证据不支持这一结论，比如 Cohen & Brissette（2000）的实验研究表明在预测感冒的易感性时，社会参与和慢性压力之间不存在相互作用。即多样性的社会网络不能缓冲持久的压力源对实验者疾病风险的积极促进作用。

此外，社会关系对健康也会存在消极的影响，研究者认为这一点在生命质量研究中不可忽视（Helgeson，2003）。消极影响主要表现在四个方面：一是关系压力会通过行为、心理和生理途径来破坏健康。例如，人际关系压力会导致不同成长阶段的人们发展出不良的健康习惯（如饮食、酗酒、吸烟），以减少压力和不愉快（Kassel et al.，2003）；同时压力还会导致心理痛苦和生理兴奋（如心率和血压的增加），从而通过生理系统的累积磨损来损害健康（Kassel, Stroud & Paronis, 2003）。二是社会关系也可能是冲突、压力和紧张的根源，这会破坏个人的控制感，威胁个人的心理健康（Mirowsky & Ross, 2003）。三是交往的同伴的行为也会影响个体的健康。与经常采取风险行为的同伴交往，其自身采取风险行为的可能性也会较高（Christakis & Fowler, 2007）。四是社交互动是双向的，个体可以从交往的成员中获得支持，但反过来也需要向他人提供支持资源，而这可能成为支持的负担（Umberson & Montez, 2010）。

2. 功能性支持

功能性支持分为情感支持、信息支持和工具支持等。其中，情感支持被普遍认为与生命质量的关系最强，是最强烈的压力缓冲因子（Bowen et al., 2012）。然而，许多研究结论并非如此，研究者认为个体所需要的支持类型取决于压力的性质，即所谓的"匹配假设"（matching hypothesis）（Helgeson, 2003）。Helgeson 对疾病患者及其配偶的研究发现，对病人而言，他们需要的是如何改变生活方式和如何防止疾病发生的信息支持；对配偶而言，唯一可以帮助减少其压力的是工具支持——在家务和家庭生产活动上提供具体的帮助。除此之外，压力源的严重程度也决定着哪种类型的社会支持与生命质量的关系最强。Helgeson（2003）认为当压力可控时，信息支持可能是最有效的；当压力不可控时，情感支持可能更有用。而 Bowen et al.（2014）的研究则表明整体支持、情感支持、物质支持和信息支持都只能缓和短期压力对动态血压的影响，并不能缓和整体压力的影响。其中，信息支持是预测动态血压、收缩压和舒张压时结果最一致的压力缓冲变量。

即使是同一个功能支持类型，不同侧面对生命质量的影响效应也会不一致；并且同一支持类型对生命质量不同领域的影响也可能不同。比如，Warner et al.（2010）比较了受到的情感支持、期望的情感支持和提供的情感支持对老年群体生命质量的影响效应，结果发现期望的和提供的情感支持可以积极预测生命质量，而实际受到的情感支持却消极影响生命质量。Sultan et al.（2004）的研究发现社会网络规模的大小并不影响病人的生理和心理状况；而情感和工具支持的可用性则与较好的心理状况相关；同时，工具支持的可用性与生理状况消极相关。此外，同一功能性支持的不同来源对个体带来的益处也不一样。Helgeson（2003）论述道："对于病人而言，来自家庭和朋友或者专业医疗护理人员的情感支持都是有用的。但是相比较而言，不同来源的信息支持并不总是有效的。病人希望能够获得来自专业护理人员的信息支持，而并非家庭和朋友提供的信息支持，后者通常被认为是不想要的建议。"Bozo、Gündoğlu 和 Büyükaşik-Çolak（2005）对正在进行乳腺癌术后化疗和正在医院进行治疗控制的 104 名妇女的调查发现，心态乐观并有知觉支持的乳腺癌幸存者更有可能获得创伤后成长。而在支持的不同来源中，只有感知到可以获得来自私人的社会支持才会调节乐观支持与创伤后成长之间的关系。

3. 感知社会支持

研究者普遍认为，感知可获得的社会资源对压力具有缓冲作用（Cohen，2004）。确实，感知社会支持可以促进健康，缓解人们对压力事件的威胁的评估。大量研究已经证明高水平的社会支持与低水平的抑郁程度相关（Mavandadi et al.，2009；McDowell & Serovich，2007），而低水平的抑郁程度反过来又与较好的健康生命质量相关（Burgoyne & Renwick，2004）。而除此之外，目前也有研究直接证实了感知社会支持可以通过缓解抑郁程度、压力影响，促进健康生命质量，比如 Bekele et al.（2013）对 HIV 携带者的实证研究。不过也有研究不支持"缓冲"效用。比如 Lakey & Orehek（2011）在一个持续了 30 年的研究项目中一直未证实压力缓冲理论。Eom et al.（2013）也发现潜在的压力源与感知社会支持之间不存在交互作用。

同时，对于 Cohen（2004）的直接效应观点"当个体没有压力或压力很小时，社会支持与健康结果之间没有关系"，仅有个别研究支持。如 Tremolada et al.（2016）对意大利东北部患有癌症的青年幸存者的调查发现，与控制组相比，尽管家庭、朋友和其他人所提供的社会支持水平较低，但癌症幸存者仍然有较好的生活质量。而大量研究都证实了感知社会支持是预测身心健康结果的最有效的心理社会因素之一（Berkman etal.，2000；Uchino，2004；Holt-Lunstad et al.，2010；Pinquart & Duberstein，2010；Eom et al.，2013），感知社会支持与心理健康之间的主效应关系是非常稳定且容易被复制的（Lakey & Orehek，2011）。个体的社会支持水平越高，其抑郁程度越低，同时死亡率也越低，尤其是来自心血管疾病和癌症（Mavandadi，Zanjani，Ten Have & Oslin，2009；McDowell & Serovich，2007；Uchino，2009）。与此同时，对疾病患者（如癌症、HIV/AIDS、心血管疾病）、老年群体等的大量研究也证实，社会支持水平越高，与健康相关的生命质量越好（Rambo & Rafii，2010；Bekele et al.，2013；Eom et al.，2013）。社会支持可以通过促进健康行为，改善心理状态，增强心血管、神经内分泌和免疫功能等途径直接提高健康生命质量（Bekele et al.，2013）。

综上所述，尽管社会支持的主效应和压力缓冲效应模型概括了其对健康、福利或生命质量的影响机制，但是否每个个体从社会支持中的受益途径都是一样的呢？答案显然是否定的。两个效应模型只能用来解释社会支持对不同群体健康、福利、生命质量的可能影响途径及结果，并不能确保一定如此。事实上，受压力源本身特征，以及社会支持缺乏统一定义，同时测量多样化等原因的影响，目前对不同压力群体甚至是同一压力群体的社会支持研究结果都是多样化的。

第四节　婚姻困境中的农村男性相关研究点

20 世纪 90 年代以来，长期持续偏高的出生人口性别比导致婚姻市场的失衡现象越来越严重。男性过剩，女性数量绝对缺失，加上婚姻梯度模式的影响，使得边远、贫困地区的男性婚姻挤压现象愈演愈烈（李树苗，2013）。尽管如韩国、印度等出生人口性别比同样失衡的国家也存在大量的受婚姻挤压男性，但受数量及计划生育政策等的影响，中国婚姻困境中农村男性群体一直备受多国研究者的关注。在已有研究中，婚姻困境中农村男性的常见称谓是"农村大龄未婚男性"，指的是超过适婚年龄仍未结婚的农村男性。其中，"适婚年龄"并不特定，常见的年龄界限是 28 岁和 30 岁。依据是靳小怡等通过收集安徽省的数据发现，大多数农村男性的成婚年龄在 22 岁至 27 岁之间。一旦超过 28 岁，他们结婚的可能性就会急剧下降。事实上，96% 的 28 岁以上未婚男性都经历过择偶困难。同时，调查还表明一旦超过 30 岁，71.6% 的农村未婚男性认为会更加难以找到配偶（Attané et al.，2013）。对"大龄未婚"现象的研究 20 世纪 80 年代就已开始，迄今为止，已经进行了不同视角的分析。

一　大龄未婚男性的婚姻困境

宏观层面性别结构失衡导致的婚姻市场上男性过剩、女性缺失是农村大龄未婚男性面临婚姻困境的基础前提条件（刘爽、蔡圣晗，2015）。婚姻是社会流动的重要机制。相较于男性，女性"向上婚"本来就比较普遍并且容易。而婚姻市场中适婚女性的缺失又会进一步导致婚姻梯度挤压（Eklund & Attané，2017）；在中国城乡之间存在巨大的社会经济和文化差异的背景下，这会使得男性婚姻挤压现象在农村地区尤为严重。在婚姻迁移推力和拉力的双重作用下，贫困地区的农村男性将扎堆面临择偶困境（刘爽、蔡圣晗，2015）。

不过，虽然性别结构失衡解释了单身率的发生原因，但并没有解释为什么偏偏某些人被单身。对此，研究者们从微观层面进行了探讨。他们首先认为，婚姻具有整合和交换资源的功能，在婚姻市场中，择偶也是一项带有竞争性的选择。某些人之所以单身是因为自身资源不足而在婚姻市场上缺乏足够的竞争力。比如，韦艳、张力（2011）认为用性别结构失衡来解释农村大龄男性的"被迫失婚"显得解释力不强、实证性不足。他们认为成婚困难的原因主要是大龄未婚男性的收入和受教育程度低于女性的择偶标准。伍海霞（2012）利用2010年中国社会科学院在河北的调查数据，对影响农村男性大龄未婚的因素进行了检验，结果也表明受教育程度、个体技能、经济状况等个体因素，家庭经济条件、兄弟数量、兄弟排行等家庭因素均对农村男性大龄未婚有影响。稍后，张翠娥、狄金华（2013）认为尽管婚姻市场竞争解释了为何某些男性被婚姻市场挤压，但这一追求经济理性的视角并不能解释为何有些经济条件相对好的男性仍然被剩下了——布迪厄式的困惑。他们通过对赣南茶村的分析认为"家风"作为婚姻市场上的道德要价，对婚姻双方的社区道德和口碑也提出了要求。当男青年的家庭结构不完整或实力不济时，男性在婚姻市场上获得女方青睐的可能性也较小。

除了讨论导致农村男性大龄未婚的原因外，研究者们对他们如何应对这一难以逾越的婚姻门槛也表现出了一定兴趣。韦艳、张力（2011）通过调查访谈发现，即使没有足够的资本、能力去实现"男婚女嫁"的婚姻模式，农村大龄未婚男性依然会想尽办法结束单身状态。他们会采取一些游离于法规和习俗之外的方式，如招赘婚姻、买婚、收继婚等非主流模式，以降低择偶成本换取成婚机会。

二 大龄未婚男性的性行为

在女性短缺的背景下，农村大龄未婚男性缺乏合法、稳定的性伴侣。他们一方面处于性生活极度匮乏的状态，但另一方面又伴随更加多样化的性行为。如同性性行为，Attané et al.（2013）认为女性缺失的背景下，异性婚姻将变得不那么普遍，对待同性恋的态度也会变得更加宽容，这会助长同性性行为的发生。对此，杨雪燕等学者的研究支持了这一观点。Yang et al.（2012）调查发现，28 岁以上农村未婚男性中，同性性行为的发生率是 17.2%，是已婚男性的 2 倍（8.9%）。同期，对西安流动人口的调查也发现了相似的结果。相较于与妻子分居两地的已婚男性（5.1%）和与妻子住在一起的已婚男性（3.8%），同性性行为的发生在未婚流动男性中更普遍（11%）（Yang et al.，2012a）。不过，她们也指出了因为中国社会对异性婚姻的高度重视，自愿保持单身的农村男性可能很少，仍然会选择进入异性婚姻。这在对接受过高等教育的年轻男性和女性的访谈中得到了证实，发现尽管对待同性恋的态度变得更加自由，但并没有访谈者愿意认可自己是双性恋和认为自己会放弃异性婚姻（Eklund，2018）。

另外，伴随着改革开放，商业性性活动也一直在增加。其中一个解释便是婚姻挤压。事实上，一些关于性别失衡和商业性性行为的研究已经表明女性短缺会助长商业性性活动的增长（Tucker et al.，2005）。Yang et al.（2014）利用安徽农村调查数据对比了已婚男性和未婚男性的第一次和最近一次的性交行为，发现商业性性行为在未婚男性中明显更加普遍。这表明商业性性行为的使用是对性伴侣缺失的补充（Attané et al.，2013）。不过，在 30 岁以上的未婚男性中，Attané et al.（2013）又发现仅有 4.9% 的最近一次性活动对象是商业性性工作人员，认为商业性性活动是对性伴侣缺失的罕见补充。与此同时，Attané et al.（2013）还发现不同年龄段的单身男性之间存在明显差异。40 岁以下的更容易发生商业性性行为，7% 的男性最近一次性活动对象是商业性性工作人员，这在 40 岁以上的男性中仅占 3%。原因可能是年轻男性在性规范上更开放、自由，同时流动性较强。对西安男性流动人口的调查发现，37.2% 的未婚流动男性有过商业性性行为，这一比例高于已婚但分居的流动男性（30.1%），同时更远高于已婚同居的流动男性（17.2%）（Yang et al.，2015）。

三　大龄未婚男性的社会支持与福利、生活质量

1. 大龄未婚男性的社会支持研究

在中国农村社会情景下，人们社会关系的建立主要围绕婚姻关系来展开。因而，同已婚人群相比，失婚会使大龄未婚人群在社会支持的网络建立和获取过程中总是处于劣势，已婚人群则在当地拥有较大且成员多样化的社会支持网络规模。对此，李艳等人对安徽省的部分农村地区进行了抽样调查，她们发现大龄未婚男性的社会支持状况确实明显弱于已婚男性。主要表现在：感知社会支持方面，大龄未婚男性的感知水平显著低于已婚男性。现实社会支持（实际支持、情感支持和社会交往）方面，从网络规模来看，大龄未婚男性的三个网络规模均远小于已婚男性。尤其是情感支持网，大龄未婚男性中规模为零的比例相当高。从网络构成来看，大龄未婚男性更依赖亲缘关系（父母、兄弟姐妹、亲戚）和地缘关系（邻居）；相比之下，已婚男性的生活空间较大，他们除了亲缘和地缘关系的支持，来自朋友的支持比重也较高（李艳、李树苗，2011）。此外，李艳等人还发现虽然大多数大龄未婚男性都可以获得支持，但支持网中成员年龄大、受教育程度低、收入较少的特点也决定了他们可获得的实际支持较少（李艳等，2010）。

在社会支持关系的培养和建立方面，大龄未婚男性的社会融合明显弱于已婚男性。表现在两个方面：首先，大龄未婚男性在社区礼仪活动中的投资较少，制度性社会融合意愿较低，与社区中他人的关系感知较差。其次，在非正式制度层面上，大龄未婚男性对强关系的投资力度远大于对弱关系的投资力度；相对的，他们对非亲戚的关系感知也较差（李艳、帅玉良、李树苗，2012）。

上述表明了婚姻状况是影响农村男性社会支持的重要因素。而除此之外，已有研究还探讨了影响农村大龄未婚男性社会支持状况的其他因素，包括年龄、教育、职业、收入、父母亲是否健在、兄弟姐妹数量以及是否属于大家族等。研究发现，年龄增加、受教育程度较高、务农、父母健在、兄弟姐妹较多、属于大家族都有助于扩大大龄未婚男性的社会支持网规模。同时，尽管家庭因素对大龄未婚男性的网络构成并无影响，但个体因素——受教育程度较高、务农、收入较高及与他人同住却有助于大龄未婚男性建

立弱关系（李艳、李树茁，2011）。

此外，在对农村大龄未婚男性的社会政策支持方面，目前尚无专门针对他们的社会保障政策，仅有几项农村居民社会保障政策覆盖了他们，如新农合、新农保、最低生活保障制度。针对大龄未婚男性在这几项政策中的参与、受益情况，张思锋、唐燕、张园（2011）于 2009 年对陕西、河南、江西六个县（区、市）的 248 名农村大龄未婚男性进行了调查，发现新农合已经基本实现了全覆盖，大龄未婚男性的参保率达 97.60%，并且基本都表示满意。与之不同，只有 69% 的大龄未婚男性参与了新农保，比已婚男性低 21.70 个百分点；并且他们对新农保养老金待遇的满意度也较低。同时，只有 55.20% 的大龄未婚男性享受了最低生活保障制度或五保供养制度。另外，六个县（市、区）都没举办过针对大龄未婚男性的就业技能培训，并且也没有能够满足他们文化娱乐需要和发展需要的社会福利项目。

2. 大龄未婚男性的心理福利研究

长期游离于家庭之外，大龄未婚男性缺乏来自家庭的情感慰藉，随着未婚时间的延长，他们可能会越来越压抑，逐渐失去对生活的希望。李艳、李树茁（2011）从抑郁度和生活满意度两个维度比较了已婚男性和大龄未婚男性的心理福利状况，结果发现与已婚男性相比，未婚男性的生活满意度较低，抑郁水平较高。婚姻状况是影响农村男性心理福利的显著因素。相似的，李树茁、李卫东（2012）的研究也表明成婚期望较高和婚姻挤压感受会促使大龄未婚流动男性产生严重的心理失范。

同时，李艳、李树茁（2011）还检验了感知支持和现实社会支持对农村大龄未婚男性心理福利的直接影响效应。研究表明，感知支持比客观社会支持对心理福利的影响强。感知到的支持越多，大龄未婚男性的生活满意度程度越高，抑郁程度越低。相比之下，现实社会支持对生活满意度的影响不显著；并且仅情感支持网的规模和社会交往网的构成会显著影响大龄未婚男性的抑郁症状。情感支持网规模越大、社会交往网中有弱关系，大龄未婚男性的抑郁程度越低。李树茁、李卫东（2012）则除了检验应对资源对未婚男性农民工心理失范的直接效应，还检验了是否具有缓冲效应。他们发现未婚男性农民工拥有的应对资源对其心理失范有直接的增益效应；但是参与同乡会也会产生负面的影响，通过增加成婚困难感知的概率来促使他们产生心理失范。此外，影响大龄未婚男性心理福利的因素还有收入、年龄和自评健康状况（李艳、李树苗，2011）。

3. 大龄未婚男性的生活质量研究

继仅关注大龄未婚男性生存状况的某一侧面后，研究者们开始希望对大龄未婚男性的生存状况作出更全面的评估。目前，相关的文章仅有两三篇。王磊（2013）参考周长城的《生活质量指标建构及前沿述评》一文，将生活质量分为客观生活质量和主观生活质量。其中，客观生活质量包括生理、心理、经济、生活设施、社会交往、生活支持和社会保障7个指标；主观生活质量包括社会交往满意度、经济状况满意度和生活总体满意度。他通过对比25岁以上未婚男性与已婚男性的各项质量指标，发现未婚男性的生活质量明显较低，尤其是客观生活质量。而本研究的前期研究采用WHO-BREF这一测量主观生命质量的工具，在对比了婚姻挤压男性（28岁以上未婚和有婚姻挤压感受）与其他男性群体的生命质量各领域后则发现，受婚姻挤压男性的主观生命质量水平也显著较差（Yang et al.，2016）。稍后，刘慧君（2017）利用2015年对陕西安康农村的质性调查数据，分析了受到婚姻挤压的大龄未婚男性在日常生活、情感慰藉、性生活方面的生活状况。她发现，该群体目前生存质量存在的最大问题是精神孤独与性生活匮乏。不过，随着年龄增长，健康状况变坏，其晚年生活的照料会成为最大的难题。

在大龄未婚男性生活质量的影响因素研究方面，除了婚姻挤压状况，王磊（2012）还探讨了客观生活质量中生活支持这一维度的影响因素，包括居住方式、父母在世情况。结果发现，居住方式和父母在世情况均会显著影响他们的生活支持。同时也探讨了主观生活质量——社会交往满意度、经济状况满意度和生活总体满意度的影响因素，包括年龄、受教育水平、健康水平、自理水平、工作、家庭年收入、住房结构、是否串门。结果发现，工作、收入和社会保障会显著影响他们的经济状况满意度；而年龄、健康水平和收入则是生活总体满意度的影响因素。

四 大龄未婚男性的养老困境

"养儿防老"是中国农村居民的主要养老模式。而大龄未婚男性未来很可能会终身不婚，这会导致他们未来面临养老资源匮乏的困境，且随着年龄增长会更加明显（刘慧君、谢晓佩，2017）。也因此，在未来养老意愿方面，农村已婚男性和未婚男性有显著的不同。已婚男性的家庭意识更强，他们更倾向于依靠子女、与子女同住的养老模式；而大龄未婚男性则将老年时期的经济支持和照料支持更多地寄托于政府和社会，对社会养老保障制度和福利制度表现出了高度的依赖（郭秋菊、靳小怡，2011；王磊，2015）。

五 大龄未婚男性与公共安全

目前，与大龄未婚男性相关的公共安全讨论主要表现在两个方面：社会治安安全和公共卫生安全。对于前者，刘中一（2005）认为长期失婚导致大龄未婚男性性需求和基本生活需求无法得到满足，容易产生苦闷压抑的情绪。尤其是当他们认识到婚配难不是因为自身的比较劣势（如残疾、贫困），而是由所在地区性别结构失衡、社会经济不平等所造成的，往往会感到强烈的社会不公，对政府和社会失望。而由于缺乏家庭的束缚，他们比一般群体更容易产生被剥夺感，发生失范行为。靳小怡等（2012）的百村调查结果发现大部分村庄中有大龄未婚男性发生过个体失范行为，他们无所事事、终日游荡。甚至少数村庄中还有大龄未婚男性出现了群体性失范行为，表现为聚众赌博、闹事、偷窃等。不过，目前并没有证据证明大龄未婚男性的存在是个体和群体失范行为发生的直接诱因。农村男性普遍面临成婚压力，婚姻挤压的累积会提高拐卖妇女儿童犯罪案件的发生率，使得"买婚""骗婚""逃婚""商业性性行为"等威胁农村社会稳定的风险频发（靳小怡等，2010）。同时，大龄未婚男性在经济贫困地区的集聚还可能激发地区性的社会矛盾，加大群体性事件的发生风险（刘中一，2005）。

对于公共卫生安全的潜在威胁，杨雪燕、伊莎贝拉和李树茁（2012）利用2008年安徽省巢湖市的调查数据发现，性别失衡会增加农村地区的男男性行为发生率；而发生男男性行为的人群中，无保护性行为者的比例较高。同时，与已婚男性相比，未婚男性在艾滋病和性病知识方面的掌握情况较差，伴随着更高的性传播疾病风险。

第五节 研究述评

本章通过归纳生命质量的定义和测量工具的发展现状、婚姻与生命质量关系以及社会支持与生命质量关系的研究现状，并与当前婚姻困境中农村男性的研究现状形成对比，说明了当前研究的不足。

首先，正如以生命质量为主题的研究中经常提到的"有多少人研究生命质量就有多少个定义"，本研究对已有生命质量定义的分类梳理也说明了这一点。不同研究者因侧重点不同，在主客观测量方法的选取、环境文化背景的作用、概念内容上都很少达到一致。对于婚姻困境中农村男性，该选择哪一类型的定义更合适？他们的生命质量包括哪些领域？该选用那种方法测量？目前已有的关于婚姻困境中农村男性的研究并未关注、回答这些问题。

其次，目前针对生命质量的测量已开发出许多款工具，大致可以分为三类：适用一般人群的，如 WHOQOL - 100 和 WHOQOL - Bref；适用测量各类功能健康状况不良的人群，如 SF - 36 和 EQ - 5D；针对特定人群开发的，如 WHOQOL - HIV 和 WHOQOL - OLD。这些测量工具的共同点是以主观测量为主。对于婚姻困境中农村男性而言，哪一款工具更适合用来测量他们的生命质量呢？目前已经有研究采用 WHOQOL 来测量，与其他类型的工具相比，WHOQOL 确实比较适合。然而，该工具的发展背景是西方国家情景。在西方国家情景下，婚姻的最重要功能是性，"生育孩子"和"妻子提供日常照料"不是婚姻的主要功能。换言之，该工具并没有反映中国农村情境下"婚姻挤压"这一背景。已有研究对于它在测量婚姻困境中农村男性生命质量时是否存在缺陷，是否需要添加其他指标的测量题项，并未讨论。

再次，有个别研究已经对比了婚姻困境中农村男性和非受婚姻挤压男性在生活质量、生命质量上的差异；但鉴于上述提到的测量工具的适用性问题，这几项研究可能并未完全地描绘出婚姻困境中农村男性的生命质量现状。与此同时，尽管普遍认为，婚姻对个体的健康有保护作用，已婚者的健康、福利状况比单身者好，但近年来越来越多的西方研究开始质疑。他们认为随着社会对婚姻看法的转变，婚姻状况不再是主要因素，取而代之的是婚后质量。那么，对于农村男性的生命质量而言，婚姻挤压到底处于怎样的地位呢？已有研究只回答了部分，即婚姻挤压对农村男性的生命质量有消极影响，并未考虑婚后质量的因素。

最后，目前社会支持研究领域存在的一个较大问题是缺乏一个充分的理论框架去解释社会支持对健康、福利的影响。尽管社会支持的主效应模型和压力缓冲效应模型概括了它对健康、福利或生命质量的可能影响机制，但已有研究结果已经表明对于不同群体，从社会支持中受益的途径并不一样。事实上，受压力源本身特征，以及社会支持缺乏统一定义，同时测量多样化等原因的影响，目前对不同压力群体甚至同一压力群体的社会支持研究结果都是多样化的。那么，对于婚姻困境中农村男性而言，社会支持对其生命质量的影响如何？目前研究并未检验，其主要检验了社会支持、应对资源等对心理福利（生活满意度、抑郁、心理失范）的影响。

第三章　研究设计

在继明确了本研究的可研究空间和婚姻困境中农村男性的生命质量概念后，接下来将进入实证分析环节。在进行数据分析前，首先需要构建本研究的分析框架。本章首先通过界定社会支持，明确其包含的维度：社会参与、社会支持网和感知社会支持。然后，通过总结其他群体研究中各社会支持维度与生命质量的常见关系，构建婚姻挤压背景下各维度与农村男性生命质量关系的分框架；最终整合形成本研究的整体框架，即婚姻挤压、社会支持与农村男性生命质量之间关系的总体研究框架。

在上一章讨论生命质量四领域：生理、心理、社会和环境对婚姻困境中农村男性生命质量的重要性时，本研究已经分析了婚姻状况带来的影响。终身未婚会对男性的生理和心理质量带来消极的影响，同时阻碍社会关系的建立，会使他们面临更加糟糕的生活环境。总体而言，终身未婚对于农村男性来说，是一个无法回避的、影响终身的长期压力事件。已有实证研究已经一定程度上证明了这一观点。比如前面提到的 Han et al.（2014）、Yang et al.（2016）和 Wang et al.（2018）等研究。既然如此，如何改善？近年来，在与健康、福利相关的研究中，社会支持、社会关系在疾病治疗、维持并改善健康、福利方面的重要性已经引起研究者和政策制定者的广泛重视。他们都认为深刻、有意义的亲密关系在人类繁荣中起着至关重要的作用（Feeney & Collins，2015），社会融合程度较高、与他人关系友好、受到较多支持的个体的心理健康状况更好、主观福利水平更高、发病率和死亡率更低（Cohen，2004；Lakey & Cronin，2008；Uchino，2009）。

社会支持是一个广义的术语。在特定的情景下想要深入了解它是如何影响健康、影响生命质量的，并对干预模型的发展给出必要的指导和建议，那么首先对社会支持概念进行界定将是一个良好的开端。

第一节　社会支持与生命质量

一　社会支持概念界定

普遍认为社会支持的结构非常复杂。它的定义有许多个，常见的在狭义上，通常被界定为"社会资源"，是指提供者和接受者之间资源的交换，接受者收益最多（如 Eisenberger，2013）。在广义上，许多研究者都通过识别社会支持的类型来进行操作化，如前面提到的 Helgeson（2003）区分"结构"和"功能"维度的分类。同时，也有研究者将社会支持视为一种随着时间推移而展现的人际关系过程，通过这些过程，社会关系可以促进健康和福利发展（Cohen，2004；Feeney & Collins，2015）。Cohen（2004）将这些过程概括为两组，其中一组是当个体需要时，情感、信息、工具资源的提供和交换。这些需要通常与急性或慢性压力经历，如疾病、生活事件、发展阶段转换等有关。在该组中，社会支持包括个体在正式支持关系和非正式支持关系中所感受到的可获得的支持或实际接受的支持。另一组着重强调从参与一个或多个不同社会组别中的健康收益。Cohen（2004）假设通过非明确交换支持或帮助的互动，互动对象可以通过影响认知、情绪、行为和生物机体的反映来促进健康和福利。

正是由于社会支持组成的多样性，许多研究认为很难通过一个简单的模型来代表社会支持的整体影响。因而，在分析时，研究者应该建立更多的精确模型来描绘具体的支持概念、生活压力变量、健康/福利之间的联系（Barrera，1986）。House（1981）认为为了有效提高社会网络的健康保护功能，研究者需要尤其明确"谁"应该向谁提供"什么"（何时）。其中，"谁"指的是社会支持可以由不同类型的人员提供，包括非正式支持网络（如家人、朋友、同事、领导）和正式支持网络（如专业的健康照料、社会服务工作者）。"什么"指的是支持接受者的感受，而非互动中的客观行为（Wethington & Kessler，1986）。同时，Lin 等人还认为区分"日常"和"与压力相关"的支持行为是非常需要的（Lin et al. 1999；Thoits，2011）。基于此，本研究倾向认为社会支持是一个"过程"，而非一种状态。在综合两个广义的操作化内容的基础上，将私人生活领域的社会支持分为三个阶段：社会参与（社交互动）、社会支持网（遇到困难时求助—向谁求助）、感知社会支持（求助结果）。

社会参与，是一个社会化过程，反映了个体在生命各个阶段的所经历的关系、结构和角色。它包括日常与家人、亲戚、邻居、朋友的联系，社区组织参与等（Lindström & Rosvall，2012）。通常情况下，长期、亲密的社会网络关系具有提供社会支持的独特能力（Feeney & Collins，2003）。也因此，许多研究者将互动频率纳入支持的测量中（Helgeson，2003；Cohen，2004）。他们认为虽然社会参与不是社会支持资源的直接测量，但却可以在危机时提供潜在的社会支持资源。不过，这也恰是被批判的一点。反对者认为社会参与是一个外生变量，社会网络成员的定义已经表现出了与个体互动的频率或关系的重要性。姑且不论社会参与有时也会产生消极影响，即使影响总是积极的，只要简单增加社会互动就可以达到目的（Shinn，Lehmann & Wong，1984）。

事实上，社会参与除了作为获得社会支持资源的上游因素，它本身也具有保护功能，比如社会学家经常强调的"归属感"。不仅有益于生理（如免疫系统功能、心血管反应、心肺功能）和心理（如归属感、自尊、生活意义）健康，还能促进健康行为的发展，如戒烟、合理饮食、锻炼、求助行为等（Berkman et al.，2000；Glass et al.，2006）。同时，按照符号互动论的解释，社会参与还是创造和维持个体自我认同的工具（Thoits 1983），构成了不被社会孤立和异化的一面（Holt-Lunstad et al.，2015）。尤其对于婚姻困境中的农村男性而言，镶嵌在社会环境中的个人关系可以在一定程度上弥补妻子和子女关系的缺失。因此，本研究认为在讨论社会支持对该群体生命质量的影响时，社会参与非常值得被单独检验。

社会支持网，本研究中是指在需要支持时可求助的网络，与传统描绘个体周围社会关系的"网络"概念不同。目前研究早已超越关注社会关系的数量，转向关注网络的内容。因社会网络成员的定义通常是基于与个体互动的频率或关系的重要性，结构，即识别与目标个体有重要关系的网络成员，成为社会网络分析的首要内容。不同网络成员提供的支持数量和类型不同。Agneessens et al.（2006）认为支持的来源可能决定着所提供支持的有效性。亲密关系，尤其是亲属关系，被认为具有最好的应对功能。因为亲属网络中成员之间是相互依赖的，也因此在提供帮助时比较积极（Lin，1999）。同时，这种关系还是长期的，可以容忍比较抽象的支持回馈。不过亲属网络由于同质性较高，限制了新信息的流动和支持的提供（Henly，2005）。与之相比，邻居和朋友则倾向于提供短期的帮助。他们之间的异质性较高，代表着各种各样的社会联系，从而能够提供更多新的、更好的机会（Lin，1999）。当然，从支持的内容而言，社会支持网也可以作为应对资本（Briggs，1998）。网络成员会提供各种支持内容，包括资金、实物援助、情绪指导、信息等，以减少家庭困难、缓解日常生活压力。不过正如医疗照料领域的研究所表明的，患者通常需要来自家庭和朋友的情感支持以及来自医疗保健专业人员的信息支持（Helgeson，2003），社会支持网的结构和功能是一体的，应该同时被测量。

感知社会支持，是测量个体对自己在多大程度上能够获得支持的感知（Helgeson，2003）。感知社会支持的测量不同于社会参与和社会支持网，并不关注社会联系的频率和支持的数量。而是尝试去捕捉个体在面临困境时是否有充足的社会支持的自信程度（Barrera，1986），主要反映了质量。事实上，对结果的评估可以从两个方面开展：对实际获得的支持的评估和对感知可获得的支持的评估。前者是回溯性评估，具有滞后性。后者可能是从前者的历史中演变而来，也适用于压力和应对过程的认知模型（Folkman，Schaefer & Lazarus，1979；Lazarus & Launier，1978），强调对潜在威胁情况和应对资源的评估。也因此，在同时测量实际受到支持和感知支持的研究中，相比前者，感知支持在预测健康结果、生命质量时更有效（Cohen & Wills，1985；Wethington & Kessler，1986；Helgeson，2003）。

综合上述分析，三个变量比较广泛地覆盖了非正式社会支持的测量内容，反映了社会支持的不同方面。这在早期研究中已经得到了一些证实。比如，Turner et al.（1983）总结认为感知社会支持与社会资源（客观社会支持/社会参与；社会网络的测量和社会参与指标，如交往频率、婚姻状况、朋友数量）虽然相关，但差别明显。Barrera（1986）也表明社会参与、感知社会支持和实际受到的支持之间只有轻微的相关关系。

二　社会支持与生命质量的关系

在明确了社会支持的测量变量后，接下来将分析婚姻困境中农村男性的社会支持与生命质量的关系。依据第三章所述，婚姻困境中农村男性的生命质量包括客观生命质量和主观生命质量。其中，客观生命质量包括生理领域的健康、社会领域的社会支持以及环境领域的收入、住房等物质经济状况。综合前述内容可以发现，本研究要测量的社会支持四方面其实包含了客观生命质量中的社会支持指标，正如 Berger-Schmitt（2002）所说"个体所创造、维持的社会关系和纽带是他们个人生活质量的重要组成部分"。而除了这种包含与被包含的关系外，还存在影响关系。客观生命质量的三个领域虽然代表不同的方面，但实际上并不属于同一个层次。这一点从以"与健康相关的生命质量"（几乎等同于生命质量）为主题的研究中就可以证明，普遍认为健康是决定总体生命质量的最重要因素，它更靠近生命质量的核心（McDowell & Newell 1987；Hill 2001；Kane & Kane 2001）。也因此，许多针对患者和老年群体的研究都以疾病、健康状况为因变量，讨论社会支持的影响。而物质经济状况则通常是社会支持的解释因素，如大量关于低收入人群的社会支持研究（Schulz et al.，2006；Lee et al.，2009）。三者之间的关系如图 3 – 1 所示。

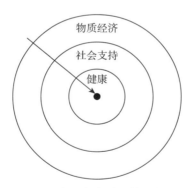

图 3 – 1　客观生命质量的三个维度

也就是说，社会支持对客观生命质量有影响，但这一影响关系主要表现在社会支持对健康状况的影响上，这将是后续章节的讨论重点之一。

另外，主观生命质量尽管也包括社会领域，但各项指标的测量通常采用评价个体满意度或理想—现实差距的方式，如世界卫生组织的 WHOQOL 量表，反映的是一种更深层的内在认知和情感知觉。也因此，已有研究在讨论社会支持对主观生命质量的影响时，都直接以整体或各分领域为因变量。本研究对主观生命质量的测量将基于 WHOQOL 量表，采用满意度的测量方式。

此外，客观健康状况与主观生命质量的关系也是必须考虑的问题。因为慢性疾病，如心脏病、癌症、糖尿病和关节炎等，对个体的独立能力和心理福利都会有显著的消极影响。研究发现，同时患有多种慢性疾病不仅影响个体的生活感受，同时还会对他们的心理造成困扰，导致生命质量水平明显下降（Walker，2007）。婚姻困境与客观和主观生命质量之间的关系如图 3-2 所示。

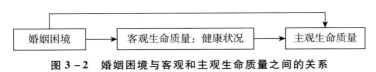

图 3-2　婚姻困境与客观和主观生命质量之间的关系

接下来，重点分析社会支持可能对婚姻困境中农村男性客观和主观生命质量的具体影响。由前述内容可知，社会支持对健康结果、生命质量的影响路径有两个：一是直接影响，即社会支持会促进或阻碍积极的健康结果和生命质量的发展，即使没有特定的压力源；二是缓冲效应，即认为社会支持是一个保护因素，会减少压力对健康的有害影响（Cohen & Wills，1985；Feeney & Collins，2015）。不过，不同的社会支持变量对健康结果、生命质量的影响途径可能并不一样。Helgeson（2003）总结认为社会支持的结构方面符合主效应假设，结构支持与生命质量之间是线性关系。仅仅参与到网络中，周围有人陪伴，感觉是群体的一部分，都有助于提高生命质量。而社会支持的功能方面则支持压力缓冲假设。当压力水平较高时，个体需要他人提供资源来帮助应对。鉴于此，本研究将一一分析社会支持三变量（社会参与、社会支持网和感知社会支持）可能对婚姻困境中农村男性客观和主观生命质量产生的影响。

第二节　社会参与与生命质量

老年医学领域对社会参与的研究有着悠久的历史。对于老年人来讲，积极和高效的社会参与是成功老龄化的核心组成部分。数十年的研究表明，与其他社会成员间以休闲为目的的互动对一系列健康和认知结果有显著、复杂的影响效果（Bowling & Browne，1991；Steinbach，1992；Mendes de Leon et al.，2003）。研究认为社会参与和互动既有积极效益，也有消极后果。丰富的社会生活有助于老年人保持积极的生活态度，在保持良好的健康的同时，也会增加社会和心理福利，提高生活满意度（Park，2009）。但同时，并非所有的人际交往及其影响都是积极的，也可能是冲突、压力、伤害自尊的根源，会在生活中布满障碍；并且不合时宜的善意举动也可能会适得其反（Helgeson，2003）。

不过总体而言，社会参与和健康结果、福利之间的积极关系已被大量的研究检验和证实，尽管社会参与的作用机制并不确定（Betts Adams，2011）。目前经常被讨论的机制有三种：生理途径，影响个体的神经内分泌系统、血压、C - 反应蛋白、免疫功能（Grant，Hamer & Steptoe，2009；Hawkley & Cacioppo，2010）；心理效应，包括提高自我效能感、自我价值感、控制感等（Antonucci，2001）；行为影响，鼓励个体参与健康促进行为（如体力活动、寻求医疗护理）或避免伤害行为（如吸烟、睡眠不足、缺乏体力活动）（Cacioppo et al.，2002；Hawkley，Thisted & Cacioppo，2009；Theeke，2010）。无论如何，大量的研究已经表明社会参与，通过人际关系和社会活动参与对健康、生理福利、心理福利均有显著的积极影响，同时还能有效降低死亡率，延长寿命（Uchino，2006；Holt-Lunstad et al.，2010；Shor，Roelfs & Yogev，2013）。比如 Cherry et al.（2013）利用美国路易斯安那健康老化研究数据，检验了年轻人（21～59 岁）、老年人（60～89 岁）和老老年人（90～97 岁）的社会参与和其生理健康的关系。结果发现，在分析客观健康状况时，参与家庭外的俱乐部活动及所花费的时间是比积极健康行为更重要的因素。Adams，Leibbrandt & Moon（2011）综合分析了 42 篇个体研究，发现绝大多数的研究都支持非正式的社会参与，如探访朋友，会持续积极地影响老年人的晚年福利状况。

另外，除了预防与年龄相关的慢性疾病的发作，Mendes de Leon et al.（2003）还推测认为积极的社会参与可以通过提供更高的生活意义感、控制感及自我效能感，修复与年龄相关的变化和疾病的消极影响。Utz et al.（2002）也认为对于丧偶的老年人，婚姻关系外的社会互动可以弥补与婚姻或配偶相关的社会角色。对此，Michael et al.（2001）对女性老年人的研究提供了证明，发现与朋友和亲戚的联系以及社交活动水平对独立生活的女性的心理健康水平下降有显著保护作用。与此同时，Jang et al.（2004）还发现社会参与对患有疾病和残疾的个体的重要性明显高于非残疾人士，认为残疾者更加重视社会参与，积极的社会参与有助于提高他们的生活满意度。综合来讲，对于丧偶或患有疾病、生理缺陷的老年人，积极的社会参与是可以缓解因婚姻状况变化或健康状况不佳而带来的消极影响。

对于婚姻困境中农村男性而言，他们可能缺乏妻子、子女的陪伴，独自生活。而与社会其他成员的互动，包括有密切或定期互动的关系、参与组织活动等都是避免孤独的重要手段，这将会为他们的健康结果、主观生命质量带来积极的影响。与此同时，Ryan & Willits（2007）总结认为，已婚人士之所以比未婚人士认为自己健康快乐，至少部分是因为配偶为促进健康行为提供了社会支持，而社会参与同样有此功能。也就是说，与婚姻或配偶相关的关系功能（如陪伴、促进健康行为等）可以通过婚姻关系之外的社会活动参与来弥补。农村男性的社会参与及其对参与的重视可能会缓冲婚姻挤压状况对生命质量的不利影响。婚姻困境、社会参与与客观和主观生命质量之间的关系如图3-3所示。

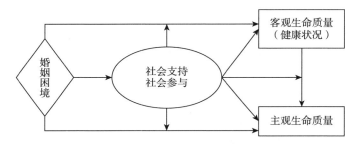

图3-3　婚姻困境、社会参与与客观和主观生命质量之间的关系

第三节　社会支持网与生命质量

社会关系是社会资本的一种形式，成员间的信息和资源流动可以促进（或阻碍）积极的人类健康和福祉。尽管目前几乎没有关于中国婚姻困境中农村男性的社会支持网和生命质量关系的研究，但在过去十年中，理论和实证研究已经将目光越来越多地聚焦于社会网络对健康结果的影响上。在其他群体（如妇女、老年人和疾病患者）的研究中，社会支持网与健康结果之间的具体联系已经建立（Helgeson，2003；Balaji et al.，2007），这为本研究提供了一些信息。研究表明高水平的社会融合可以直接促使个体产

生积极的心理状态，如生活意义、归属感、安全感及对自我价值的认可。这些积极的心理状态可以通过改善他们的适应行为、增强自我照料意识，来帮助实现更好的健康结果（Kawachi & Berkman，2001）。一般而言，社会支持网的规模越大，个体的融合程度越高。事实上，网络规模被认为是预测个体心理健康、生活满意度、面临压力或其他健康危险时内分泌反应的重要因子（Acock & Hurlbert，1993）。

大多数相关研究表明，当个体拥有较多的社会关系数量时，他们的生理机能衰退较慢（Unger et al.，1999）；同时压力水平较低，相应的，自我效能感、心理福利水平及生命质量均较高（e. g. Balaji et al.，2007；Orwelius et al.，2011；Roick et al.，2014）。相比之下，社会关系数量较少或被社会孤立则会导致生理和心理健康状况较差、生命质量水平下降、死亡率较高（House & Umberson，1988；Balaji et al.，2007；Roick et al.，2014）。

研究分析认为在经历压力事件的前提下，社会关系也可以通过增强个体的应对和适应能力，来缓解压力对健康的损害（Kołodziej-Zaleska & Przybyła-Basista，2016）。当面对压力紧张事件时，网络规模越大意味着可用的社会支持越多，个体在评估情况时就可能比较乐观；从而帮助降低第一印象的消极程度，防止一系列消极情绪和行为反应的发生。而来自网络成员的实际支持又会提高个体对压力事件的应对和适应能力，帮助快速恢复（Kawachi & Berkman，2001；Kołodziej-Zaleska & Przybyła-Basista，2016）。

社会网络描绘了个体周围的社会关系网络。虽然网络规模能够全面地反映个体的网络信息，但有理论和经验两方面的理由怀疑，"合计"网络的各个方面并不等同于嵌入特定属性网络的效应。网络中的联系人是谁以及关系的性质尤其需要重视（Smith & Christakis，2008）。社会网络包括不同的关系，每一种关系都有自己的特征和意义（Kawachi & Berkman，2001）。按照关系强度划分，成员间的关系分为强关系（亲密，通常是亲戚关系）和弱关系（通常是非亲属关系）（Lin，1999），这些关系都与健康结果密切相关（Balaji et al.，2007；Smith & Christakis，2008；Symoens, Velde, Colman & Bracke，2014）。具体而言，强关系最可靠，会自发为个体提供支持，通过提高个体的应对能力和生活满意度、降低他们的消极感来促进健康（Balaji et al.，2007；Symoens et al.，2014）。尽管如此，具有丰富的弱关系网络在健康领域也具有相当大的优势，可以为个体提供更加多样化的信息和资源，提高他们的归属感和社会认同感，增强对压力情况的控制（Burt，1987；Kawachi & Berkman，2001）。强关系和弱关系具有互补性，前者的同质性程度较高，可靠；后者的异质性程度较高，提供的资源和交换渠道更加多样化（Lin，1999）。

有研究已经发现强关系和弱关系对个体的健康结果有独立的影响（Lin，1999；Kawachi & Berkman，2001）。不过，个体在网络中的多元化角色（如工作人员、配偶、朋友、组织成员、邻居）可以有效帮助直接（如通过减少孤立）或间接（如通过提供支持）促进健康。角色理论的角色增强观点认为嵌入在多样化成员构成的网络中的个体比在成员构成有限的网络中的个体的健康结果更好。对此，Litwin 等人的研究已经证实。他们通过将网络成员组成分类，比如 Litwin（2001）划分为五种：多样化、朋友为主、邻居为主、家庭为主、限制型，发现个体拥有多样化的成员构成时，患有疾病的风险较低、心理健康状况最好；而当构成有限时，体力活动最少，心理健康状况最差，死亡率最高（Cohen & Janicki-Deverts，2009；Litwin，2003；Litwin & Shiovitz-Ezra，2006；Fiori，Antonucci & Cortina，2006；Cheon，2010）。

另外，研究还表明支持性的社会关系可以通过提供心理和物质资源来缓解压力，减轻负面健康效应。比如，Rosenthal's et al.（1993）对护理长期病患的人员的研究发现，在必要时如果有人可以承担他们的角色，他们所报告的抑郁症状水平就较低。Cannuscio et al.（2004）对中老年女性的研究也表明，相较于没有配偶护理责任和有许多社会关系的女性，在照顾配偶上花费时间较多且社会关系较少的女性的抑郁程度会急剧增加。而对于社会支持关系对婚姻和健康、福利之间的关系是否有调节作用，目前少数研究也有涉及。如 Cicirelli（1988）、Scott（1990）对老年人的研究认为，兄弟姐妹可以替代和补充配偶及子女的支持，促进老年人的健康。Edwards et al.（1998）；Pateraki & Roussi（2012）；Kolodziej-Zaleska & Przybyla-Basista（2016）对婚姻满意度较低或离婚的人员的研究也发现，家庭成员或朋友的支持会减少他们的抑郁症状和其他健康问题，帮助他们保持良好的心理健康状态。

对于婚姻困境中农村男性而言，拥有较大的社会支持网规模意味着他们有较多的人可以依赖、倾诉、获取支持，这可以为他们的健康结果、主观生命质量提供保护效应。同样的，有多样化的社会支持关系（家庭成员、亲戚或朋友的陪伴和支持）的受婚姻挤压男性，也可能因为焦虑、抑郁感等较低而保持良好的健康状况和主观生命质量。婚姻困境、社会支持网与客观和主观生命质量之间的关系如图 3 - 4 所示。

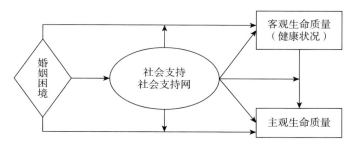

图 3 - 4　婚姻困境、社会支持网与客观和主观生命质量之间的关系

第四节　感知社会支持与生命质量

前面已经讲过，感知社会支持与健康结果之间的主效应关系是非常稳定且容易被复制的（Lakey & Orehek，2011）。这一影响关系可能同样适用于婚姻困境中的农村男性。研究已经表明社会支持水平较低可能会使人产生孤独和被孤立的感觉，并且还会放大这些消极的结果（Hewitt，Turrell & Giskes，2012；Soulsby & Bennett，2015；Kołodziej-Zaleska & Przybyła-Basista，2016）。因而，对于婚姻困境中的农村男性而言，感知社会支持程度越高，越能有效缓解婚姻挤压带给他们的自卑、绝望、被孤立等消极情绪；越能有效减少他们抽烟、酗酒等健康危险行为的发生，减缓其健康状况的负向发展（Hewitt，Turrell & Giskes，2012；Soulsby & Bennett，2015；Kołodziej-Zaleska & Przybyła-Basista，2016）。

另外，尽管感知社会支持是否有"压力—缓冲效应"在不同研究中结果并不一致，但探讨婚姻状态、社会支持和心理健康之间关系的研究已经发现，当个体失去婚姻时，比如离婚或丧偶，社会支持可以对心理悲伤产生调节的作用（Hewitt，Turrell & Giskes，2012；Soulsby & Bennett，2015；Kołodziej-Zaleska & Przybyła-Basista，2016）。比如，Hewitt et al.（2012）证明了较高水平的社会支持可以削弱丧偶对男性心理健康带来的消极结果。相反，低水平的社会支持则会扩大丧偶的消极影响。相似的，对于面临失婚风险的婚姻困境中的农村男性，拥有高水平的社会支持意味着他们有较多的对象可以倾诉、可以获得情感上的安慰和物质上的帮助。而这会对他们的心理评估过程产生积极的影响，从而缓解婚姻挤压对生命质量带来的消极影响。

此外，Uchino（2009）在探讨社会支持与身体健康之间的关系时，曾解释了为什么不同的个体在生物衰老过程中的变化程度不一样。Uchino 认为慢性疾病的发展虽然遵循类似的轨迹，但发展过程中的心理社会化过程却可能使一些人处于积极的健康轨迹上，而其他人则可能处于消极的轨迹上。Uchino 认为拥有较高水平的社会支持可以帮助发展形成"积极的心理社会状态"。那么对于患有疾病的婚姻困境中的农村男性而言，拥有较高水平的社会支持同样也可能帮助他们处于积极的健康轨迹上。而积极的心理状态可以帮助缓解消极的健康状况对主观生命质量的不利影响。

基于上述分析，婚姻困境、感知社会支持与客观和主观生命质量之间的关系可以用图 3-5 直观地进行展示。

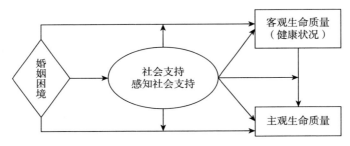

图 3-5　婚姻困境、感知社会支持与客观和主观生命质量之间的关系

第五节　分析框架的提出

综合上述图 3-2 至图 3-5，本研究中婚姻挤压背景下农村男性社会支持与生命质量的总体关系可用图 3-6 综合展示。图 3-6 中，婚姻挤压是影响农村男性客观生命质量和主观生命质量的重要压力事件；同时客观生命质量（健康状况）又会影响婚姻困境中农村男性的主观生命质量感知。在这些压力背景下，社会支持除了对婚姻困境中农村男性的客观生命质量和主观生命质量有直接影响效应外，还可能起到压力—缓冲的调节效应。

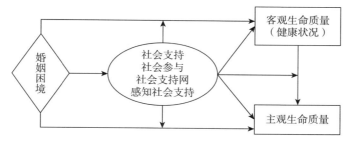

图 3－6 婚姻困境、社会支持与生命质量之间关系的总体研究框架

小 结

本章主要做了两方面的研究：首先，界定社会支持的概念。本研究将社会支持视为一种随着时间推移而展现的人际关系过程，将其分为三个阶段：社会参与（日常社交互动）、社会支持网（遇到困难时求助—向谁求助）、感知社会支持（求助结果）。其中，社会参与是创造和维持个体自我认同、获得心理支持的重要途径。社会支持网是指在需要支持时可求助的网络。感知社会支持是指个体对自己在多大程度上能够获得支持的感知。

其次，依据主效应模型和压力—缓冲效应模型中社会支持对健康、福利的影响机制，以及已有研究中较常见的社会支持结果，本研究分别构建了婚姻挤压背景下社会参与、社会支持网、感知社会支持对农村男性生命质量的影响框架，最终整合成本研究的整体分析框架。总分析框架中，婚姻挤压是影响农村男性客观生命质量和主观生命质量的重要压力事件。社会支持对婚姻困境中农村男性的客观生命质量和主观生命质量均有直接影响效应；而客观生命质量又会影响婚姻困境中农村男性的主观生命质量水平。与此同时，社会支持对婚姻挤压与客观和主观生命质量的关系、客观生命质量与主观生命质量的关系还可能存在调节效应。需要特别说明的是，在该框架中，客观生命质量主要指的是健康状况。因为客观生命质量的三个测量领域：生理领域的健康、社会领域的社会支持以及环境领域的收入、住房等物质经济状况，它们分属不同层次。其中，健康是决定总体生命质量的最重要因素，它更靠近生命质量的核心。在疾病患者和老年群体的研究中经常被作为因变量，讨论社会支持的影响；而物质经济状况则通常是社会支持的解释因素。

第四章 婚姻困境中农村男性生命质量概念及测量

普遍认为，任何旨在提高生命质量的方案都必须是清晰、准确，被普遍理解和可接受的。因此，在评估生命质量之前，有必要定义那些使生命和生存都有价值的品质。然而，生命质量对于不同人群意味不同。本章旨在界定婚姻困境中农村男性生命质量的概念，首先通过分析"生命质量"一词的含义来从本质上了解其内涵。其次，通过列举生命质量的已有定义，总结存在的争论。再次，对 20 余篇介绍生命质量概念的文献进行内容分析，归纳出生命质量的结构元素，以及在主客观测量指标上的选择标准。最后，分析这些结构元素对婚姻困境中农村男性的重要性，以及受婚姻挤压男性生命质量的测量是否应该包括客观指标。

第一节 生命质量的含义

生命质量在词典中并不作为一个整体出现，它由两个词组成：生命和质量。何为"生命"（life）？Merriam-Webster 词典对此提供了多个定义，大致包括 8 种：

1. 有活力、生物；一个可以代谢、生长、繁殖、对刺激有反应的有机状态；

2. 构成个体存在的身体和精神经历；生活过程的一个或多个方面；

3. 从出生到死亡这一整个时期；

4. 生活的方式，生计；

5. 精神，超越身体；

6. 人类活动；给定空间、地域或时间内的活动；

7. 兴趣和活力；某事的持续时间，有用性或受欢迎程度；

8. 持续生存的机会。

从这些定义可以看出，life 用于形容生命体，既可以指整个生命历程（从出生到死亡），也可以指特定时间、空间范围内的生命体的躯体和精神状态，以及其生活方式。也就是说，从婴孩时期到老年时期，与外在躯体和内在精神相关的种种经历皆属于"life"的范畴。这为将"QOL"中的"life"翻译为"生命"再次提供了支持。

何谓"质量"（quality）？Merriam-Webster 词典同样给出了多个定义，大致包括以下 4 种，

1. 独特、本质的特征；

2. 有区别的属性；

3. 优秀程度；

4. 排名，高社会地位。

其中，这些定义表现出了"生命质量"的含义和特点，它是指"生命的本质特征"，具有可以被区别对待、被比较的特点。这也再次表明为什么"生命质量"的研究一直经久不衰，以及涉及如何评判"生命的优秀程度"的问题。

从生命质量的语义中就可以品味出，生命质量是一个抽象的、软的、无定形的（Birren & Dieckmann，1991）；没有固定边界（Hughes，1990）；无法被精确界定的概念（Fernández-Ballesteros，1998）。这也表明生命质量并不等同于环境的质量、物质商品的数量、生理健康状态或者健康照料的质量（Birren & Dieckmann，1991；Fernández-Ballesteros，1998）。

第二节　生命质量的概念

生命质量被大部分人理解为好的生活和能够在一定环境中成功、愉快地生活（Brown & Brown，2005；Eiser & Morse 2001；Ventegodt et al.，2003；Michalos，2003；2011）。但好的生活是什么？这是一个古老的哲学问题。功利主义者认为好的生活是有价值、有意义的生活（Holland，2006），享乐主义者认为是快乐、没有痛苦的生活（McCall，1975；O'neill，2008）。

似乎无论怎么界定生命质量，都无法达成一致。也因此，研究者在界定生命质量时不再专注于给出统一的答案，而是重点识别哪些领域应该被有效地测量。例如：

1. Hornquist 将生命质量定义为整体满意度感知和对福利的关键领域的满意度感知（Hornquist，1989）。

2. 生命质量的定义包括两个基本元素：多元维度和主观性。多元维度是指内容的广泛覆盖性，包括身体、功能、情感和社会福利。主观性是指生命质量只能从患者的角度来理解（Cella，1994）。

3. Felce 和 Perry 提出生命质量模型需要综合考虑客观指标和主观指标，多个生命领域和个体价值观（Felce & Perry，1995）。

4. 生命质量包括客观领域和主观领域，每个都是七个领域的总和：物质福利、健康、生产力、亲密关系、安全、社区和心理健康。其中，客观领域从与文化相关的客观福利角度来测量；主观领域通过个人对各领域的满意度并加权各领域对个体的重要性来测量（Cummins，1998）。

5. Fernández-Ballesteros 认为尽管生命质量的概念强调主观生命质量，但外部和客观的生活状况不能被忽略。其中，主观元素包括感知健康、社会满意度、文化需求、环境评估、健康和社会服务感知；客观元素包括客观健康、社会网络、文化因素、环境质量、社会和健康服务的可及性（Fernández-Ballesteros，1998）。

6. 生命质量主要是指主观幸福感，包括躯体、心理、社会和精神维度。在一些环境中，客观指标也可能会起到补充的作用，或者在个体无法主观感知的情况下，可以作为生命质量的代理评估（Haas，1999）。

7. 生命质量可以被视为主观、多维度的概念，它强调个体对当前状态的自我评估（Bonomi et al.，2000）。

综合这些定义，主要存在两个方面的争议：（1）生命质量应该包括哪些领域；（2）主观维度是生命质量测量的重点，是否还应包括测量客观生命质量的维度？下面将首先围绕这两个方面进行阐述。

第三节　生命质量的组成：领域和指标

虽然没有关于生命质量的统一定义，但生命质量是一个多维度概念目前已得到广泛、普遍的认可。生命作为一个整体，时刻受到自身和环境的影响，它有大量的领域可被评估（Lawton，1991；The WHOQOL Group，1998）。那么，有两个问题需要解决：一是怎样划分这些领域；二是怎样用这些领域来测量生命质量。在缺乏生命质量理论的情况下，任何潜在的领域都有被测量的理由。因此，研究者认为生命质量的测量应该依据特定情景，有限测量那些重要的领域并识别这些领域的本质特征（Borthwick-Duffy，1992；Schalock，2004）。目前许多研究者已经对生命质量的组成进行了总结，虽然他们关注的人群和兴趣不同而使得相互间的组成并不一致，但仍存在许多共同的领域。本研究通过对 22 篇有关"生命质量概念"文章的整理发现：生理、心理、社会和环境（Hornquist，1989；Hughes，1990；Lawton，1991；WHO，1997；WHO，1999；Felce，1997；Haas，1999；Ventegodt et al.，2003；Brown & Brown，2003；Hacker，2003；Ferrell et al.，1998；Marinelli & Plummer，1999；Veenhoven，2000；Schalock，2004；Ettema et al.，2005；Vaarama & Pieper，2008；Costanza et al.，2008；Frisch，2009；Kelley-Gillespie，2009；Fernández-Ballesteros，2010）这四个领域不可或缺，几乎每一篇文章都包含了这四个方面，尽管它们的领域名称和测量指标不尽相同。

一　生理领域

起初，生命质量的最常见描述是指身体没有功能缺陷，主要关注生理上的疾病、残疾和负面的心理状态，以及与发病率和死亡率相关的其他流行病学概念（Ryff，1989；Carr et al.，2001），并认为完全健康的生活等同于高生命质量。因此，"与健康相关的生命质量（health-related quality of life，HRQoL）"成为生物学和医学领域近几十年的研究重点。然而，这是有限意义上的"健康"。世界卫生组织认为健康"并不仅仅限于没有疾病，它是生理、心理和社会福利的综合状态"（WHO，1947）。后来，研究者也认为一个人的积极人格或对生活的倾向也会对生命质量产生积极的影响（Moons et al.，2006）。也就是说，生命质量的生理领域除了包括测量健康状况的指标外，还应该包括其他积极指标。

与健康相关的生命质量是指那些会被健康状态和医疗干预影响的生命领域（Lawton，1991）。对于一般群体而言，测量健康状况的指标通常包括消极健康（如疾病、伤害、残疾等）、疼痛、不舒服、功能性能力（如日常生活活动、灵活性）、睡眠质量等（Hornquist，1989；Felce，1997；WHO，1997，1999；Fernández-Ballesteros，2010）；同时还可能扩展到"对健康状况和医疗卫生保健的满意度"（WHO，1997，1999）。相较之下，对疾病患者和老年人的健康测量则更为复杂，他们的健康状况指标还通常包括诊断、预后、症状、用药、副作用、获得医疗保健以及保健的充分性和连续性等（Bond 1999；Becker et al. 1993；Kane 1998；Lassey & Lassey 2001；Kelley-Gillespie，2009），Kane（2001）甚至还添加了测量身体舒适方面的指标，包括呼吸顺畅、恶心、便秘、关节疼痛等经历，以及在体温和身体姿势方面的舒适性。同时，身体健康还与照顾方式、照顾者的干预或照顾者提供良好护理的能力有关。而除了这些消极的健康指标以外，身体功能的卓越性——积极健康也需要考虑，这通常与精力和韧性相关（Veenhoven，2000；WHO，1997，1999）。

当然，生命质量的生理领域并不仅仅指生理健康，还包括"能力"，如处理日常事务的能力、工作能力和享受生活的能力（休闲）等（WHO，1997，1999；Veenhoven，2000）。

二　心理领域

生命质量的心理领域是指对生命的主观评价。通常称为"心理福利"、"主观福利"和"精神福利"。前两者通常出现在一般群体的研究中，常用的形容词有"快乐""幸福感""生活满意度"等词语。后者经常出现在疾病患者的生命质量研究中，是指在与上帝、自我、社区、环境的关系中对生命的肯定（Ellison，1983）。它由两个概念组成：宗教信仰（与上帝有关的幸福感）和与宗教无关的社会心理福利，如生活的意义、生活满意度（Moberg，1979；Blaikie & Kelsen，1979）。

人类有能力以不同的方式来评估他们的生活，会对特定的事情感到好和坏，他们的情绪水平代表着整体适应性。因而，心理福利同样应该明确包括积极情绪和消极情绪，因为无论是积极情绪还是消极情绪都代表了单一维度的不同目的。虽然它们可能相互联系，当消极情绪较高时，积极情绪可能较低；但也有越来越多的证据表明它们倾向于相对独立地发挥作用（如 Clark & Watson，1991；Diener & Emmons，1984）。其中，消极情绪测量指标通常涉及医疗领域内的心理健康，如抑郁、焦虑或低自尊等（如 Veen-hoven，2000；WHO，1997，1999）。积极情绪测量指标通常包括快乐、生活意义、乐观、没有压力及其他，以及一些涉及认知评价的概念，如生活满意度、自尊、控制感、自我形象、专心等（Becker et al. 1993；Lassey & Lassey 2001；Marinelli & Plummer 1999；Raphael et al. 1997；Veenhoven，2000；WHO，1997，1999）。

三　社会领域

角色理论和概念描述了个人和社会期望之间的紧张和不协调（Biddle，1986），关注人们如何管理私人领域的生活、形象与公共领域之间的不协调（Shaw & Costanzo，1982）。随着年龄增长，每个人都会遇到迫使他们顺从公共社会参与的方式来适应的情况。私人领域和公共领域的生活是两个潜在的生活挑战来源，可能从不同侧面影响人们对健康生活的判断。因而，社会福利被研究者普遍认为是测量个体整体健康的一个方面。同样的，与社会网络相关联的社会角色对个人的生命质量也很重要（Brink，1997）。生命质量的社会领域是指与他人、邻里、社区关系的质量，它反映了个体在社会生活中作为邻居、同事、市民是否表现良好以及良好的程度（Keyes，1998）。社会福利水平越高，个体的整体生命质量状况越好。

Keyes（1998）提出社会福利在理论上应该包括社会融合、社会贡献、社会凝聚力、社会实现和社会认同。其中，社会融合是对社会和社区关系质量的评估。它是指个体对与现实生活中他人（如邻居）的相似度的感知，以及个体对社区乃至整个社会的归属感。社会贡献是指个体社会价值的评价，类似于"效能"和"责任"这两个概念，包含了一种个体是社会的重要成员的信念。社会凝聚力是指对社会的质量、组织及运行的感知。在一定程度上，它类似于人生意义。社会实现是指对社会的潜力和轨迹的评价，是一种认为社会目标可以通过部门与个体的协作而实现的信念。社会认同是指通过将他人的性格和品质作为一个普遍分类标准的社会构建。获得社会认同的个体对人性有着美好的看法，愿意相信他人，认为他们是善良的。那些对自我品质感觉良好，愿意接受生活中好与坏的个体都表现出了良好的心理健康。由此可以看出，社会福利其实是心理福利的一个方面。然而，个体在社会结构和社区中的嵌入性使他们面临无数的社会任务和挑战，因此为了更好地理解个体的功能和心理健康，社会学家通常单独测量二者（Larson，1996）。

同样的，生命质量的社会领域也分为两个层面：1）私人生活领域，主要是指人际关系的质量和宽度，包括在家庭生活中的关系、大家庭中的亲属、朋友和熟人。具体如家庭摩擦、性关系、家庭和社会网络/关系和支持，包括亲情、积极互动、社交、心理支持、信息支持和情感支持等；2）公共生活领域，归属感、社区活动、社区接受度或支持度等共同反映了对社区参与的关注程度，具体包括社区互动、娱乐和休闲/社交活动、与志愿组织的接触等（Hornquist，1989；Hughes，1990；WHO，1997，1999；Felce，1997；Haas，1999；Ventegodt et al.，2003；Brown & Brown，2003；Hacker，2003；Ferrell et al.，1998；Marinelli & Plummer，1999；Veenhoven，2000；Schalock，2004；Ettema et al.，2005；Vaarama & Pieper，2008；Costanza et al.，2008；Frisch，2009；Kelley-Gillespie，2009；Fernández-Ballesteros，2010）。另外，社交网络的规模和构成、社交联系的频率以及提供支持的质量也都是影响社会福利的变量（Baxter & Shetterly，1998；Becker et al.，1993；Kane，2001；Lassey & Lassey，2001；Frisch，2009）。同时，对于疾病患者和老人而言，可能还需要重点关注与护理人员之间的关系（Kelley-Gillespie，2009）。

四 环境领域

生命质量的环境领域可以理解为满足个体需求的环境质量，如与食物、居住、安全、健康相关的环境质量。de Hollander（2003）就将与健康相关的环境分为四个方面：生活方式、物理环境、社会环境和内生的个体属性，包括遗传的和在生活中获得的。其中，物理环境包括辐射、噪声和高温（物理因素），室外和室内环境中的有害物质，包括工作环境（如化学品）等因素；可能对健康状态有积极和消极影响的细菌，病毒和其他（微）生物体（生物因素）。当然，社区层面的住房和空间特征，如建筑密度和变化，公共交通可及性，附近用于娱乐目的的开放、绿色空间也都属于物理环境。生活方式包括饮食、吸烟和吸毒、性习惯、体力活动等。社会环境包括社会经济地位、社交网络模式和文化因素。遗传的个体属性中包括经常被关注的性别，以及同时具有先天遗传和后天习得成分的身高、血压、血脂蛋白组成（家族性危险因素）和个人（心理）属性等。这也表明，与健康相关的环境是一个综合的、覆盖范围广的、多层面的概念。生命质量的概念界定过程也表现了环境的这一特征。综合所列举的文献，生命质量的环境领域分为三个层面：1）微观——个体、家庭层面，包括收入、住房、物质资产、信息获取等（Hornquist，1989；WHO，1997，1999；Felce，1997；Marinelli & Plummer，1999；Schalock，2004；Frisch，2009；Kelley-Gillespie，2009；Fernández-Ballesteros，2010）。2）中观——社区层面，包括安全性、医疗服务可及性、交通设施便利性等（Hughes，1990；WHO，1997，1999；Felce，1997；Marinelli & Plummer，1999；Andersson，2005；Vaarama & Pieper，2008；Kelley-Gillespie，2009）。3）宏观——社会、国家层面，如 Veenhoven（2000）的四维生命质量中"环境可居住性"，包括生态环境（气候、水、空间）、社会环境（自由、平等）、经济环境（社会安全、平稳的经济发展、富裕的国家）、文化环境（科学与艺术的繁荣、教育的普及）。

第四节　农村男性的生命质量

Cummins（1992）认为一个好的生命质量测量方式同时也可以用于其他人群的比较和测量，不管他们的具体特征如何。在后来的研究中，这一观点逐渐成为生命质量概念的一个原则，认为对于一般人群和特定人群，他们的生命质量组成及组成部分之间的关系是相似的（Schalock，2004）。从而防止出现当用过低的标准测量弱势人群时，他们的生命质量水平高于一般人群；当用过高的标准测量弱势人群时，他们和一般人群的生命质量水平一样都较低，而缺乏可比性。不过，也有研究者认为研究主体是定义生命质量的唯一标准（Browne et al.，1994）。因为生命质量强调个体的主观感知，而主观感知因人因事而异（Farquhar，1994；Lassey & Lassey，2001）。世界卫生组织在定义生命质量时就强调个体的主观感知是基于个体在特定文化和价值体系下所处的位置以及他们的目标、期望、标准和关注点（WHO，1993）。比较测量一般人群和测量老年群体、疾病患者的生命质量领域、指标就可以发现，后两者均有各自的侧重，比如健康、医疗和独立性（Schalock，2004；Ettema et al.，2005；Fernández-Ballesteros，2010）。因而，生命质量的测量领域和指标在具有普适性的前提下也应该反映出个体生活的社会价值和文化背景，因为后者是对他们当前生活环境的一种评估（Mee-berg，1993）。

婚姻困境中农村男性生命质量的测量，本质上是为反映他们对婚姻挤压而引起的所有生命领域变化的适应性。因而，首先要讨论的是生理、心理、社会和环境这四个普适性领域是否也是婚姻挤压背景下农村男性生命质量的核心领域，以及在测量指标上是否需要增减。婚姻挤压意味着可能终身未婚，而婚姻会带来重要的实质性好处。婚姻可以通过社会融合、社会支持、社会控制、社会角色成就等社会路径，以及金融资源、经济收入等物质路径为健康、长寿提供保护；可以满足个体的性生活需求；提高他们的生活满意度；同时增加他们的财富和收入（Gove，1973；House et al.，1988；Kiecolt-Glaser & Newton，2001；Ross et al.，1990；Waite，1995）。

一 婚姻困境与生理领域

躯体健康是生命质量生理领域的核心内容。在大量关于健康的文献中，其中一个最成熟的发现是婚姻状况对个体健康有着非常重要的影响。社会学家发现未婚个体患上慢性疾病的概率及死亡风险一般都高于已婚群体，他们的健康状况更差，寿命更短。尤其是单身男性，他们的健康结果比单身女性更差（Manzoli et al.，2007；Espinosa & Evans，2008；Rendall et al.，2011）。至于为什么会存在婚姻状况差异，许多研究者将其归结为婚姻保护效应和婚姻选择效应。前者是指婚姻可以通过向个体提供经济资源、社会和心理支持、监督健康相关行为、鼓励健康的生活方式等途径，积极影响个体的健康水平。后者是指相对于疾病患者或身有残疾的个体，健康状况较好的更容易进入婚姻，并且能保持婚姻稳定（Ross et al.，1990；Umberson，1992；Strohschein & Ram，2017）。与此同时，就已婚群体内部而言，他们的婚姻质量，特别是婚姻压力，通过心理和行为机制，最终也会影响身体健康。研究表明，个体的婚姻质量较低时，他们所经历的健康风险甚至可能高于离异人群（Williams & Umberson，2004）。

另外，2004年美国国家卫生统计中心的报告发现与丧偶、离婚、分居、同居或从未结婚的群体相比，已婚群体在日常活动（包括工作、穿戴、记忆和行走）中的限制最少（Schoenborn，2004）。这可能主要与婚姻家庭中的分工合作功能有关，家庭性别角色的分工和两性合作可以使家庭和社会更加有效地运行。从历史进程来看，在传统农业社会，婚姻中的男性和女性相互合作组成了自给自足的经济单位。男性倚仗自己强健的体格和社会赋予的身份从事体力或商业活动，养家糊口；女性则主要承担生育、家庭再生产活动及一些离家较近且较为轻松的经济活动。时至今日，在农村，两性在家庭事务方面依然保留着"男主外、女主内"的分工模式，女性负责对家庭成员的照料。Becker（1991）的生产力假设认为婚姻可以使男性更富有成效，因为当妻子从事家庭再生产活动时，已婚男性可以有更多的机会去从事劳动力市场活动（Chun & Lee，2001）。也就是说，未婚男性需要同时承担家庭外和家庭内的活动，可能会精力分散而导致处理日常事务及工作的能力下降。与此同时，婚姻家庭还有娱乐功能。家庭成员的分工合作可以提高效率，他们可以有更多的时间参与休闲娱乐活动。而家庭作为提供娱乐的地方，其包含的夫妻关系、亲子关系更是个体享受生活情趣的重要方式（蔡文辉，2007）。

　　总的来说，婚姻状况会重点影响男性的生理健康，同时对他们的精力分配以及工作和处理日常事务的能力、休闲娱乐等均有直接影响。同样的，这些生理领域也应该作为婚姻困境中农村男性生命质量的核心领域，需要被重点关注。

二　婚姻困境与心理领域

　　婚姻状况是预测个体心理健康状况的最有力的指标（Gove，Hughes & Style，1983）。普遍认为随着现代社会的发展，婚姻家庭已经逐渐失去了社会功能，但对个体提供心理保护的作用越来越明显（Hareven，1977；Laslett，1978）。婚姻家庭是一个情感单位，能满足成员间的情感需要，同时给予个体生理、心理和物质上的支援，使其从家庭生活中得到安全感、满足感和自我价值感（Gove，Hughes & Style，1983；Helliwell，Barrington-Leigh，Harris & Huang，2009）。社会学家已经表明婚姻可以为个体提供生活的意义和对他人的责任感，同时提供陪伴，使其免于孤独（De Jong Gierveld，Van Tilburg & Dykstra，2006；Umberson，1987；Strohschein & Ram，2017）。大量比较已婚和未婚的研究证实未婚个体的主观福利水平和幸福感较低，同时心理健康状况较差，患有抑郁、焦虑和其他心理健康疾病的可能性较大（Hewitt，Turrell & Giskes，2012；Lindström，2009；Rendall，Weden，Favreault & Waldron，2011；Ross，1995；Umberson，Thomeer & Williams，2013)。尤其是未婚男性群体，长期以来许多关于性别、婚姻和心理福利的研究表明婚姻状况对男性的心理福利比对女性的更为重要 (Gove，Hughes & Style 1983；Manzoli et al.，2007；Espinosa & Evans，2008；Rendall et al.，2011)。另外，与配偶相关的人际亲密关系和情感支持还会使个体产生强烈的自我认同感、自尊感和控制感，从而提高对压力的适应能力和应对效果 (Gove et al.，1990；Robles & Kiecolt-Glaser，2003)。

曾有研究质疑并非每一种文化背景下婚姻状况对个体的主观福利都有影响，婚姻状况与主观福利之间的关系因文化而异 (Diener，Gohm，Suh & Oishi，2000)。文化状况会改善或加剧婚姻状况的影响，比如，集体主义国家和个体主义国家。前者在社会行为决定因素方面更加重视规范而非态度，后者则更加重视态度而非规范 (Triandis，1996)。相比之下，前者中婚姻状况对主观福利的作用一般高于后者，因为在集体主义国家，社会的规范性指导准则通常是已婚群体的价值高于未婚群体。社会上大多数人都是已婚，到了一定年龄仍旧未婚会被视为偏离社会角色期望，会被社会怀疑和歧视 (Stack，1990)。中国是集体主义国家，绝大多数人将"结婚生孩子"默认为自己的义务。研究已经表明失婚使农村大龄未婚男性的心理福利远低于已婚男性，他们更容易感到孤单、寂寞，容易患抑郁症，同时对生活的满意度也较低 (李艳等，2009；王磊，2012)。在此背景下，心理领域也应该是婚姻困境中农村男性生命质量的重点核心领域。另外，在测量受婚姻挤压男性的生命质量时，还需要同时关注心理领域的积极方面和消极方面。

三 婚姻困境与社会领域

西方国家研究者在讨论婚姻收益时经常关注三个方面：成年人的生理和心理健康、成年人的经济和物质福利、孩子的福利等 (Waite，1995；Ribar，2004)。他们对婚姻会带来的社会关系的改变关注较少，主要关注夫妻情感上的依恋。他们认为婚姻与福利状况相关 (Ross，Mirowsky & Goldsteen，1990)。与西方的"家庭"含义界限分明不同 (在英美国家，家庭包括丈夫、妻子及未成年的孩子)，中国的"家庭"可以说是伸缩自如，小到核心家庭，大到包括叔伯侄子一大批的大家庭。费孝通先生因此提出"差序格局"的概念，他说"我们社会中最重要的亲属关系就是丢石头形成同心圆波纹的性质。亲属关系是根据生育和婚姻事实所发生的社会关系。……从生育和婚姻所结成的网络，可以一直推出去包括无穷的人、过去的、现在的和未来的人物。这个网络就像个蜘蛛的网，有一个中心，就是自己。我们每个人都有这么一个以亲属关系布出去的网"（费孝通，1998，p26 - 27）。换句话说，在中国，通过婚姻，个体可以与其他个体、群体、组织相联系；个体、家庭之间通过交换彼此的社会资源，进而扩大社会关系。也因此，通常认为个体的婚姻状况是测量社会关系的一个重要指标。

终身未婚将意味着个体亲属关系网络中缺乏基于生育和婚姻事实组成的网络。在农村，结婚的首要目的是为了生育，生育通常发生在婚姻内。因而未婚首先意味着亲子关系的缺失。其次，夫妻关系的缺失，主要表现在妻子的陪伴及日常照料支持、性生活的缺失等。对于日常照料支持，这主要取决于目前的两性分工，农村女性担负着日常照料家人的责任。虽然大龄未婚男性在日常生活中基本可以自己照顾自己，但当他们生病或年龄较大时，无人照料是难以跨越的困境（刘慧君，2017）。对于性生活，在传统社会，婚姻可以说是确定两性关系和个人开始性生活的仪式。虽然现今两性关系与婚姻之间的联系不再绝对，但在农村婚姻却是获取性生活的根本途径。即使对于已婚群体，性生活满意度也是测量婚姻关系和生活质量的关键指标（Nader et al.，2016）。最后，夫妻关系缺失而导致亲戚关系网只有一方——姻亲关系缺失。李艳等（2012）的研究证实因为缺少姻亲和亲子关系，受到婚姻挤压的男性获得的社会支持显著少于已婚男性。与此同时，正如费孝通先生所言，中国社会是一个攀关系、讲交情的社会。在差序格局中，社会关系是逐渐从一个一个人推出去的，是私人联系的增加，关系范围是一根根私人联系所构成的网络。农村地缘关系的构建是靠对红白喜事的"应事"所维系的，而承担维系的责任通常是妻子。这也就意味着婚姻状况还决定着个体的地缘关系网规模及质量。此外，在公共生活领域，农村社会中超过一定年龄仍未结婚，通常会被视为"异类"。已有比较不同婚姻状态的研究表明，未婚群体受到歧视的概率显著高于已婚群体（Stack，1990；邵秀军，2011）。而社会排斥不仅会影响他们与社会群体关系的感知，同时还会阻碍他们对社会公共生活的参与（李艳，2012）。

从上述分析可知，社会领域也是婚姻困境中农村男性生命质量的核心领域。只是在私人生活领域的测量方面，相较于其他人群还需着重关注由生育和婚姻结成的关系。

四　婚姻困境与环境领域

在微观（家庭）、中观（社区）、宏观（国家）三个层面的环境领域中，与婚姻困境中农村男性切身相关的主要是前两者。他们的环境福利首先取决于自己的经济状况，如果他们的经济状况较好，他们就可以购买一些服务（如医疗），建造更好的房屋，改善自己的生活状况。不过目前，大量的研究发现与未婚群体相比，已婚群体的收入更高、财富更多，并且生活水平也较高（Stratton，2002；Ribar，2004；Ahituv & Lerman，2007）。经济学家已经花费了大量的精力去解释"婚姻如何增加财富"。他们认为这不仅仅是婚姻选择的结果，还主要取决于婚姻带来的优势。一些研究已经证实具有较高收入潜力的男性确实更有可能结婚，但这对"婚姻溢价"的解释作用不大（Ginther & Zavodny，2001；王智波、李长洪，2016）。研究者认为婚姻家庭中的两性分工会提高效率，使已婚男性在劳动力市场上有更多的机会（Becker，1981）。同时男性在婚后责任感增强，有动力，在劳动力市场上的时间投入增加；并且妻子可以为他们提供建议和支持；即使收入水平相等，已婚群体为了配偶和孩子储蓄的愿望也更强烈。除了子女教育外，他们还会在房屋、交通、家庭用品和服务或其他与家庭生产、生活相关的物质资产上进行投资（Waite，1995；Ginther & Madeline，2001；Ribar，2004；王智波、李长洪，2016）。此外，婚姻困境中农村男性因社交互动有限、社会网络规模较小，他们对日常信息（如就业信息）的获取也可能会受到影响（Wang，Yang & Attane，2018）；并且失婚还可能导致他们被村里人排斥、歧视，周围生活环境较差（韦艳、靳小怡、李树茁，2008；邰秀军，2011）。

综合来讲，环境也是婚姻困境中农村男性生命质量的重要领域之一。失婚除了会导致婚姻困境中农村男性面临经济福利方面的损失外，还会影响该群体的居住环境质量。

五　婚姻困境中农村男性生命质量的主客观测量

由前述分析可知，生命质量的主客观之争的核心在于是否应该包括客观测量。本研究认为这主要取决于研究群体的社会经济状况。对于实际生活状况较好的群体，他们的生命质量主要取决于内在感知。而对于实际生活状况较差的群体，他们的现实世界仍然需要被关注和改善。因为主观感知与实际生活状况之间并不是简单的线性关系。正如 Cummins（2005）所说，一个人的收入是邻居的两倍，但他们对收入的满意度并不是两倍，更别说整体的生命质量了。更何况，客观生命质量还具有可以被用来追踪变化趋势，监测、评估社会政策干预效果，预测未来的独特优势（Ferriss，2004）。在本研究中，婚姻困境中农村男性作为弱势群体，他们的社会经济地位低下、生活贫苦。如果我们忽视对其生活条件的客观评估，可能无法为改善他们的生命质量提供足够的条件和保障。上述关于婚姻困境中农村男性生命质量的领域和指标分析也表明了包含客观指标的必要性。

　　综上所述，婚姻困境中农村男性的生命质量是一个多维的，以主观为主、客观为辅的综合概念。其核心领域包括：生理、心理、社会和环境四个领域（见图 4 - 1）。其中，生理领域的测量指标包括消极健康（如疾病、伤害、残疾、疼痛、不舒服等）、功能性能力、睡眠质量、精力，以及处理日常事务和工作、休闲的能力等。心理领域的测量指标包括积极心理指标，如生活满意度、幸福感、生活意义、自我认同感、安全感、自尊感等，以及消极心理指标，即心理健康状况，包括抑郁、孤独等情绪。社会领域的测量指标包括两个层面：私人生活领域的亲子关系，与妻子相关的日常照料支持和性生活，家庭（血缘）和社会（地缘和友缘）网络的规模、关系和支持等；公共生活领域的社区互动、社区活动的参与等。环境领域的测量指标包括物质经济福利——收入、财富积累、房屋、交通、家庭用品等，

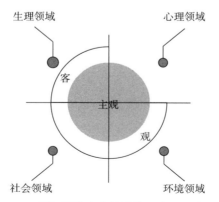

图 4 - 1　婚姻困境中农村男性生命质量的概念

以及居住环境质量——医疗服务获取、信息获取、周围生活环境等。以主观为主、客观为辅是指以婚姻困境中农村男性对生命质量各领域的主观感知和评价为主要判断标准，同时反映现实生命质量状况——主要分布在生理领域（健康）、社会领域及环境领域（物质经济状况）。

小　结

本章首先根据词典中对"生命"和"质量"的解释，对"生命质量"一词的内在含义做了初步分析。其次，对现有的一些生命质量定义进行比较和分析，总结了现有定义之间的共同点和不同点。在此基础上，分析并总结了生命质量的核心领域和指标，分析了主、客观之争的由来及各自的合理性。最后，结合婚姻挤压背景，讨论了上述总结出的生命质量的核心领域和指标在婚姻困境中农村男性群体中的重要性，最终给出了婚姻困境中农村男性生命质量的定义。本章结论如下：

第一，就字面意义而言，"生命质量"一词反映了生命的本质特征。生命历程的所有阶段，从外在躯体到内在精神以及相关的种种经历均属于生命范畴。"抽象""软""无定形""无法被精确界定"是生命质量的公认特质。

第二，现有定义之间主要存在两个争议。一是生命质量的领域，本研究通过对多个概念的内容分析发现核心领域包括四个：生理领域、心理领域、社会领域和环境领域；二是是否仍需关注客观生命质量，本研究认为这主要取决于研究群体的社会经济状况。

第三，婚姻困境中农村男性的生命质量是一个多维的，以主观为主、客观为辅的综合概念。其核心领域包括：生理、心理、社会和环境四个领域。在具体测量指标上，该群体在各领域有自己的关注视角；除了能够评价婚姻困境中农村男性对生命质量各领域的主观感知，同时还需要反映他们的现实生命质量状况。

第五章 婚姻困境中的农村男性生命质量

本章旨在探讨婚姻困境在农村男性生命质量中处于怎样的地位。首先简要概括了本章的研究背景和目的；接着，继第四章界定完婚姻困境中农村男性的生命质量的概念后，本章介绍了如何测量；然后利用陕西和安徽两省数据，通过描述性比较分析和回归分析，全面展现了婚姻困境中农村男性的生命质量现状，证实了婚姻困境对农村男性的生命质量存在威胁。

第一节 研究目的

尽管"婚姻对个体的健康有保护作用，能使个体更加健康、快乐、长寿甚至富有"已成为普遍认可的观点，但近年来越来越多的西方研究者却对此产生怀疑。他们发现随着社会对婚姻观念的转变，相较于婚姻状况，婚姻质量更大程度地决定着婚姻功能的影响方向（Williams & Umberson，2004；Holt-Lunstad, Birmingham & Jones，2008；Williams, Frech & Carlson，2010）。那么在中国农村情景下，是"被迫"失婚对农村男性生命质量的威胁大？还是婚后质量差的威胁更大？"婚姻挤压"对农村男性生命质量的影响到底如何？目前关于婚姻困境中农村男性的研究尚未关注这一点，只比较了不同婚姻状况的男性的心理福利或生活质量状况，并且最重要的是，此项研究对婚姻困境中农村男性生命质量的测量并不全面、契合，只展示了某些方面的现状。因此，本章旨在实现：

1. 全面描述婚姻困境中农村男性的生命质量现状；

2. 通过描述性比较分析和回归分析证实"婚姻挤压"对农村男性生命质量的威胁程度。回归分析思路如图 5-1 所示，它展示了婚姻挤压与农村男性客观和主观生命质量之间可能存在的关系。

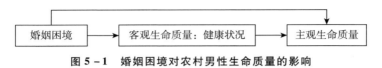

图 5 - 1 婚姻困境对农村男性生命质量的影响

第二节 研究方法

一 变量测量及信、效度检验

1. 生命质量的指标测量

本研究将婚姻困境中农村男性的生命质量分为客观和主观两个层面，其中主观是核心，本研究主要选用 WHOQOL - BREF 量表作为主要测量工具。选择原因如下：

（1）在测量内容上，WHOQOL - BREF 量表旨在测量个体在生理、心理、环境和社会四个领域的满意度和感受。在第四章中，通过文献内容分析，本研究也发现生理、心理、环境和社会四个领域是婚姻困境中农村男性生命质量的核心领域。因而，从内容上来讲，是比较契合的。

（2）在适用对象方面，WHOQOL - BREF 量表作为普适性量表，适用于所有群体，尤其适用于一般群体。而婚姻困境中农村男性的特征比较接近一般群体。相较之下，SF - 36、欧洲生命质量量表 EQ - 5D 等工具更侧重生理功能，比较适用于测量疾病患者和老年群体。

（3）WHOQOL - BREF 量表目前已被翻译成多国语言，在多个国家多种文化情境下的不同群体中得到了广泛应用。这些研究都表明 WHOQOL - BREF 量表具有较高的信度和效度（如 Webster et al.，2010；Krägeloh et al.，2013）

不过，也正因为普遍适用性，WHOQOL - BREF 量表在测量某一群体时才存在针对性不足的缺点。该测量工具的发展背景是西方文化背景，在西方家庭中，婚姻的主要功能是提供情感支持。与之不同，在中国社会情境下，生育和获取妻子的日常照料支持是男性结婚的主要原因之一。因而，在测量婚姻困境中农村男性的主观生命质量时，本研究还在社会领域增加了对"没有孩子"以及"日常生活无人照料"方面的忧虑。

对客观生命质量的测量，生理领域主要测量消极健康状况——是否患有疾病。社会领域通过测量社会支持网、社区生活的参与和互动来反映个体在私人生活和公共生活领域中的社会联系——"是否是一座孤岛"。环境领域主要测量物质经济生活质量。具体测量题项设计参加附录 1。

2. 生命质量问卷的信度、效度检验

在正式进行数据分析前，首先需要对问卷的信度和效度进行检验，以保证最终数据结果是可信的、有效的。一份完整的问卷有许多题项，需要检验的通常是那些主观态度类的测量工具。在本节需要被重点检验的是主观生命质量量表。本研究汇总了陕西省和安徽省两省的数据来进行检验。

（1）项目分析

首先来评估主观生命质量量表中各题项的鉴别力。量表项目分析的判别方法有很多，其中常用的是临界比值法（critical ration）。该方法的原理与独立样本 t 检验相同，其具体操作步骤是：首先，对量表中的反向题重新编码，并算出量表的总得分；其次，按照量表总分的高低进行排序，并找出前 27% 得分的高分组及后 27% 得分的低分组；最后，用独立样本 t 检验的方法检验高低分组在每道题间的差异，并将 t 值小于 3.000 或未达到显著水平（P < 0.05）的题项删去，以保证量表的鉴别力（吴明隆，2010）。

本研究将使用此种方法对主观生命质量量表进行项目分析。表 5 - 1 给出了各题项的 T 检验结果。由第六列和第七列的 t 值和 t 检验的显著性水平可知，所有题项的 t 值都大于 3.000，并且所有题项的 Sig. 值均为 0.000，小于 0.005，即低分组均值与高分组均值之间存在显著差异。这些结果表明各题项均有良好的鉴别度。

表 5 - 1　主观生命质量量表各题项的鉴别度

项目	最小值/最大值	均值	低分组均值	高分组均值	t 值	Sig.（2 - tailed）
1. 你怎样评价你的生活质量？	1/5	2.96	2.41	3.44	21.96	.000
2. 你对自己的健康状况满意吗？	1/5	3.31	2.69	3.89	23.22	.000
3. 过去两周里，你觉得疼痛妨碍你去做自己需要做的事情吗？	1/5	2.32	3.00	1.61	22.80	.000

项目	最小值/最大值	均值	低分组均值	高分组均值	t 值	Sig. (2 – tailed)
4. 过去两周里，你在日常生活中是否需要药物或医疗器械的帮助？	1/5	2.16	2.91	1.51	20.76	.000
5. 过去两周里，你觉得生活有乐趣吗？	1/5	3.28	2.59	4.02	29.57	.000
6. 过去两周里，你觉得自己的生活有意义吗？	1/5	3.37	2.66	4.10	30.45	.000
7. 过去两周里，你能集中注意力吗？	1/5	3.48	2.80	4.21	30.34	.000
8. 过去两周里，日常生活中你感觉安全吗？	1/5	3.65	3.04	4.26	23.89	.000
9. 过去两周里，你的生活环境对健康好吗？	1/5	3.24	2.61	3.84	22.58	.000
10. 过去两周里，你有充沛的精力去应付日常生活吗？	1/5	3.46	2.71	4.25	35.28	.000
11. 过去两周里，你认为自己的外形过得去吗？	1/5	3.42	2.78	4.16	28.65	.000
12. 过去两周里，你的钱够用吗？	1/5	2.71	1.99	3.52	26.12	.000
13. 过去两周里，在日常生活中你需要的信息都齐全吗？	1/5	3.11	2.46	3.85	27.36	.000
14. 过去两周里，你有机会进行休闲活动吗？	1/5	2.64	2.14	3.23	18.56	.000
15. 过去两周里，你的行动能力如何？	1/5	3.77	2.89	4.50	32.15	.000
16. 过去两周里，你对自己的睡眠情况满意吗？	1/5	3.31	2.56	4.04	30.76	.000
17. 过去两周里，你对自己处理日常生活事情的能力满意吗？	1/5	3.47	2.78	4.15	33.27	.000
18. 过去两周里，你对自己的工作能力满意吗？	1/5	3.43	2.80	4.09	29.44	.000
19. 过去两周里，你对自己满意吗？	1/5	3.44	2.73	4.18	32.65	.000
20. 过去两周里，你对自己的人际关系满意吗？	1/5	3.51	2.95	4.11	28.11	.000
21. 过去两周里，你对自己的性生活满意吗？	1/5	3.26	2.72	3.80	21.13	.000
22. 过去两周里，你对自己从朋友那里得到的支持满意吗？	1/5	3.42	2.91	3.98	24.12	.000
23. 过去两周里，你对自己居住地的条件满意吗？	1/5	3.36	2.72	4.03	28.02	.000

续表

项目	最小值/最大值	均值	低分组均值	高分组均值	t 值	Sig.（2 - tailed）
24. 过去两周里，你对得到医疗卫生保健服务的方便程度满意吗？	1/5	3.28	2.77	3.85	22.44	.000
25. 过去两周里，你对自己的交通情况满意吗？	1/5	3.33	2.78	3.88	21.75	.000
26. 过去两周里，你有消极感受吗？（如情绪低落、绝望、焦虑、忧郁）	1/5	2.27	2.84	1.70	19.52	.000
27. 家庭摩擦影响你的生活吗？	1/5	2.42	2.81	2.05	11.61	.000
28. 你的食欲怎么样？	1/5	3.42	2.82	4.12	27.49	.000
29. 担心自己的日常生活没人照料	1/4	2.28	2.60	1.86	10.99	.000
30. 担心自己没有孩子	1/4	2.24	2.70	1.75	12.80	.000

（2）效度和信度检验

接着来评估主观生命质量量表的效度。效度包括内容效度、结构效度和准则效度。本研究旨在评估各项目是否适合测量婚姻困境中农村男性的主观生命质量，因而只评估内容效度，采用皮尔逊积矩相关性（Pearson product moment correlations）方法。操作步骤是：首先对反向计分的题项重新进行编码；然后将30道题项相加得到生命质量题项的总分；最后检验各题项与总分的相关性。当相关系数处于0.8～1.0之间时，表明该题项与总分有极强的相关性；当相关系数处于0.6～0.8之间时，表明强相关；当相关系数处于0.4～0.6之间时，表明中等程度相关；当相关系数处于0.2～0.4之间时，表明弱相关；当相关系数处于0～0.2之间时，表明极弱相关或无相关。

表5－2给出了主观生命质量各题项与总分之间的相关系数和显著值，结果表明"家庭摩擦影响你的生活吗？""担心自己的日常生活没人照料""担心自己没有孩子"与总分的相关系数分别是0.270、0.227、0.283，均呈弱相关关系，可考虑删除。

这一建议在接下来的信度检验结果中也得到了支持。本研究采用Cronbach's Alpha系数来检验主观生命质量量表的可信性。具体做法是首先计算出量表的Cronbach's Alpha系数。一般而言，量表的Alpha系数在0.6～0.7之间表示可以接受，0.7～0.8之间表明信度较好，大于0.8则表明信度非常好。然后检验每个题项的项目——量表相关系数和删除后的 Alpha 系数，若项目—量表相关系数 < 0.4 且项目删除后的 Alpha 系数高于原来的 Alpha 值，则代表该题项与其他题项的异质性较高，在后续的研究中应删除该题项。

表 5 - 2　主观生命质量测量题项的效度检验

		总分
1. 你怎样评价你的生活质量？	Pearson Correlation	. 553 **
	Sig. （2 - tailed）	. 000
	N	2044
2. 你对自己的健康状况满意吗？	Pearson Correlation	. 556 **
	Sig. （2 - tailed）	. 000
	N	1998
3. 过去两周里，你觉得疼痛妨碍你去做自己需要做的事情吗？	Pearson Correlation	. 490 **
	Sig. （2 - tailed）	. 000
	N	1993
4. 过去两周里，你在日常生活中是否需要药物或医疗器械的帮助？	Pearson Correlation	. 462 **
	Sig. （2 - tailed）	. 000
	N	2006
5. 过去两周里，你觉得生活有乐趣吗？	Pearson Correlation	. 662 **
	Sig. （2 - tailed）	. 000
	N	2040
6. 过去两周里，你觉得自己的生活有意义吗？	Pearson Correlation	. 647 **
	Sig. （2 - tailed）	. 000
	N	2039
7. 过去两周里，你能集中注意力吗？	Pearson Correlation	. 646 **
	Sig. （2 - tailed）	. 000
	N	2040
8. 过去两周里，日常生活中你感觉安全吗？	Pearson Correlation	. 563 **
	Sig. （2 - tailed）	. 000
	N	2044
9. 过去两周里，你的生活环境对健康好吗？	Pearson Correlation	. 549 **
	Sig. （2 - tailed）	. 000
	N	2041

续表

		总分
10. 过去两周里，你有充沛的精力去应付日常生活吗？	Pearson Correlation	.723 **
	Sig.（2 - tailed）	.000
	N	2042
11. 过去两周里，你认为自己的外形过得去吗？	Pearson Correlation	.612 **
	Sig.（2 - tailed）	.000
	N	2042
12. 过去两周里，你的钱够用吗？	Pearson Correlation	.585 **
	Sig.（2 - tailed）	.000
	N	2051
13. 过去两周里，在日常生活中你需要的信息都齐全吗？	Pearson Correlation	.605 **
	Sig.（2 - tailed）	.000
	N	2036
14. 过去两周里，你有机会进行休闲活动吗？	Pearson Correlation	.456 **
	Sig.（2 - tailed）	.000
	N	2037
15. 过去两周里，你的行动能力如何？	Pearson Correlation	.654 **
	Sig.（2 - tailed）	.000
	N	2010
16. 过去两周里，你对自己的睡眠情况满意吗？	Pearson Correlation	.650 **
	Sig.（2 - tailed）	.000
	N	2038
17. 过去两周里，你对自己处理日常生活事情的能力满意吗？	Pearson Correlation	.708 **
	Sig.（2 - tailed）	0. 000
	N	2035
18. 过去两周里，你对自己的工作能力满意吗？	Pearson Correlation	.644 **
	Sig.（2 - tailed）	.000
	N	2041
19. 过去两周里，你对自己满意吗？	Pearson Correlation	.676 **
	Sig.（2 - tailed）	.000
	N	1989

续表

		总分
20. 过去两周里，你对自己的人际关系满意吗？	Pearson Correlation	.619**
	Sig.（2 – tailed）	.000
	N	2047
21. 过去两周里，你对自己的性生活满意吗？	Pearson Correlation	.521**
	Sig.（2 – tailed）	.000
	N	1926
22. 过去两周里，你对自己从朋友那里得到的支持满意吗？	Pearson Correlation	.579**
	Sig.（2 – tailed）	.000
	N	2024
23. 过去两周里，你对自己居住地的条件满意吗？	Pearson Correlation	.629**
	Sig.（2 – tailed）	.000
	N	2046
24. 过去两周里，你对得到医疗卫生保健服务的方便程度满意吗？	Pearson Correlation	.536**
	Sig.（2 – tailed）	.000
	N	2023
25. 过去两周里，你对自己的交通情况满意吗？	Pearson Correlation	.532**
	Sig.（2 – tailed）	.000
	N	2050
26. 过去两周里，你有消极感受吗？（如情绪低落、绝望、焦虑、忧郁）	Pearson Correlation	.420**
	Sig.（2 – tailed）	.000
	N	2034
27. 家庭摩擦影响你的生活吗？	Pearson Correlation	.270**
	Sig.（2 – tailed）	.000
	N	1976
28. 你的食欲怎么样？	Pearson Correlation	.615**
	Sig.（2 – tailed）	.000
	N	1995
29. 担心自己的日常生活没人照料	Pearson Correlation	.227**
	Sig.（2 – tailed）	.000
	N	1956

续表

		总分
30. 担心自己没有孩子	Pearson Correlation	.283 **
	Sig.（2 – tailed）	.000
	N	1906

注：** 代表 P＜0.01，* 代表 P＜0.05。

表5－3给出了主观生命质量的 Cronbach's Alpha 系数检验结果。结果表明，"家庭摩擦影响你的生活吗？""担心自己的日常生活没人照料""担心自己没有孩子"三个项目的相关系数均小于0.4，并且删除后的 Alpha 系数也均大于0.921。因此在后续的研究中应该删除这三个题项。

不过，具体问题需要具体分析。"家庭摩擦影响您的生活吗？"是原量表项目，通不过效度和信度检验，理应在后续研究中不予考虑。而"担心自己的日常生活没人照料""担心自己没有孩子"是后来添加的项目，通不过检验的主要原因可能是问题设计的缺陷。如果改为在对未婚男性的调查中"没有孩子对你生活的影响有多大？""没有妻子的照料对你生活的影响有多大？"；在对已婚男性的调查中"有孩子对你生活的影响有多大？""妻子的照料对你生活的影响有多大？"，或许可以通过检验。但这两个项目作为弥补中国农村社会情景下 WHOQOL – BREF 量表在婚姻家庭项目方面的缺失，应该被保留以反映婚姻困境中农村男性这一群体的特征。

最终在删除"家庭摩擦影响你的生活吗？"这一题项后，量表的 Alpha 系数为0.923，表明即使保留"担心自己的日常生活没人照料"和"担心自己没有孩子"，量表的可信性依然非常高。

表5－3　主观生命质量的信度结果（N＝2070）

项目	总 Alpha 系数	修正的项目—量表相关系数	项目删除后的 Alpha 系数
1. 你怎样评价你的生活质量？		.520	.918
2. 你对自己的健康状况满意吗？		.520	.918
3. 过去两周里，你觉得疼痛妨碍你去做自己需要做的事情吗？	.921	.448	.919
4. 过去两周里，你在日常生活中是否需要药物或医疗器械的帮助？		.404	.920
5. 过去两周里，你觉得生活有乐趣吗？		.647	.916

续表

项目	总 Alpha 系数	修正的项目—量表相关系数	项目删除后的 Alpha 系数
6. 过去两周里，你觉得自己的生活有意义吗？		.623	.917
7. 过去两周里，你能集中注意力吗？		.618	.917
8. 过去两周里，日常生活中你感觉安全吗？		.548	.918
9. 过去两周里，你的生活环境对健康好吗？		.494	.918
10. 过去两周里，你有充沛的精力去应付日常生活吗？		.700	.916
11. 过去两周里，你认为自己的外形过得去吗？		.573	.917
12. 过去两周里，你的钱够用吗？		.555	.918
13. 过去两周里，在日常生活中你需要的信息都齐全吗？		.584	.917
14. 过去两周里，你有机会进行休闲活动吗？		.402	.920
15. 过去两周里，你的行动能力如何？		.619	.917
16. 过去两周里，你对自己的睡眠情况满意吗？		.628	.917
17. 过去两周里，你对自己处理日常生活事情的能力满意吗？		.695	.916
18. 过去两周里，你对自己的工作能力满意吗？	.921	.611	.917
19. 过去两周里，你对自己满意吗？		.667	.916
20. 过去两周里，你对自己的人际关系满意吗？		.610	.917
21. 过去两周里，你对自己的性生活满意吗？		.466	.919
22. 过去两周里，你对自己从朋友那里得到的支持满意吗？		.535	.918
23. 过去两周里，你对自己居住地的条件满意吗？		.592	.917
24. 过去两周里，你对得到医疗卫生保健服务的方便程度满意吗？		.498	.918
25. 过去两周里，你对自己的交通情况满意吗？		.510	.918
26. 过去两周里，你有消极感受吗？（如情绪低落、绝望、焦虑、忧郁）		.416	.920
27. 家庭摩擦影响你的生活吗？		.215	.923
28. 你的食欲怎么样？		.591	.917
29. 担心自己的日常生活没人照料		.163	.924
30. 担心自己没有孩子		.213	.924

3. 客观生命质量

第四章已经解释过在回归分析中，客观生命质量作为主要因变量和自变量时，本研究为何重点强调"健康状况"，在此不再赘述。在过去几十年间，一般成年人同时患有多种病症，而不是单一慢性疾病已经成为一种常态（Ornstein et al.，2013；Fu，Huang & Chou，2014）。一般情况下，同时患有的病症越多，患者的生活感受越差。因而，本研究选择采用"患有的疾病总数量"来测量农村男性的健康状况。首先询问被访者"目前，你是否患有以下疾病？（哮喘、胃病、鼻炎、咽炎、头痛、中风、糖尿病、贫血、痛风、癌症、风湿病、颈椎病、失眠症、冠心病、高血压、心绞痛、支气管炎、腰椎间盘突出、手脚不便等 19 种疾病，可多选）"和"目前，你是否患有以下生殖疾病？（性功能障碍、前列腺疾病、男性不育症、性传播疾病等 4 种生殖疾病，可多选）"两道题项，然后加总被访者选择的所有疾病，计算出每个被访者患有的疾病总数量，作为连续变量。

4. 主观生命质量

主观生命质量共包括四个领域，其中生理领域共包括 10 个项目，心理领域共包括 7 个项目，社会领域共有 5 个项目，环境领域共有 6 个项目。另外，量表中还包括一项测量"一般生活质量"的项目。在将反向项目重新进行编码后，通过加总计算出每个被访者的主观生命质量总分，作为连续变量。分值越高，表明主观生命质量越好。

5. 婚姻困境中的婚姻挤压

婚姻挤压是一个宏观层面的概念，很难从个体层面进行定义（Yang et al.，2016）。不过，社会心理学研究却提供了一种可以将宏观层面的概念转化为个体层面的方法，即社会认知理论。该理论认为在社会互动、经历和外部媒体影响的背景下，个体的知识获取与其周围环境直接相关（Bandura，1986）。也就是说，如婚姻挤压之类的宏观环境也可以通过个体对周围环境的认知在个体层面上进行测量。比如，Bloom 等（1992）就采用个体对政策的看法来衡量相关政策对个体吸烟行为的影响，并验证了基于社会认知理论的感知模型。事实上，在以往的大龄未婚男性研究中，也有个别研究将受婚姻挤压男性定义为"认为自己结婚困难"的男性，他们称其为主观指标（靳小怡等，2011）。基于此，本研究将使用"婚姻挤压感受"来代表农村男性对与婚姻挤压相关的周围环境的看法。

另外，已有研究认为农村男性一旦过了 28 岁，他们的结婚机会将大幅下降（杨雪燕等，2011）。本研究中百村调查的结果也表明，一般情况下农村男性的结婚年龄是 23 岁左右，通常不超过 28 岁。因而，本研究假定 28 岁以上的未婚男性也可能会受到婚姻挤压。最终，婚姻挤压的测量指标共包括以下三项：

婚姻挤压感受，二分类变量。通过询问"你有没有感觉到结婚困难？"以"0 = 没有；1 = 有"来测量。

年龄，二分类变量。以"0 = 20 ~ 27 岁；1 = 28 ~ 65 岁"来测量。

婚姻状况，二分类变量。以"0 = 已婚（在婚状态）；1 = 未婚（从未结过婚、离婚或丧偶）"来测量。

此外，对已婚男性婚姻质量的测量主要通过询问"过去一年中你是否有过离婚的念头"，以"0 = 没有；1 = 有"来测量。同时，在回归分析中，本研究还纳入了受教育程度、家庭年收入、生活设施数量、名下房屋等物质经济福利指标作为控制变量。其中，受教育程度是分类变量，分为"0 = 小学及以下，1 = 初中，2 = 高中及以上"三类来测量。家庭年收入也是分类变量，以"0 = 3 万元以下，1 = 3 万 ~ 6 万元，2 = 6 万元以上"来测量。生活设施数量为连续变量，通过询问"目前，你家拥有的生活用品设施或交通工具有哪些？"，然后加总回答者的所有选项来测量。名下房屋为分类变量，通过询问"你名下有自己的房子吗？"，以"0 = 没有，1 = 有"来测量。

二 分析策略

首先，通过描述性比较分析来全面描述婚姻困境中农村男性的生命质量现状，并初步评估"婚姻挤压"对农村男性生命质量的威胁程度。具体而言，依据陕西省和安徽省两省的农村男性家庭生活状况调查数据，采用单因素 ANOVA、交叉表分析和 χ^2 检验的方法对比有婚姻挤压感受、无婚姻挤压感受有离婚想法、无婚姻挤压感受且无离婚想法或未婚这三类男性在一般生活质量、生理领域、心理领域、社会领域、环境领域以及总体生命质量评价等方面的差异。另外，同样采用单因素 ANOVA、交叉表分析和 χ^2 检验的方法对比 20 ~ 27 岁未婚、28 ~ 65 岁未婚、已婚有离婚想法、已婚无离婚想法这四类男性的生命质量差异。

接着，构建分层线性回归模型进一步检验、证实婚姻挤压对农村男性生命质量的威胁。具体而言，表 5 - 4 中模型 1 ~ 3 以客观生命质量中的健康状况为因变量。模型 1 中仅包括婚姻挤压感受作为自变量；模型 2 中进一步纳入年龄和婚姻状况作为自变量；在此基础上，模型 3 中加入控制变量：受教育程度、家庭年收入、生活设施数量和名下房屋。模型 4 ~ 7 以主观生命质量总分为因变量。模型 4 中只纳入婚姻挤压感受作为自变量；模型 5 中进一步纳入年龄和婚姻状况作为自变量；接着在模型 6 中纳入受教育程度、家庭年收入、生活设施数量和名下房屋四个控制变量，以评估婚姻挤压对农村男性主观生命质量的影响；最后在模型 6 的基础上，模型 7 进一步加入健康状况作为自变量，以评估婚姻挤压和客观健康状况对农村男性主观生命质量的总影响。

表 5 – 4　模型信息

因变量	模型	自变量
客观生命质量：健康状况	模型 1	婚姻挤压感受
	模型 2	婚姻挤压感受 + 年龄 + 婚姻状况
	模型 3	婚姻挤压感受 + 年龄 + 婚姻状况 + 控制变量（受教育程度、家庭年收入、生活设施数量、名下房屋）
主观生命质量总分	模型 4	婚姻挤压感受
	模型 5	婚姻挤压感受 + 年龄 + 婚姻状况
	模型 6	婚姻挤压感受 + 年龄 + 婚姻状况 + 控制变量（受教育程度、家庭年收入、生活设施数量、名下房屋）
	模型 7	婚姻挤压感受 + 年龄 + 婚姻状况 + 健康状况 + 控制变量（受教育程度、家庭年收入、生活设施数量、名下房屋）

注：因客观生命质量：健康状况并非以量表形式测量，因此不计算得分，直接纳入模型。

第三节　农村男性生命质量状况

一　生活质量总体状况评估

首先询问被访男性"你怎样评价你的生活质量？1 = 很差，2 = 差，3 = 一般，4 = 好，5 = 好"，比较陕西省和安徽省不同婚姻挤压状况和婚姻质量状况下农村男性群体的评价。具体而言，图 5 – 2 展示了有婚姻挤压感受、无婚姻挤压感受有离婚想法、无婚姻挤压感受无离婚想法或未婚这三类男性群体的评价。结果表明，陕西省和安徽省两地中同一男性群体对生活质量总体状况的评价非常接近。同时，在两地，三类男性群体对生活质量总体状况的评价都存在显著差异（陕西：$F = 23.86^{***}$；安徽：$F = 50.96^{***}$）。其中，有婚姻挤压感受的男性群体对生活质量总体状况的评价都最差（陕西：2.64；安徽：2.61），其次是无婚姻挤压感受但有离婚想法的男性群体（陕西：2.96；安徽：2.94）。

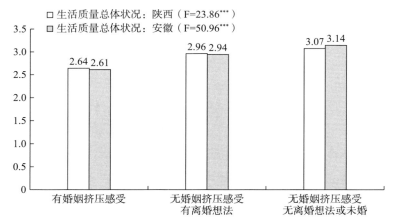

图 5 - 2 不同婚姻挤压感受和不同婚姻质量农村男性群体的生活质量总体状况比较

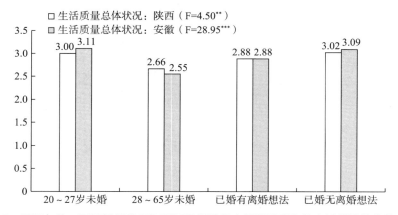

图 5 - 3 不同年龄、不同婚姻状况和不同婚姻质量农村男性群体的生活质量总体状况比较

图 5 - 3 展示了陕西省和安徽省 20 ~ 27 岁未婚、28 ~ 65 岁未婚、已婚有离婚想法、已婚无离婚想法四类男性群体对生活质量总体状况的评价。结果也表明，两地中同一男性群体对生活质量总体状况的评价非常接近。并且在两地，四类男性群体对生命质量总体状况的评价也都存在显著差异（陕西：F = 4.50 **；安徽：F = 28.95 ***）。其中，28 ~ 65 岁未婚男性群体的评价最差（陕西：2.66；安徽：2.55），其次是已婚有离婚想法的男性群体（陕西：2.88；安徽：2.88）。

二　生理领域

1. 客观健康状况

图 5 - 4 和图 5 - 5 展示了安徽省不同婚姻挤压状况和不同年龄、不同婚姻状况、不同婚姻质量农村男性群体的生理健康现状（陕西省调查中缺乏这一项数据）。图 5 - 4 中，有婚姻挤压感受、无婚姻挤压感受有离婚想法、无婚姻挤压感受无离婚想法或未婚这三类男性群体在"至少患一种生理疾病"和"患病数量"方面均存在显著差异（$\chi^2 = 25.80^{***}$；$F = 12.25^{***}$）。具体而言，有婚姻挤压感受和无婚姻挤压感受但有离婚想法的男性群体患有至少一种生理疾病的比例（66.46% 和 70.42%）显著高于无婚姻挤压感受无离婚想法或未婚的男性群体（50.92%）。同时，有婚姻挤压感受的男性群体同时患有的生理疾病数量最多，为 1.20 种；其次是无婚姻挤压感受但有离婚想法的男性群体，为 1.14 种。

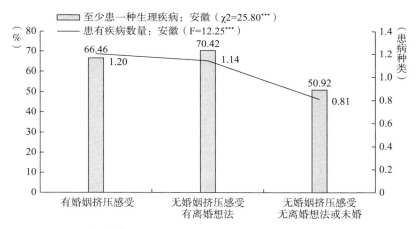

图 5 - 4　不同婚姻挤压感受和不同婚姻质量农村男性群体的生理疾病现状

图 5 - 5 表明，28 ~ 65 岁未婚和已婚有离婚想法的男性群体患有至少一种生理疾病的比例分别为 71.60% 和 73.40%，均显著高于 20 ~ 27 岁未婚男性群体的 35.86% 和已婚无离婚想法的男性群体的 59.28%（$\chi^2 = 75.63^{***}$）。同时，四类男性群体在患病数量方面也存在显著差异（$F = 22.17^{***}$）。其中，28 ~ 65 岁未婚男性群体患有的疾病数量最多，为 1.30 种；其次是已婚有离婚想法的男性群体，为 1.15 种。

生殖健康状况方面，图 5 - 6 和图 5 - 7 比较了安徽省不同婚姻挤压状况

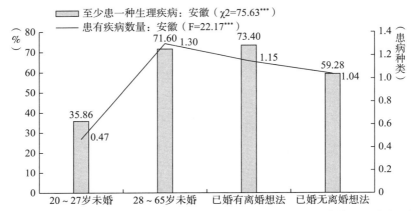

图5-5　不同年龄、不同婚姻状况和不同婚姻质量农村男性群体的生理疾病现状

和不同年龄、不同婚姻状况、不同婚姻质量农村男性群体之间的差异（陕西省调查中缺乏这一项数据）。具体而言，图5-6结果表明，有婚姻挤压感受、无婚姻挤压感受有离婚想法、无婚姻挤压感受无离婚想法或未婚三类男性群体在"至少患一种生殖疾病"和"患病数量"方面均存在显著差异（$\chi^2 = 7.19^*$；$F = 5.50^{**}$）。其中，无婚姻挤压感受有离婚想法的男性群体患有至少一种生殖疾病的比例最高和患病数量最多（18.57%和0.19种），其次是有婚姻挤压感受的男性群体（15.16%和0.15种），无婚姻挤压感受无离婚想法或未婚的男性群体最低，为10.22%和0.09种。

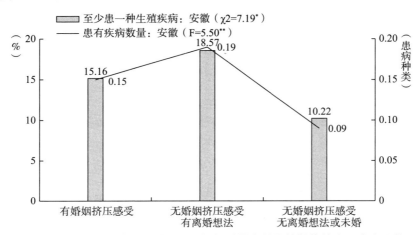

图5-6　不同婚姻挤压感受和不同婚姻质量农村男性群体的生殖疾病现状

图5-7表明20~27岁未婚、28~65岁未婚、已婚有离婚想法、已婚无离婚想法四类男性群体在"至少患一种生殖疾病"上存在显著差异（$\chi^2 =$

31.20^{***}）。其中，28～65岁未婚和已婚但有离婚想法的男性群体的比例（20.35%和20.65%）显著高于20～27岁未婚和已婚无离婚想法的男性群体（4.26%和12.73%）。同时，已婚有离婚想法的男性群体平均患有的疾病数量最多（0.21种），28～65岁未婚男性群体稍低（0.18种），二者都显著高于20～27岁未婚男性群体的0.04种和已婚且无离婚想法男性群体的0.11种（$F = 10.34^{***}$）。

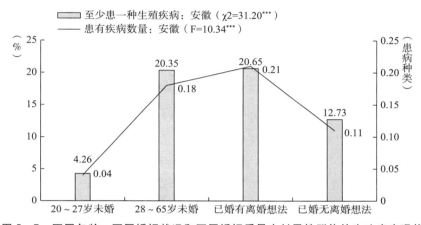

图5－7 不同年龄、不同婚姻状况和不同婚姻质量农村男性群体的生殖疾病现状

2. 主观生理领域

通过加总测量主观生理领域的10个项目得分，得到农村男性的主观生理状况总分。图5－8和5－9比较了陕西省和安徽省两地不同婚姻挤压状况和不同婚姻质量的男性群体的主观生理状况。图5－8中的结果表明，安徽省三类男性群体的主观生理状况总得分均相对高于陕西省。而在两地的三类男性群体中，有婚姻挤压感受男性群体的主观生理状况总分都最低（陕西：30.03；安徽：33.85），无婚姻挤压感受但有离婚想法的男性群体次之（陕西：31.79；安徽：34.03），二者都显著低于无婚姻挤压感受且无离婚想法或未婚的男性群体（陕西：34.31；安徽：37.15）（陕西：$F = 45.05^{***}$；安徽：$F = 39.90^{***}$）。

图5－9的结果也表明，安徽省四类农村男性群体的主观生理状况得分均要相对高于陕西省农村男性群体。同时在两地，20～27岁未婚、28～65岁未婚、已婚有离婚想法、已婚无离婚想法四类男性群体在"主观生理状况"得分上均存在显著差异（陕西：$F = 16.23^{***}$；安徽：$F = 46.59^{***}$）。

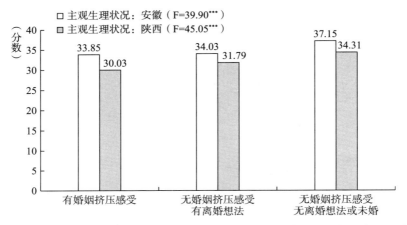

图 5 - 8   不同婚姻挤压感受和不同婚姻质量农村男性群体的生理状况主观评价

其中，两地 28 ~ 65 岁未婚男性群体的得分都最低（陕西：30.58；安徽：32.93），其次是已婚有离婚想法的男性群体（陕西：31.14；安徽：33.79），二者显著低于 20 ~ 27 岁未婚男性群体（陕西：35.23；安徽：38.48）和已婚且无离婚想法的男性群体（陕西：33.37；安徽：36.37）。

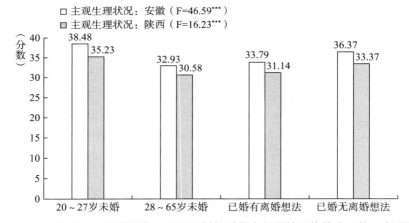

图 5 - 9   不同年龄、不同婚姻状况和不同婚姻质量农村男性群体的生理状况主观评价

三　心理领域

通过加总测量心理领域的 7 个项目得分，得到农村男性的心理状况总分。图 5 - 10 和图 5 - 11 比较了陕西省和安徽省两地不同婚姻挤压状况和不同婚姻质量的农村男性群体的心理状况。图 5 - 10 的结果表明，陕西省三类农村男性群体的心理状况总得分均相对低于安徽省农村男性群体。同时在两地，有婚姻挤压感受、无婚姻挤压感受有离婚想法、无婚姻挤压感受无离婚想法或未婚这三类农村男性群体在心理状况上均存在显著差异（陕西：$F=60.39^{***}$；安徽：$F=47.88^{***}$）。其中，两地有婚姻挤压感受的男性群体的心理状况总得分均最低（陕西：21.31；安徽：23.63），略低于无婚姻挤压感受但有离婚想法的男性群体（陕西：22.33；安徽：23.92），显著低于无婚姻挤压感受且无离婚想法或未婚的男性群体（陕西：24.77；安徽：26.23）。

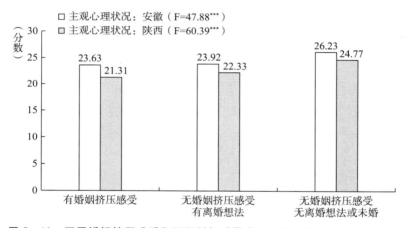

图 5-10　不同婚姻挤压感受和不同婚姻质量农村男性群体的心理状况比较

图 5-11 的结果也表明陕西省四类男性群体的心理状况总得分都相对低于安徽省的四类男性群体。同时在两地，20～27 岁未婚、28～65 岁未婚、已婚有离婚想法、已婚无离婚想法这四类男性群体在心理状况总得分上都具有显著差异（陕西：$F=22.31^{***}$；安徽：$F=35.26^{***}$）。其中，28～65 岁的未婚男性群体（陕西：22.21；安徽：23.34）与已婚有离婚想法的男性群体（陕西：21.72；安徽：23.51）的总得分非常接近，都显著低于 20～27 岁的未婚男性群体（陕西：23.76；安徽：25.90）和已婚且无离婚想法的男性群体（陕西：24.40；安徽：26.20）。

四　社会领域

1. 客观社会领域

（1）私人生活领域

私人生活领域的客观状况主要通过测量农村男性的社会支持网规模和

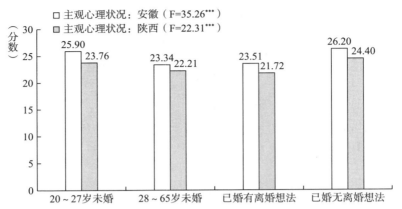

图 5 – 11　不同年龄、不同婚姻状况和不同婚姻质量农村男性群体的心理状况比较

构成多样化程度来评估他们的社会关系质量。

　　社会支持网规模。图 5 – 12 和图 5 – 13 比较了不同婚姻挤压状况和不同婚姻质量状况农村男性的社会支持网规模。社会支持网包括工具支持网、情感支持网、社会交往网和信息支持网四种类型。图 5 – 12 表明安徽省三类农村男性群体的四种社会支持网规模都远小于陕西省的三类农村男性群体。其中在陕西省，有婚姻挤压感受、无婚姻挤压感受有离婚想法、无婚姻挤压感受无离婚想法或未婚这三类男性群体在工具、情感、社会交往和信息支持等网络规模上均没有显著差异。甚至在情感支持网方面，有婚姻挤压感受的男性群体的网络规模还相对高于其他两类男性群体。与之不同，安徽省的三类农村男性群体在四种社会支持网规模上均存在显著差异（工具：$F = 5.79^{**}$；情感：$F = 3.81^{*}$；社会交往：$F = 6.97^{**}$；信息：$F = 5.06^{**}$）。具体而言，在工具支持网方面，有婚姻挤压感受的男性群体的网络规模（4.89 人）要略高于无婚姻挤压感受但有离婚想法的男性群体（4.47 人），二者均显著低于无婚姻挤压感受且无离婚想法或未婚的男性群体（6.73人）。在情感支持网方面，有婚姻挤压感受的男性群体的网络规模最小，为3.48 人，显著低于无婚姻挤压感受但有离婚想法男性群体的 4.23 人和无婚姻挤压感受且无离婚想法或未婚的男性群体的 4.49 人。相似的，在社会交往网方面，有婚姻挤压感受的男性群体的网络规模（4.38 人）也显著小于无婚姻挤压感受但有离婚想法的男性群体（5.41 人）和无婚姻挤压感受且无离婚想法或未婚的男性群体（6.25 人）。在信息支持网方面，有婚姻挤压感受的男性群体的网络规模（4.55 人）与无婚姻挤压感受但有离婚想法的男性群体的网络规模基本持平（4.54 人），都显著小于无婚姻挤压感受且无离婚想法或未婚的男性群体（6.21 人）。

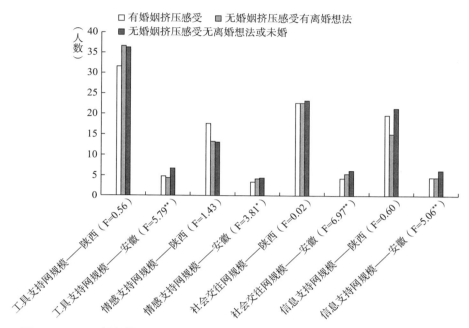

图 5 - 12　不同婚姻挤压感受和不同婚姻质量农村男性群体的社会支持网规模比较

相一致的，图 5 - 13 的结果也表明陕西省四类男性群体的四种社会支持网规模均远远高于安徽省的四类男性群体。具体而言，在工具支持网规模方面，虽然陕西省的 20 ~ 27 岁未婚、28 ~ 65 岁未婚、已婚有离婚想法、已婚无离婚想法四类男性群体之间不存在显著差异，但相比较，28 ~ 65 岁未婚男性群体的规模最小。与之不同，安徽省的四类男性群体之间则存在显著差异（F = 5.29**）。其中，28 ~ 65 岁未婚男性群体（4.51 人）与已婚有离婚想法的男性群体（4.54 人）的网络规模基本相等，均显著小于 20 ~ 27 岁未婚男性群体（7.28 人）和已婚无离婚想法的男性群体（6.31 人）。在情感支持网规模方面，陕西省的四类男性群体之间存在一定的差异（F = 2.27 +）。其中，28 ~ 65 岁未婚男性群体（15.95 人）与已婚有离婚想法的男性群体（15.75 人）的网络规模基本相等，二者显著高于已婚无离婚想法的男性群体（12.33 人），同时显著低于 20 ~ 27 岁未婚男性群体（21.31 人）。安徽省与之有所不同，虽然四类男性之间也存在显著差异（F = 3.09*），但四类男性中28～65岁未婚男性群体的网络规模最小（3.29人），明显小于其他三类男性群体。在社会交往网规模方面，陕西省的四类男性群体间不存在显著差异。相较之下，安徽省的四类男性群体间则具有显著差异（F＝3.86**）。28～65岁未婚男性群体的社会交往网规模最小（4.40），显著小于其他三类男性群体。在信息支持网规模方面，陕西省的四类男性群体间存在一定的差异（F＝2.35＋）。同时，四类男性群体中28～65岁未婚男性群体的网络规模排行第2（20.46人），虽然远小于20～27岁的未婚男性群体（35.93人），但相对高于两类已婚男性群体（18.62人和18.98人）。有所不同的，虽然安徽省的四类男性群体之间也存在显著差异（F＝2.67*），但28～65岁未婚男性群体的网络规模最小（4.54人），略低于已婚有离婚想法的男性群体（4.90人），显著低于20～27岁未婚男性群体（6.52人）和已婚且无离婚想法的男性群体（5.67人）。

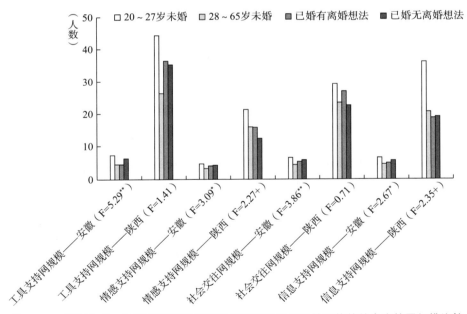

图5－13　不同年龄、不同婚姻状况和不同婚姻质量农村男性群体的社会支持网规模比较

社会支持网构成的多样化。通过加总被访男性在选择四类支持网构成时的选项，得到工具、情感、社会交往、信息支持等各支持网构成的多样化程度。图5－14和图5－15比较了不同婚姻挤压状况和不同婚姻质量状况农村男性群体的社会支持网构成多样化程度。图5－14的结果表明，陕西省三类男性群体四种社会支持网构成明显比安徽省三类男性群体更加多样化。同时，在陕西，有婚姻挤压感受、无婚姻挤压感受有离婚想法、无婚姻挤压感受无离婚想法或未婚这三类男性群体在工具、情感、社会交往和信息支持等网络构成的多样化程度上均不存在显著差异。而与之不同，在安徽，三类男性群体在四种网络的构成多样化程度上均有显著差异（工具：F ＝ 26.12***；情感：F ＝ 5.15**；社会交往：F ＝ 14.67***；信息支持：F ＝ 25.86***）。具体而言，在工具支持网构成方面，有婚姻挤压感受男性群体的多样化程度（2.18）显著弱于无婚姻挤压感受但有离婚想法的男性群体（2.62）和无婚姻挤压感受无离婚想法或未婚的男性群体（2.85）。在情感支持网构成方面，有婚姻挤压感受的男性群体与无婚姻挤压感受但有离婚想法的男性群体的多样化程度一样，均为1.72，都低于无婚姻挤压感受且无离婚想法或未婚的男性群体（1.97）。在社会交往网构成方面，有婚姻挤压感受男性群体的多样化程度最弱（1.77），其次是无婚姻挤压感受但有离婚想法的男性群体（1.90）。在信息支持网构成方面，有婚姻挤压感受男性群体的多样化程度（1.91）也低于无婚姻挤压感受但有离婚想法的男性群

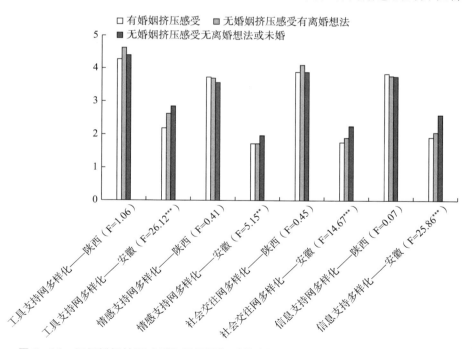

图 5－14　不同婚姻挤压感受和不同婚姻质量农村男性群体的社会支持网构成比较

体（2.06），并显著低于无婚姻挤压感受且无离婚想法或未婚的男性群体（2.59）。

相一致的，图 5 – 15 的结果也表明，陕西省四类男性群体的社会支持网构成明显比安徽省农村男性更加多样化。同时，在陕西，20 ~ 27 岁未婚、28 ~ 65 岁未婚、已婚有离婚想法、已婚无离婚想法这四类男性群体除在情感支持网构成上有差异外（F = 2.24 + ），在工具、社会交往、工具支持等网络构成上均不存在显著的差异。其中，在情感支持网构成方面，28 ~ 65 岁未婚男性群体的构成多样化程度最高（4.10），其次是已婚有离婚想法的男性群体（3.93）。与之相比，虽然安徽省四类男性群体在情感支持网构成上也存在显著差异（F = 8.58 *** ），但 28 ~ 65 岁未婚男性群体的构成多样化程度最低（1.62），已婚有离婚想法的男性群体次之（1.75）。另外，安徽省的四类男性群体在其他三种支持网构成方面也存在显著差异（工具：F = 19.58 *** ；社会交往：F = 13.47 *** ；信息支持：F = 21.33 *** ），并且在三种支持网的构成方面，无一例外 28 ~ 65 岁未婚男性群体的多样化程度都最低（工具：2.10；社会交往：1.69；信息支持：1.83），其次才是已婚有离婚

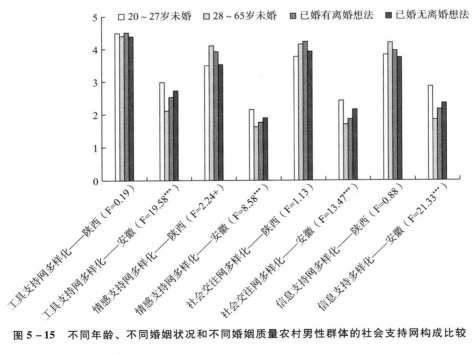

图 5 – 15　不同年龄、不同婚姻状况和不同婚姻质量农村男性群体的社会支持网构成比较

想法的男性群体（工具：2.52；社会交往：1.84；信息支持：2.16）。

（2）公共生活领域

公共生活领域的客观状况主要通过测量农村男性与社区成员的互动频率和对社区事务的参与频率来评估他们的公共关系质量。

社区互动。图5－16和图5－17比较了不同婚姻挤压状况和不同婚姻质量状况的农村男性群体在最近一年内对同村人的红白喜事送礼情况。图5－16的结果表明陕西省三类男性群体的平均送礼次数远高于安徽省的三类男性群体。同时，在红喜事的送礼次数方面，陕西省和安徽省的三类男性群体之间均不存在显著差异。而在丧事或探病的送礼次数方面，两地的三类男性群体之间都存在显著差异（陕西：F = 3.08*；安徽：F = 3.33*）。在两地，有婚姻挤压感受男性群体的丧事或探病送礼次数均最少（陕西：4.92；安徽：0.44），其次是无婚姻挤压感受且无离婚想法或未婚的男性群体（陕西：5.56；安徽：0.64），无婚姻挤压感受但有离婚想法的男性群体最多（陕西：7.51；安徽：0.88）。

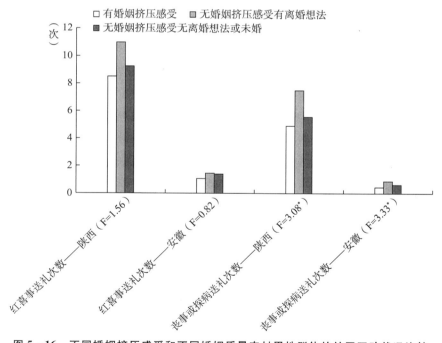

图5－16　不同婚姻挤压感受和不同婚姻质量农村男性群体的社区互动状况比较

　　图5-17的结果同样表明安徽省四类男性群体在红白喜事上的平均送礼次数远低于陕西省的四类男性群体。同时，在红喜事的送礼次数方面，陕西省四类男性群体之间的差异并不明显。与之不同，安徽省四类男性群体之间的差异显著（F = 5.45**）。其中20～27岁未婚男性群体送礼次数最少（0.61），28～65岁未婚男性群体次之（0.97），均明显少于已婚但有离婚想法的男性群体（1.49）和已婚且无离婚想法的男性群体（1.78）。在丧事或探病的送礼次数方面，陕西省和安徽省两地的四类男性群体之间都存在明显差异（陕西：F = 2.15 + ；安徽：F = 7.83***）。在两地，20～27岁未婚男性群体的丧事或探病送礼次数都最低（陕西：4.11；安徽：0.26），均少于28～65岁的未婚男性群体（陕西：5.45；安徽：0.49）。

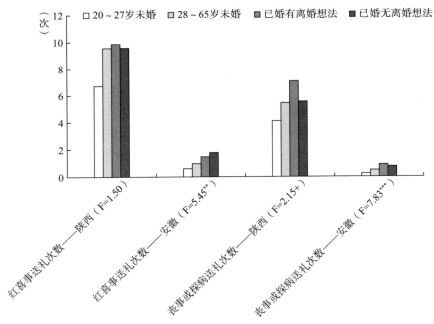

图5-17　不同年龄、不同婚姻状况和不同婚姻质量农村男性群体的社区互动状况比较

　　社区事务参与。图5-18和图5-19比较了不同婚姻挤压状况和不同婚姻质量以及不同年龄的农村男性群体对社区管理服务工作的参与情况。图5-18的结果表明陕西省和安徽省的三类农村男性群体对社区事务的参与程度相似。同时，在两地，有婚姻挤压感受、无婚姻挤压感受有离婚想法、无婚姻挤压感受无离婚想法或未婚这三类男性群体在对社区事务的参与上都存在明显的差异（陕西：$\chi^2 = 8.52 +$；安徽：$\chi^2 = 9.74^*$）。其中，两地有婚姻挤压感受的男性群体从未参与过社区事务的比例均最高（陕西：47.22%；安徽：57.43%）。

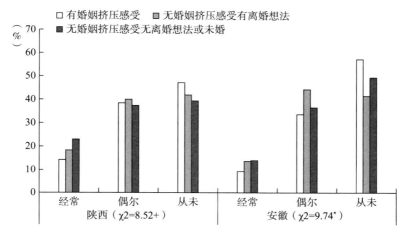

图 5 – 18　不同婚姻挤压感受和不同婚姻质量农村男性群体的社区事务参与比较

相一致的，图 5 – 19 的结果也表明陕西省和安徽省的四类农村男性群体对社区事务的参与程度比较相近。同时，在两地，20～27 岁未婚、28～65 岁未婚、已婚有离婚想法、已婚无离婚想法这四类男性群体在社区事务的参与程度上都存在显著差异（陕西：$\chi^2 = 22.38^{**}$；安徽：$\chi^2 = 22.26^{**}$）。其中，在两地，20～27 岁未婚男性群体从未参与过社区事务的比例最高（陕西：60.40%；安徽：61.67%），其次是 28～65 岁的未婚男性群体（陕

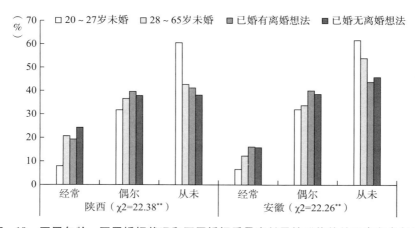

图 5 – 19　不同年龄、不同婚姻状况和不同婚姻质量农村男性群体的社区事务参与比较

西：42.86%；安徽：53.88%），两类男性群体参与社区事务的比例都明显低于其他两类已婚男性群体。

2. 主观社会领域

通过加总测量社会关系的 5 个项目得分，得到农村男性群体的社会领域评价总分。图 5 - 20 和图 5 - 21 比较了陕西省和安徽省两地不同婚姻挤压状况和不同婚姻质量以及不同年龄的男性群体对主观社会领域社会关系状况的评价。图 5 - 20 的结果表明，安徽省三类农村男性群体对社会关系状况的评价得分相对高于陕西省的三类农村男性群体。同时，在两地，三类农村男性群体在社会关系状况的评价得分上都具有非常显著的差异（陕西：F = 12.35***；安徽：F = 106.51***）。其中，在陕西，有婚姻挤压感受的男性群体（13.76）与无婚姻挤压感受但有离婚想法的男性群体（13.69）的得分非常接近，二者显著低于无婚姻挤压感受且无离婚想法或未婚的男性群体（14.52）。在安徽则有所不同，有婚姻挤压感受的男性群体的评价得分最低（15.31），显著低于无婚姻挤压感受但有离婚想法的男性群体（16.76）和无婚姻挤压感受且无离婚想法或未婚的男性群体（17.92）。

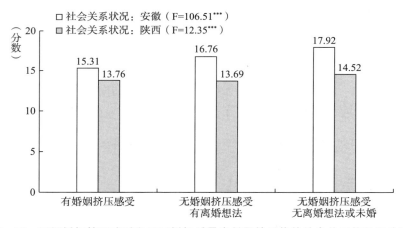

图 5 - 20　不同婚姻挤压感受和不同婚姻质量农村男性群体的社会关系状况评价比较

相一致的，图 5 - 21 的结果也表明陕西省四类农村男性群体的社会关系状况评价总分明显低于安徽省的四类农村男性群体。同时，在两地，四类农村男性群体在对社会关系状况的评价得分上都存在非常显著的差异（陕西：F = 22.31***；安徽：F = 35.26***）。在两地，28 ~ 65 岁未婚男性群体的评价得分最低（陕西：13.61；安徽：14.56），其次是已婚有离婚想法的男性群体（陕西：13.69；安徽：16.60），都相对低于 20～27 岁的未婚男性群体（陕西：13.77；安徽：17.53）和已婚无离婚想法的男性群体（陕西：14.54；安徽：18.13）。

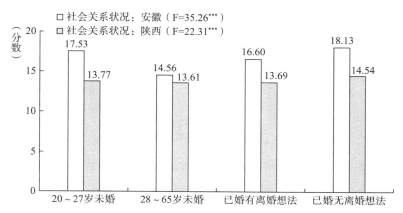

图 5－21　不同年龄、不同婚姻状况和不同婚姻质量农村男性群体的
社会关系状况评价比较

五　环境领域

1. 客观环境领域

（1）收入状况

收入状况从两个方面来反映：个人年收入和家庭年收入。为了更简明地判断出不同男性群体的收入状况差异，本研究根据各选项的频率，对个人年收入和家庭年收入进行了分类处理。图 5－22 和图 5－23 展示了不同婚姻挤压状况和不同婚姻质量状况的农村男性群体在个人年收入方面的差异。具体而言，图 5－22 表明陕西省有婚姻挤压感受的男性群体的个人收入状况相对好于安徽省有婚姻挤压感受的男性群体。同时在陕西省，三类男性群体之间的个人收入差异并不明显。而在安徽省，三类男性群体之间存在明显的差异（$\chi^2 = 62.83^{***}$）。有婚姻挤压感受的男性群体年收入在 2 万元以下的比例（71.97%）显著高于无婚姻挤压感受但有离婚想法的男性群体（35.71%）和无婚姻挤压感受无离婚想法或未婚的男性群体（47.08%）。同时，后两者相比，无婚姻挤压感受但有离婚想法的男性群体的收入状况又好于无婚姻挤压感受且无离婚想法或未婚的男性群体。

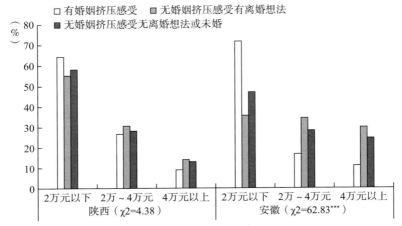

图 5 - 22　不同婚姻挤压感受和不同婚姻质量农村男性群体的个人年收入比较

图 5 - 23 的结果也表明陕西省 28 ~ 65 岁未婚男性群体的个人收入要高于安徽省的 28 ~ 65 岁未婚男性群体。同时，在陕西省，四类男性群体之间的收入差异并不明显。安徽省则不同，四类男性群体之间的差异非常显著（$\chi^2 =$ 127. 56***）。28 ~ 65 岁未婚男性群体的年收入在 2 万元以下的比例（82. 23%）远高于其他 20 ~ 27 岁的未婚男性群体（59. 05%）、已婚无离婚想法的男性群体（41. 37%）和已婚有离婚想法的男性群体（36. 96%）。而其中两类已婚男性群体的收入状况又显著好于 20 ~ 27 岁的未婚男性群体。

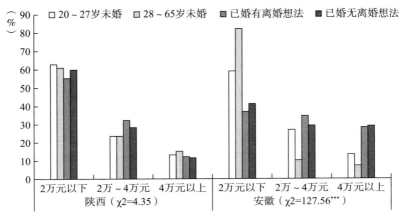

图 5 - 23　不同年龄、不同婚姻状况和不同婚姻质量农村男性群体的个人年收入比较

图 5 - 24 和图 5 - 25 展示了不同婚姻挤压状况和不同婚姻质量以及不同年龄的农村男性群体在家庭年收入方面的差异。图 5 - 24 的结果表明陕西省

三类男性群体的家庭年收入相对低于安徽省的三类农村男性群体。同时，在陕西和安徽两地，有婚姻挤压感受、无婚姻挤压感受有离婚想法、无婚姻挤压感受无离婚想法或未婚三类男性群体在家庭年收入上都存在显著差异（陕西：$\chi^2 = 12.25^*$；安徽：$\chi^2 = 86.01^{***}$）。有婚姻挤压感受的男性群体家庭年收入在 3 万元以下的比例（陕西：66.67%；安徽：62.21%）远高于无婚姻挤压感受有离婚想法的男性群体（陕西：52.87%；安徽：33.80%）和无婚姻挤压感受无离婚想法或未婚的男性群体（陕西：55.45%；安徽：31.27%）。

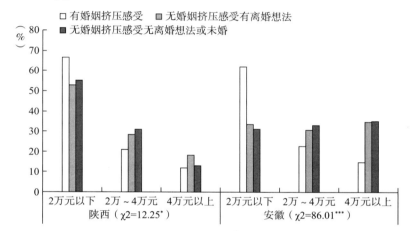

图 5 - 24　不同婚姻挤压感受和不同婚姻质量农村男性群体的家庭年收入比较

图 5 - 25 的结果表明陕西省 28 ~ 65 岁未婚男性群体的家庭年收入要相对好于安徽省的 28 ~ 65 岁未婚男性群体。同时，尽管陕西省的四类男性群体在家庭年收入上存在一定的差异（$\chi^2 = 10.84 +$），但相较而言安徽省的四类男性群体间的差异更显著（$\chi^2 = 166.39^{***}$）。虽然在陕西省，28 ~ 65 岁未婚男性群体家庭年收入在 2 万元以下的比例也最高（59.70%）；但在安徽省，家庭年收入在 2 万元以下的 28 ~ 65 岁的未婚男性群体比例（77.25%）远远高于 20 ~ 27 岁未婚男性群体（27.27%）、已婚有离婚想法的男性群体（32.26%）和已婚无离婚想法的男性群体（32.45%）。

（2）生活设施

通过加总被访者所选择的日常生活设施和交通工具选项，得到生活设施的总数量。数量越多，意味着生活条件越好。不过由于陕西省的选项只有 13 项，所以本研究将两个省份的数据分开进行了处理。

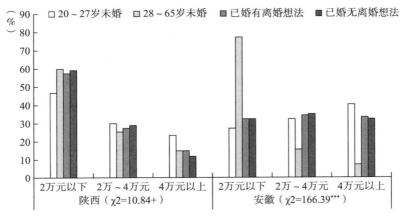

图 5 - 25　不同年龄、不同婚姻状况和不同婚姻质量农村男性群体的家庭年收入比较

图 5 - 26 和图 5 - 27 比较了不同婚姻挤压状况和不同婚姻质量以及不同年龄的农村男性群体在生活设施数量方面的差异。其中，图 5 - 26 表明，虽然陕西、安徽两个省份的数据不能进行直接比较，但仍然可以总结出，陕西省有婚姻挤压感受的男性群体的生活设施数量明显高于安徽省有婚姻挤压感受的男性群体。同时，在两地，三类男性群体在生活设施数量上都存在显著差异（陕西：F = 12.66***；安徽：F = 68.00***）。有婚姻挤压感受男性群体的平均数量最少（陕西：6.87；安徽：4.85），显著低于无婚姻挤压感受无离婚想法或未婚的男性群体（陕西：8.02；安徽：7.87）和无婚姻挤压感受但有离婚想法的男性群体（陕西：8.48；安徽：8.23）。

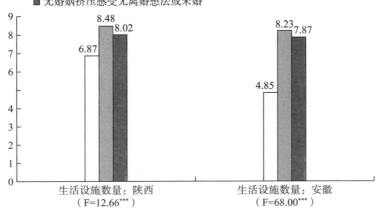

图 5 - 26　不同婚姻挤压感受和不同婚姻质量农村男性群体的生活设施状况比较

相一致的，由图 5－27 的结果也可以推断出，陕西省 28～65 岁未婚男性群体的生活设施数量明显高于安徽省 28～65 岁的未婚男性群体。同时在两地，三类男性群体在生活设施数量上都存在显著差异（陕西：F = 3.37*；安徽：F = 82.36***）。28～65 岁未婚男性群体的平均数量都最少（陕西：6.82；安徽：3.61），均显著低于 20～27 岁未婚男性群体（陕西：7.25；安徽：8.07）、已婚有离婚想法的男性群体（陕西：8.04；安徽：7.95）和已婚无离婚想法的男性群体（陕西：7.91；安徽：7.78）。

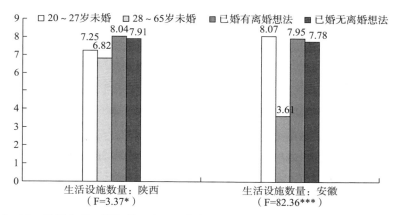

图 5－27　不同年龄、婚姻状况和不同婚姻质量农村男性群体的生活设施状况比较

（3）房屋

通过名下是否有房屋来评估农村男性的居住质量。图 5－28 和表 5－29 表明了不同婚姻挤压状况和不同婚姻质量以及不同年龄的农村男性群体在居住房屋方面的差异。图 5－28 结果表明，陕西省三类农村男性群体名下有房屋的比例明显高于安徽省的三类农村男性群体。同时在两地，三类男性群体之间都存在明显的差异（陕西：χ^2 = 5.40 ＋；安徽：χ^2 = 14.54**）。有婚姻挤压感受的男性群体名下有房屋的比例居中（陕西：92.41%；安徽：67.30%），都仅高于无婚姻挤压感受且无离婚想法或未婚的男性群体（陕西：90.29%；安徽：64.18%），显著低于无婚姻挤压感受但有离婚想法的男性群体（陕西：96.08%；安徽：86.96%）。

图 5－29 的结果也表明，陕西省农村男性群体名下有房屋的比例明显高于安徽省农村男性群体。同时在两地，四类男性群体在房屋拥有情况方面都存在显著差异（陕西：χ^2 = 74.27***；安徽：χ^2 = 144.61***）。20～27 岁

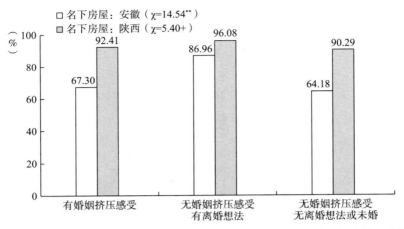

图 5 - 28　不同婚姻挤压感受和不同婚姻质量农村男性群体的房屋拥有情况比较

未婚男性群体名下有房屋的比例最低（陕西：69.31%；安徽：35.74%），其次是 28～65 岁的未婚男性群体（陕西：92.00%；安徽：71.02%），二者都显著低于已婚无离婚想法的男性群体（陕西：94.26%；安徽：78.46%）和已婚有离婚想法的男性群体（陕西：95.52%；安徽：83.52%）。

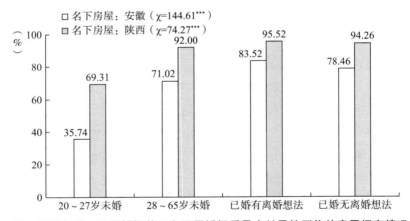

图 5 - 29　不同年龄、不同婚姻状况和不同婚姻质量农村男性群体的房屋拥有情况比较

2. 主观环境领域

通过加总测量生活环境的 6 个项目得分，得到农村男性群体对环境领域的评价总分。图 5 - 30 和 5 - 31 展示了不同婚姻挤压状况和不同婚姻质量状况以及不同年龄的农村男性群体对环境领域的评价。图 5 - 30 的结果表明，安徽省三类农村男性群体对环境领域的评价要好于陕西省三类农村男性群体的评价。同时，在两省，三类农村男性群体对环境领域的评价彼此间差异明显（陕西：F＝36.46***；安徽：F＝33.81***）。其中在陕西，有婚姻挤压感受男性群体的评价最差（16.73），其次是无婚姻挤压感受但有离婚想法的男性群体（17.75）。而在安徽，这两类男性群体的评价得分基本相等（18.49和18.44），都显著低于无婚姻挤压感受且无离婚想法或未婚的男性群体（陕西：19.26；安徽：20.34）。

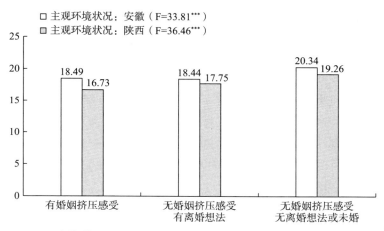

图5-30　不同婚姻挤压感受和不同婚姻质量农村男性群体对环境领域的评价比较

相一致的，图5-31的结果也表明安徽省农村男性群体对环境领域的主观评价明显好于陕西省农村男性群体的评价。同时在两地，四类男性群体在对环境领域的评价上差异明显（陕西：F＝13.48***；安徽：F＝18.00***）。

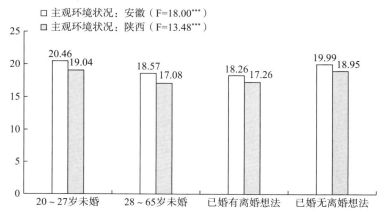

图5-31　不同年龄、不同婚姻状况和不同婚姻质量农村男性群体对环境领域的评价比较

其中在陕西，28～65 岁未婚男性群体的评价最差（17.08），其次是已婚有离婚想法的男性群体（17.26）。在安徽则有所不同，已婚有离婚想法的男性群体评价最差（18.26），其次才是 28～65 岁的未婚男性群体（18.57）。但相同的是，在两地这两类男性群体的评价均显著差于已婚无离婚想法的男性群体（陕西：18.95；安徽：19.99）和 20～27 岁的未婚男性群体（陕西：19.04；安徽：20.46）。

六 生命质量的整体评价

通过加总 29 项测量主观生命质量项目的得分，得到主观生命质量评价总分。图 5-32 和图 5-33 比较了不同婚姻挤压状况和不同婚姻质量状况以及不同年龄的农村男性群体的主观生命质量差异。首先，两图的结果表明，安徽省农村男性群体对生命质量的主观评价得分要明显高于陕西省的农村男性群体。这一结果在百村调查中再次得到了验证。图 5-33 采用"农村男性生活质量"的百村调查数据，通过询问被访者"你觉得他们的生活质量怎么样？1 = 非常差，2 = 比较差，3 = 一般，4 = 比较好，5 = 非常好"，对不同地区农村男性群体的生活质量进行了比较。图 5-34 的结果也表明不同地区之间婚姻困境中农村男性群体的生活质量存在显著差异（F = 8.76***）。西部最差（2.56），显著差于东部（2.79）和中部（2.89）的受婚姻挤压男性群体。

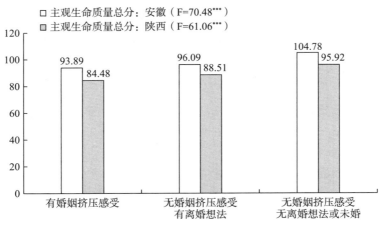

图 5-32 不同婚姻挤压感受和不同婚姻质量农村男性群体的整体生命质量比较

其次，图 5-32 还表明在陕西和安徽两地，有婚姻挤压感受、无婚姻挤压感受有离婚想法、无婚姻挤压感受无离婚想法或未婚这三类男性群体在

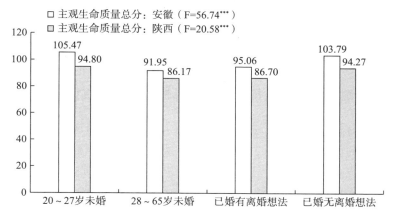

图 5 - 33　不同年龄、不同婚姻状况和不同婚姻质量农村男性群体的整体生命质量比较

主观生命质量评价方面都存在显著差异（陕西：F = 61.06***；安徽：F = 70.48***）。同时在两地，有婚姻挤压感受男性群体的主观生命质量得分都最低（陕西：84.48；安徽：93.89），其次才是无婚姻挤压感受但有离婚想法的男性群体（陕西：88.51；安徽：96.09）。图 5 - 33 的结果也表明两地的四类男性群体在主观生命质量评价得分上都具有显著差异（陕西：F = 20.58***；安徽：F = 56.74***）。其中，28 ~ 65 岁未婚男性群体的评价得分都最低（陕西：86.17；安徽：91.95），均相对低于已婚但有离婚想法的男性群体（陕西：86.70；安徽：95.06），尤其是安徽省；更显著低于已婚无离婚想法的男性群体（陕西：94.27；安徽：103.79）和 20 ~ 27 岁的未婚男性群体（陕西：94.80；安徽：105.47）。

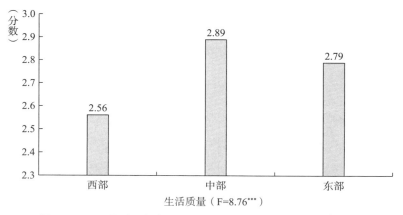

图 5 - 34　不同地区婚姻困境中农村男性群体的生命质量比较

第四节　婚姻困境中婚姻挤压对农村男性生命质量的影响

一　婚姻困境中婚姻挤压对农村男性客观生命质量的影响

因陕西省调查数据缺乏对"健康状况"的测量，因而本小节只展示了安徽省数据的回归结果（注：以下章节凡是涉及"健康状况"，均只有安徽省的数据结果），见表 5-5。结果表明，模型 1 中，婚姻挤压感受显著正向影响农村男性群体的健康状况（0.14，$p < 0.001$）。即有婚姻挤压感受的男性群体患有疾病的总数量要显著多于无婚姻挤压感受的男性群体。当在模型 2 中加入年龄和婚姻状况后，婚姻挤压感受对健康状况的回归系数及显著性有所下降（0.12，$p < 0.01$）。同时，年龄显著积极影响农村男性群体的健康状况（0.27，$p < 0.001$）。即相较于 20~27 岁男性群体，28~65 岁男性群体患有的疾病数量更多。此时，婚姻状况对农村男性群体健康状况的影响不显著。当在模型 3 中加入受教育程度、家庭年收入、生活设施数量和名下房屋等控制变量后，婚姻挤压感受对健康状况的回归系数和显著程度进一步下降（0.09，$p < 0.05$）。而年龄对健康状况的回归系数虽然有所下降（0.19），但显著程度不变（$p < 0.001$）。同时，婚姻状况对健康状况的影响变得比较显著（-0.10，$p < 0.01$）。相较于已婚男性群体而言，未婚男性群体患有的疾病数量较少。另外，控制变量中家庭年收入对健康状况也有显著的消极影响（-0.15，$p < 0.001$）。即相较于家庭年收入在 3 万元以下的农村男性群体，年收入在 6 万元以上的农村男性群体患有的疾病数量显著较少。

表 5-5　婚姻困境对农村男性群体健康状况的影响结果（安徽）

因变量：健康状况	模型 1	模型 2	模型 3
婚姻挤压			
婚姻挤压感受：无			
有	0.14 ***	0.12 **	0.09 *
年龄：20~27 岁			
28~65 岁		0.27 ***	0.19 ***
婚姻状况：已婚			
未婚		-0.05	-0.10 **

续表

因变量：健康状况	模型 1	模型 2	模型 3
受教育程度：小学及以下			
初中			0.04
高中及以上			− 0.03
家庭年收入：3 万元以下			
3 万 ~ 6 万元			− 0.06
6 万元以上			− 0.15 ***
生活设施数量			− 0.03
名下房屋：无			
有			− 0.02
df	1	3	9
Adjusted R²	. 02	. 10	. 11
F	20. 20 ***	35. 19 ***	14. 25 ***

注：*df* = 自由度。表中报告的所有回归系数都是标准回归系数。 + $p < 0.1$；* $p < 0.05$；** $p < 0.01$；*** $p < 0.001$。

二　婚姻困境中婚姻挤压对农村男性主观生命质量的影响

表 5 – 6 给出了在陕西省婚姻挤压对农村男性群体主观生命质量的影响结果。模型 4 – S 中，婚姻挤压感受对农村男性群体的主观生命质量有显著的消极影响 （ − 0. 28， $p < 0.001$ ）。即相较于无婚姻挤压感受的农村男性群体，有婚姻挤压感受的农村男性群体的主观生命质量得分显著较低。而当在模型 5 – S 中加入年龄和婚姻状况后，婚姻挤压感受对主观生命质量的回归系数和显著程度均无变化。同时，年龄也显著消极影响农村男性群体的主观生命质量 （ − 0. 10， $p < 0.01$ ）。28 ~ 65 岁的农村男性群体的主观生命质量得分显著低于 20 ~ 27 岁的农村未婚男性群体。当在模型 6 – S 中加入受教育程度、家庭年收入、生活设施数量和名下房屋等控制变量后，婚姻挤压感受对主观生命质量的回归系数虽然有所变化，但显著性保持不变。同时，年龄对主观生命质量的回归系数的显著性有所下降 （ − 0. 10， $p < 0.05$ ）。此外，家庭年收入、生活设施数量对农村男性群体的主观生命质量都有显著积极的影响。具体而言，相较于家庭年收入在 3 万元以下的农村男性群体，家庭年收入在 3 万 ~ 6 万元和 6 万元以上的农村男性群体的主观生命质量更好 （0. 09， $p < 0.01$ ；0. 14， $p < 0.001$ ）。同时，生活设施数量越多，农村男性群体的主观生命质量得分越高 （0. 22， $p < 0.001$ ）。

表 5 - 6　婚姻困境中婚姻挤压对农村男性群体主观生命质量的影响结果（陕西）

因变量：主观生命质量	模型 4 - S	模型 5 - S	模型 6 - S
婚姻挤压			
婚姻挤压感受：无			
有	- 0.28 ***	- 0.28 ***	- 0.22 ***
年龄：20～27 岁			
28～65 岁		- 0.10 **	- 0.10 *
婚姻状况：已婚			
未婚		- 0.03	- 0.02
受教育程度：小学及以下			
初中			0.05
高中及以上			0.07
家庭年收入：3 万元以下			
3 万～6 万元			0.09 **
6 万元以上			0.14 ***
生活设施数量			0.22 ***
名下房屋：无			
有			0.04
df	1	3	9
Adjusted R^2	.08	.08	.18
F	83.79 ***	30.04 ***	22.64 ***

注：第一行的 S 是陕西省的缩写。df = 自由度。表中报告的所有回归系数都是标准回归系数。+ $p < 0.1$；* $p < 0.05$；** $p < 0.01$；*** $p < 0.001$。

表 5 - 7 给出了在安徽省婚姻挤压对农村男性群体主观生命质量的影响结果。模型 4 - A 中，婚姻挤压感受显著消极影响农村男性群体的主观生命质量（- 0.32，$p < 0.001$）。即有婚姻挤压感受的农村男性群体的主观生命质量得分显著高于无婚姻挤压感受的农村男性群体。当在模型 5 - A 中加入年龄和婚姻状况后，婚姻挤压感受对主观生命质量的回归系数有所下降（- 0.27），但显著程度保持不变（$p < 0.001$）。同时，年龄和婚姻状况也都显著消极影响农村男性群体的主观生命质量。即相较于 20～27 岁的农村男性群体，28～65 岁的农村男性群体的主观生命质量得分显著较低（- 0.18，$p < 0.001$）。相较于已婚男性群体，未婚男性群体的主观生命质量得分明显较低（- 0.06，$p < 0.1$）。而当在模型 6 - A 中加入控制变量——受教育程度、家庭年收入、生活设施数量和名下房屋后，三个婚姻挤压变量中，只有婚姻挤压感受对主观生命质量的回归显著程度保持不变（$p < 0.001$），虽

然回归系数有所下降（ -0.20 ）。年龄、婚姻状况与主观生命质量之间的关系都变得不显著。同时，受教育程度、家庭年收入、生活设施数量对主观生命质量都有显著积极的影响。具体而言，相较于受教育程度为小学及以下的农村男性群体，受教育程度为高中及以上的农村男性群体的主观生命质量得分更高（ 0.10 ， $p < 0.05$ ）。相较于家庭年收入在 3 万元以下的农村男性群体，家庭年收入在 6 万元以上的农村男性群体的主观生命质量更好（ 0.14 ， $p < 0.01$ ）。同时，生活设施数量越多，农村男性群体的主观生命质量得分越高（ 0.22 ， $p < 0.001$ ）。

模型 7 主要检验客观健康状况对主观生命质量的影响。结果表明，在加入客观健康状况后，婚姻挤压感受仍然显著消极影响农村男性群体的主观生命质量。同时，健康状况也显著消极影响农村男性群体的主观生命质量（ -0.27 ， $p < 0.001$ ）。即患有的疾病数量越多，农村男性群体的主观生命质量越差。此时，受教育程度、家庭年收入和生活设施数量都依然显著积极影响农村男性群体的主观生命质量，虽然它们的回归系数和显著性有所下降（受教育程度： 0.09 ， $p < 0.1$ ；家庭年收入： 0.10 ， $p < 0.05$ ；生活设施数量： 0.21 ， $p < 0.001$ ）。

表 5-7　婚姻困境中婚姻挤压对农村男性群体主观生命质量的影响结果 （安徽）

因变量：主观生命质量	模型 4-A	模型 5-A	模型 6-A	模型 7
婚姻挤压				
婚姻挤压感受：无				
有	-0.32 ***	-0.27 ***	-0.20 ***	-0.17 ***
年龄：20~27 岁				
28~65 岁		-0.18 ***	-0.03	0.02
婚姻状况：已婚				
未婚		-0.06 +	0.02	0.01
健康状况			——	-0.27 ***
受教育程度：小学及以下				
初中			0.02	0.04
高中及以上			0.10 *	0.09 +
家庭年收入：3 万元以下				
3 万~6 万元			0.01	-0.003
6 万元以上			0.14 **	0.10 *
生活设施数量			0.22 ***	0.21 ***

续表

因变量：主观生命质量	模型 4 - A	模型 5 - A	模型 6 - A	模型 7
名下房屋：无				
有			0.04	0.04
df	1	3	9	10
Adjusted R^2	.10	0.13	.20	0.26
F	113.39***	49.33***	27.53***	33.58***

注：第一行的 A 是安徽省的缩写。df = 自由度。表中报告的所有回归系数都是标准回归系数。
+ $p < 0.1$；* $p < 0.05$；** $p < 0.01$；*** $p < 0.001$。

第五节　讨论：婚姻挤压与农村男性生命质量存在怎样的关系？

一　婚姻困境中婚姻挤压与农村男性客观生命质量的关系

客观健康状况。对亲密和关怀关系的渴望是人类的基本需求（Baumeister & Leary，1995）。早年学者们就已经认识到结婚通常会带来健康益处。与未婚人士相比，已婚人士的早发全因死亡率较低，慢性健康状况较少，寿命较长（Liu，2012；Jaremka et al.，2016）。最近的研究则进一步表明在塑造健康方面，婚姻质量本身比婚姻状况更重要（Liu & Waite，2014；Umberson，Williams，Powers，Liu & Needham，2006）。然而，本研究中"客观健康状况"的描述性比较结果却表明，尽管婚姻质量不佳，有离婚想法的农村男性群体至少患有一种疾病的比例相对较高，但总体看来，有婚姻挤压感受的农村男性群体和28～65岁未婚农村男性群体平均同时患有的疾病数量更多，健康状况更差；同时，相较于无离婚想法的农村男性群体和20～27岁的未婚农村男性群体，他们不管是在至少患有一种疾病的比例上还是平均患有的疾病数量上均明显较高、较多。这说明，婚后的婚姻质量确实是影响农村男性健康的重要因素，但未婚对农村男性健康的消极影响程度也是视"是否被迫"和"年龄"而定的。就本研究的结果来看，婚姻挤压对农村男性健康状况造成的威胁要大于婚后质量不佳所造成的威胁。

表5－5的回归分析结果进一步证实了婚姻挤压对农村男性健康的威胁。在控制了受教育程度、家庭年收入、生活设施数量和名下房屋后，有婚姻

挤压感受的农村男性群体平均患有的疾病数量仍然显著高于无婚姻挤压感受的农村男性群体。这一结果与预期相符，有婚姻挤压感受的农村男性群体面临的失婚风险更大，对亲密的人际关系的基本需求会受到威胁，这可能会引发他们采取一系列的健康风险行为。如不注重饮食、抽烟、喝酒等，这些都会诱发代谢综合征、心血管疾病以及其他健康问题的发生（Jaremka et al.，2016）。另外，表 5 - 5 的结果还表明年龄是预测农村男性健康的最强因子。28～65 岁的农村男性群体同时患有疾病的数量显著高于 20～27 岁的农村男性群体。而与此同时，未婚所呈现出来的影响是积极的。这一结果与预期相反，原因是低年龄段未婚农村男性群体同时患有的疾病数量较少，拉低了整个未婚农村男性群体的平均值。这再次表明在考量未婚对农村男性的影响时，还应该考虑"年龄"因素。正如描述性比较结果中所展示的，20～27 岁未婚农村男性群体的患病率及患有疾病数量远远低于其他三类农村男性群体，而 28～65 岁未婚农村男性群体平均患有的疾病数量则最多。未婚对 28～65 岁农村男性群体健康造成的风险远大于对年轻男性群体的风险。图 5 - 35 也证实了这一论点。随着年龄增长，农村男性平均患病的数量持续增长。其中，在 20～27 岁年龄段，已婚男性的平均患病数量显著高于未婚男性。而在 28～47 岁年龄段，未婚男性的平均患病数量一直明显高于已婚男性。在 48～57 岁年龄段，已婚男性的斜率相对大于未婚男性。但在 57 岁以后，已婚男性的平均患病数量开始下降，而未婚男性持续增加。这些结果表明，婚姻困境中农村男性，尤其是青年和老年时期，应该是重点疾病预防对象和预防阶段。另外，值得注意的是，未婚对健康状况的积极

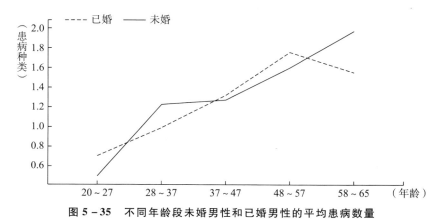

图 5 - 35　不同年龄段未婚男性和已婚男性的平均患病数量

影响是在加入控制变量后才显现的。收入的增加会显著降低农村男性的平均患病数量。这意味着改善经济状况、提高经济收入是非常有利于农村未婚男性的健康状况的。

客观社会领域。已有对安徽省农村男性社会支持的研究印象中，婚姻挤压会阻碍农村男性获得社会支持。一方面是因为缺失由妻子和孩子组成的姻亲和代际支持网，另一方面是因为在农村，妻子通常承担着对外联系的责任，她们通过出席日常各种社交场合（如婚礼、葬礼、探病）来维系家庭与社区居民的联系。同时，面临婚姻挤压的男性还会因为遭受来自社会的巨大压力，如歧视、偏见和社会排斥，从而感到自卑，不愿意与他人交流、相处（李艳、李树茁，2010）。本研究对安徽省的调查结果——图 5 - 12 至图 5 - 15 同样表明有婚姻挤压感受的农村男性群体和 28 ~ 65 岁的农村未婚男性群体的社会支持网规模最小、构成多样化程度最低，其次是有离婚想法的农村男性群体。图 5 - 16 至图 5 - 19 也表明有婚姻挤压感受的农村男性群体的社区互动和社区事务参与率最低，并且除了 20 ~ 27 岁未婚男性群体外，28 ~ 65 岁未婚男性群体的社区互动和社区事务参与率远低于已婚无离婚想法和已婚有离婚想法的男性群体。这些结果也说明了在安徽省，婚姻挤压对农村男性群体社会关系和公共关系的消极影响要大于婚后质量不佳的影响。

然而，陕西省的观察结果与安徽省并不一致。在社会支持网规模、构成的多样化程度以及社区互动、社区事务参与方面，陕西省有婚姻挤压感受的农村男性群体与无婚姻挤压感受的农村男性群体、28 ~ 65 岁的农村未婚男性群体与农村已婚（包括有离婚想法和无离婚想法）男性群体之间的差异都很小。总的来看，影响最大的是年龄。与 28 ~ 65 岁的农村未婚男性群体和农村已婚男性群体相比，20 ~ 27 岁的农村未婚男性群体的网络规模更大、社区互动和社区事务参与较少。这是因为这一年龄段的未婚男性正处于交朋友的阶段，而在社区事务参与上他们还与父母算"一份"。另外有趣的是，陕西省的农村男性群体，包括受婚姻挤压男性群体的社会支持网规模、构成多样化程度，以及对社区互动和社区事务的参与均明显高于安徽省。原因大约是陕西省地处西部，人口流动速度相对较慢，农业生产仍然是主要的生产方式。相似的生产、生活方式为居民们的日常交流、互帮互助创造了条件，彼此间比较"信任"。而安徽省地处中东部，经济比较发达，人口流动频繁。大多数人只在过年时才回家，长此以往亲缘、地缘关系就变得比较淡薄。

客观环境领域。从两省不同婚姻挤压状况和不同婚姻质量状况农村男性群体的比较来看，相较于无婚姻挤压感受的农村男性群体和农村已婚男性群体，有婚姻挤压感受的农村男性群体和28～65岁农村未婚男性群体的个人收入和家庭收入均较低，同时生活设施贫乏，名下有房屋的比例也较低。这一结果与先前所述一致，男性婚姻挤压会促进女性"向上婚"现象的增加。女性倾向选择收入、生活条件更好的男性为配偶，收入较低、家庭经济状况较差的男性就会被剩下（Eklund，2017）。另外，有意思的是，陕西省受婚姻挤压男性群体的收入、生活条件要好于安徽省的受婚姻挤压男性群体。原因可能是女性择偶时除了存在经济阶层向上婚，还存在地区迁移——由经济欠发达的西部地区向经济相对发达的中东部地区迁移（程广帅、万能，2003）。这也意味着西部地区的农村男性面临的婚姻挤压程度更严峻。

二 婚姻困境中婚姻挤压与农村男性主观生命质量的关系

不同婚姻挤压状况和不同婚姻质量状况农村男性的主观生命质量描述性比较结果表明，有婚姻挤压感受的农村男性群体和28～65岁农村未婚男性群体在生活质量总体评估、生理、心理、社会、环境等各领域的得分上均明显较低，其次是有离婚想法的农村男性群体，二者显著低于无离婚想法的农村男性群体和20～27岁的农村未婚男性群体。这也说明虽然婚后的质量会显著消极影响农村男性的主观生命质量，但其威胁程度要低于婚姻挤压造成的威胁。表5-6和表5-7的两省数据进一步证明了婚姻挤压是影响农村男性生命质量的重要压力事件。两表中，婚姻挤压感受对农村男性主观生命质量的消极影响十分显著。这一结果与预期相符，正如上面所述，农村男性有婚姻挤压感受可能意味着他们感受到的失婚风险较大，从而消极影响他们的心理健康和生命质量（李树茁、李卫东，2012）。

同时，表5-6的陕西省数据结果表明年龄对农村男性的主观生命质量有显著的消极影响，而婚姻状况对主观生命质量的影响却不显著。这一结果与预期部分相符，意味着在考虑婚姻状况对陕西省农村男性主观生命质量的影响时，有必要从生命历程的视角重新审视。因为随着年龄的变化，婚姻状况与生命质量之间的关系也会变化（Schoenborn，2005；Zella，2016）。正如Zella（2016）利用加拿大国家人口健康调查数据（1994～2011）对不同婚姻转换阶段与成年群体自评健康之间关系的研究发现，男性从单身到已婚阶段的转换会显著积极影响其身体健康自评，即已婚男性遭受抑郁症状的概率显著小于单身男性。然而随着时间的增加，该积极效应是逐渐下降的。与之不同，安徽省的数据结果中，在加入了控制变量后，年龄和婚姻状况对农村男性主观生命质量的消极影响皆变得不显著。而此时，教育程度、家庭年收入、生活设施数量对农村男性的主观生命质量都有显著积极的影响。这表明对安徽省的农村男性而言，提高他们的物质经济条件非常有助于消除婚姻挤压的部分影响。

另外，表 5-7 的结果还表明农村男性的健康状况对主观生命质量的影响非常显著。这一结果与预期和已有研究结果一致，Makovski 等（2018）从 18073 篇文章中挑选了 71 项研究进行了系统分析，结果也表明患有的疾病数量越多，生命质量状况越差。因为同时患有多种疾病会造成一系列的后果，如行动不便、身体机能衰退、高额的医疗成本负担，而这些都与生命质量显著消极相关。尤其是对年轻人群和贫困群体而言，这些联系可能会更加突出（Garin et al.，2014；Mujica-Mota et al.，2015；Agborsangaya et al.，2013）。

此外，值得一提的是，对比陕西省和安徽省两省农村男性的客观生命质量状况和主观生命质量评价，虽然安徽省农村男性的客观生命质量状况比陕西省差，但其主观生命质量评价却明显好于陕西省。这表明客观生命质量与主观生命质量之间既有联系又相互独立。在分析婚姻困境中农村男性的生命质量时，应同时测量客观现实和主观感受。

小　结

本章在介绍了如何测量婚姻困境中农村男性的生命质量后，利用陕西省和安徽省两省调查数据，对比分析了不同年龄、不同婚姻状况和不同婚姻质量的农村男性群体，以及不同婚姻挤压感受和不同婚姻质量的农村男性群体在生命质量各领域、总体状况上的差异。接着，本章又采用回归分析进一步检验了婚姻挤压对农村男性生命质量的影响，主要得出以下结论：

（1）客观健康状况方面，婚后的婚姻质量确实是影响农村男性健康的重要因素，但未婚对农村男性健康的消极影响程度也是视"是否被迫"和

"年龄"而定的。未婚对 28～65 岁男性群体健康造成的风险远大于对 20～27 岁男性群体的风险。同时，有婚姻挤压感受的男性群体平均患有的疾病数量显著高于无婚姻挤压感受的男性群体。婚姻挤压对农村男性健康状况造成的威胁要大于婚后质量不佳所造成的威胁。

（2）客观社会领域方面，陕西省各类农村男性群体的社会支持网规模、构成多样化程度，以及对社区互动和社区事务的参与率均明显高于安徽省。同时，在陕西省，婚姻挤压和婚后质量对农村男性私人和公共生活领域影响的差异均较小。与之不同，婚姻挤压对安徽省农村男性社会生活领域的消极影响显著大于婚后质量不佳的影响。

（3）客观环境领域方面，在陕西和安徽两省，与无婚姻挤压感受的农村男性群体和已婚男性群体（包括有离婚想法和无离婚想法）相比，有婚姻挤压感受的男性群体和 28～65 岁未婚男性群体的个人收入和家庭收入均明显较低，同时生活设施贫乏，名下有房屋的比例也较低。而相比之下，陕西省受婚姻挤压农村男性群体的收入、生活条件要较好于安徽省的受婚姻挤压农村男性群体。

（4）主观生命质量方面，安徽省各类农村男性群体的主观生命质量评价得分均明显高于陕西省各类农村男性群体。虽然婚后质量会显著消极影响农村男性的主观生命质量，但其威胁程度要低于婚姻挤压造成的威胁。尤其是在两省，婚姻挤压感受对农村男性主观生命质量的消极影响都十分显著。在陕西省，年龄对农村男性的主观生命质量也有显著消极影响。

总体而言，婚姻挤压是影响农村男性生命质量的重要压力事件，对男性生命质量的威胁程度要大于婚后质量的影响程度。另外，健康状况对主观生命质量的消极影响也不可忽视。因为事实上所有因素中，健康状况对农村男性主观生命质量的绝对影响效应最大。同时这也进一步证实，客观生命质量与主观生命质量之间既有联系又相互独立。

第六章　社会参与对婚姻困境中农村男性生命质量的影响

　　在继上一章节证实了"婚姻挤压是影响农村男性生命质量的重要压力事件"后，本章意在探讨婚姻挤压背景下社会支持的维度之一——社会参与对农村男性生命质量的影响。首先，简要概述了本章的研究背景和目的，提出了研究假设；其次，对如何测量"社会参与"进行了介绍。在此基础上，对比陕西省和安徽省不同受婚姻挤压状态的农村男性在两类社会参与——休闲性参与和发展性参与上的差异。最后，采用 OLS 和调节效应分析的方法，检验了婚姻挤压背景下不同社会参与类型与农村男性生命质量的关系，并对结果进行了讨论，最终总结出社会参与对婚姻困境中农村男性生命质量的影响。

第一节　研究目的

　　婚姻衍生了一系列的关系，包括亲子关系、姻亲关系，因而研究者认为它在一定程度上代表了社会联系（Kaplan & Kronick，2006）。大量证据表明从未结过婚会引发许多健康问题，并且与社会隔离会大大增加个体早亡的风险，尤其是对于年轻成年群体（Kaplan & Kronick，2006）。本研究在上述章节已经证明了婚姻挤压是影响农村男性生命质量的重要压力事件。

　　社会参与是日常生活中很重要的一个方面。通过社会参与，个体可以减少社会隔离，产生和维持自我认同（Glass，De Leon，Bassuk & Berkman，2006）。它是一个多维度的概念，在过去众多研究中，研究者在定义和测量时采用了不同的标准。有些侧重对有社会元素的现实活动的参与（如 Bath

& Deeg，2005；Glass et al.，2006），有些侧重社会网络，如团体和组织中的朋友和亲戚数量、成员构成（如 Unger et al. 1999），还有些侧重社会支持，如个体可以获得工具和情感帮助的水平（如 Everard et al. 2000）。而在这些完全不同的标准中，研究者在测量同一标准时也不相同。比如第一种，Utz et al.（2002）将参与分为正式（如会议出席、宗教活动参加、志愿者义务）和非正式（如与朋友的电话联系和社交互动）两类；Glass et al.（2006）将社会参与定义为休闲或生产活动中有意义的社会角色的表现。也因此，已有关于活动参与和幸福感关系的研究有时会表现出相互矛盾的结果。但总体而言，最近几十年各国不同文化背景下的老年群体研究都证明了社会、休闲和生产活动参与对幸福感的各个方面有显著积极影响，同时对死亡率、残疾、认知功能、认知能力下降、老年痴呆等也都有显著、复杂的影响效应（Berkman & Syme，1979；House et al.，1982；Bassuk et al.，1999；Fratiglioni et al.，2000；Mendes de Leon et al.，2003；Glass，De Leon，Bassuk & Berkman，2006；Adams，Leibbrandt & Moon，2011）。

　　基于此，本章需要了解：社会参与是否也能够保护婚姻困境中农村男性的生命质量或者帮助其对抗婚姻挤压造成的威胁？目前已有关于婚姻困境中农村男性的研究尚未回答。另外，本章还需要了解：对于婚姻困境中农村男性而言，不同类型的活动参与对他们生命质量的影响效应是否相似？本研究中，对农村大龄未婚男性社会参与的测量侧重于对现实活动的参与，根据参与目的分为两类：休闲性参与，以休闲娱乐为目的；发展性参与，能促进社会关系、生产、生活的发展。

　　为了回答上述两个问题，本章根据第四章内容构建了社会参与对婚姻困境中农村男性生命质量的影响框架（见图 6 - 1），首先提出了以下 5 组研究假设：

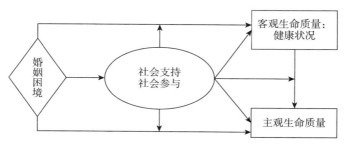

图 6 - 1　社会参与对婚姻困境中农村男性生命质量的影响框架

假设 1：社会参与对婚姻困境中农村男性的客观生命质量有直接保护效应。

假设 1a：休闲性参与对婚姻困境中农村男性的客观生命质量有直接保护效应；

假设 1b：发展性参与对婚姻困境中农村男性的客观生命质量有直接保护效应。

假设 2：社会参与能够缓解婚姻挤压对农村男性客观生命质量的威胁。

假设 2a：休闲性参与能够缓解婚姻挤压对农村男性客观生命质量的威胁；

假设 2b：发展性参与能够缓解婚姻挤压对农村男性客观生命质量的威胁。

假设 3：社会参与对婚姻困境中农村男性的主观生命质量有直接增益效应。

假设 3a：休闲性参与对婚姻困境中农村男性的主观生命质量有直接增益效应；

假设 3b：发展性参与对婚姻困境中农村男性的主观生命质量有直接增益效应。

假设 4：社会参与能够缓解婚姻挤压对农村男性主观生命质量的威胁。

假设 4a：休闲性参与能够缓解婚姻挤压对农村男性主观生命质量的威胁；

假设 4b：发展性参与能够缓解婚姻挤压对农村男性主观生命质量的威胁。

假设 5：社会参与能够缓解健康状况较差对婚姻困境中农村男性主观生命质量的威胁。

假设 5a：休闲性参与能够缓解健康状况较差对婚姻困境中农村男性主观生命质量的威胁；

假设 5b：发展性参与能够缓解健康状况较差对婚姻困境中农村男性主观生命质量的威胁。

第二节　研究方法

一　变量测量

图 6-1 的分析框架中主要涉及了四个变量：婚姻困境、客观生命质量、主观生命质量、社会参与。前三者及控制变量的测量在第五章中已有介绍，

此章不再赘述，将重点介绍对"社会参与"的测量。

休闲性参与，除了日常生活中的交往外，随着电视、智能手机、电脑的普及应用，农村居民对社会的参与也不再局限于实际活动，他们还可以通过媒介来参与社会发展。因而本研究的休闲性参与包括两种：日常交往和媒介参与。具体测量如下：

日常交往：定序变量。询问被访者"最近一个月，你与同龄的已婚男性/同龄的未婚男性一起吃过饭、喝过酒、打过牌、串门聊过天吗?"，以"0 = 从未一起过"、"1 = 偶尔一起"、"2 = 经常一起"来测量。通过加总两道题项的得分得到日常交往的总频率，分值越高，代表日常交往越多。

媒介参与：定序变量。通过询问被访者"你从报纸、电视或网上获取过新闻或流行事物的信息吗?"，以"0 = 从不"、"1 = 偶尔"、"2 = 经常"来测量。

发展性参与包括在制度性场合对家人以外的朋友和同村人的送礼次数，以及社区事务参与和社会组织参与。具体测量如下：

送礼次数：连续变量。询问被访者"最近一年内在结婚、生孩子、生日或过寿等喜事上，对朋友家/村里其他人家的送礼次数"和"最近一年内在去世或探病等场合，对朋友家/村里其他人家的送礼次数"。通过加总这两个场合对朋友家和村里其他人家的送礼次数，得到总体送礼次数。

社区事务参与：定序变量。通过询问被访者"最近一个月，你参加过本村或本社区的管理和服务工作吗?"，以"0 = 从不参加"、"1 = 偶尔参加"、"2 = 经常参加"来测量。

社会组织参与：分类变量。通过询问被访者"目前，你参加农民专业合作组织（如农民合作社）或农产品行业协会了吗?"，以"0 = 没参加"、"1 = 参加了"来测量。

二　分析策略

首先，采用单因素 ANOVA、交叉表分析和 χ^2 检验的方法对比 20～27岁已婚和未婚男性群体、28～65 岁已婚和未婚男性群体等四类男性群体的社会参与情况；采用独立样本 t 检验和交叉表分析、χ^2 检验的方法对比有婚姻挤压感受和无婚姻挤压感受两类男性群体的社会参与情况，从而描绘出婚姻困境中农村男性群体的社会参与现状。

在假设验证环节，本研究选择采用调节效应分析的方法来识别社会参与在婚姻挤压对农村男性群体生命质量影响过程中的效用，这种方法也是Cohen et al.（1983）为了解决如何判断社会支持的"压力缓冲效应"问题而提出的。调节效应分析通过观察婚姻挤压与生命质量之间的因果关系是否随着社会参与而变化，来判断缓冲假设是否成立。而是否具有调节效应是在控制 X 和 Z 后，通过观察 XZ 系数的显著性来判断的。如公式（6-1）中的 b_3，代表单一自由度的交互比较，调节变量 Z 每变动一个单位，Y 对 X 回归的斜率会变动的单位数量（Baron & Kenny，1986）：

$$Y = a + b_1 X + b_2 Z + b_3 XZ + e \qquad (6-1)$$

本研究依据客观健康状况和主观生命质量的变量类型，选择采用最小二乘法回归方法（OLS）。首先，构建四个回归模型来分别检验休闲性参与和发展性参与在婚姻挤压对客观生命质量——健康状况的影响过程中的效应。具体而言，如表6-1所示，模型8是在第五章模型3的基础上加入了休闲性参与变量，作为自变量；模型9进一步加入了婚姻挤压与休闲性参与变量的交互项。此时，健康状况为因变量 Y，婚姻挤压为预测变量 X，休闲性参与为潜在调节变量 Z。模型10~11与模型8~9相似，只有休闲性参与变量被替换成了发展性参与变量。

其次，构建模型12~15来检验社会参与在婚姻挤压对主观生命质量的影响过程中的作用。其中，模型12是在第五章模型6的基础上加入了休闲性参与变量，作为自变量；模型13又进一步纳入了婚姻挤压与休闲性参与变量的交互项。此时，主观生命质量为因变量 Y，婚姻挤压为预测变量 X，休闲性参与为潜在调节变量 Z。模型14~15与模型12~13也相似，只加入了发展性参与变量及其交互项。

最后，构建模型16~19，用来检验社会参与在健康状况对婚姻困境中农村男性主观生命质量的影响过程中的作用。其中，模型16是在第五章模型7的基础上纳入了休闲性参与变量，为自变量；模型17则进一步引入了婚姻挤压与休闲性参与变量的交互项。此时，主观生命质量为因变量 Y，健康状况为预测变量 X，休闲性参与为潜在调节变量 Z。模型18~19与模型16~17相似，只纳入了发展性参与变量及其交互项。另外，因健康状况与送礼次数、社区事务参与均为连续变量，模型17和模型19在进行交互检验时都对其进行了"对中"处理。各模型信息概况见表6-1。

表 6 - 1　模型信息

因变量	假设	模型	自变量
客观生命质量：健康状况	假设 1a	模型 8	婚姻挤压感受 + 年龄 + 婚姻状况 + 休闲性参与 + 控制变量（受教育程度、家庭年收入、生活设施数量、名下房屋）
	假设 2a	模型 9	婚姻挤压感受 + 年龄 + 婚姻状况 + 休闲性参与 + 婚姻挤压×休闲性参与 + 控制变量（受教育程度、家庭年收入、生活设施数量、名下房屋）
	假设 1b	模型 10	婚姻挤压感受 + 年龄 + 婚姻状况 + 发展性参与 + 控制变量（受教育程度、家庭年收入、生活设施数量、名下房屋）
	假设 2b	模型 11	婚姻挤压感受 + 年龄 + 婚姻状况 + 发展性参与 + 婚姻挤压×发展性参与 + 控制变量（受教育程度、家庭年收入、生活设施数量、名下房屋）
主观生命质量总分	假设 3a	模型 12	婚姻挤压感受 + 年龄 + 婚姻状况 + 休闲性参与 + 控制变量（受教育程度、家庭年收入、生活设施数量、名下房屋）
	假设 4a	模型 13	婚姻挤压感受 + 年龄 + 婚姻状况 + 休闲性参与 + 婚姻挤压×休闲性参与 + 控制变量（受教育程度、家庭年收入、生活设施数量、名下房屋）
	假设 3b	模型 14	婚姻挤压感受 + 年龄 + 婚姻状况 + 发展性参与 + 控制变量（受教育程度、家庭年收入、生活设施数量、名下房屋）
	假设 4b	模型 15	婚姻挤压感受 + 年龄 + 婚姻状况 + 发展性参与 + 婚姻挤压×发展性参与 + 控制变量（受教育程度、家庭年收入、生活设施数量、名下房屋）
主观生命质量总分		模型 16	婚姻挤压感受 + 年龄 + 婚姻状况 + 健康状况 + 休闲性参与 + 控制变量（受教育程度、家庭年收入、生活设施数量、名下房屋）
	假设 5a	模型 17	婚姻挤压感受 + 年龄 + 婚姻状况 + 健康状况 + 休闲性参与 + 健康状况×休闲性参与 + 控制变量（受教育程度、家庭年收入、生活设施数量、名下房屋）
		模型 18	婚姻挤压感受 + 年龄 + 婚姻状况 + 健康状况 + 发展性参与 + 控制变量（受教育程度、家庭年收入、生活设施数量、名下房屋）
	假设 5b	模型 19	婚姻挤压感受 + 年龄 + 婚姻状况 + 健康状况 + 发展性参与 + 健康状况×发展性参与 + 控制变量（受教育程度、家庭年收入、生活设施数量、名下房屋）

注：表中客观生命质量：健康状况并非以量表测量，因此不计算总分。

第三节　农村男性的社会参与状况

一　休闲性参与

图 6 - 2 比较了陕西省和安徽省不同婚姻挤压状况的农村男性群体的日常交往情况。相较于 20 ~ 27 岁已婚和未婚男性群体、28 ~ 65 岁已婚男性群体和无婚姻挤压感受男性群体，陕西省 28 ~ 65 岁未婚男性群体和有婚姻挤压感受男性群体与他们之间的差异并不明显。而安徽省则不同，28 ~ 65 岁未婚男性群体和有婚姻挤压感受男性群体的日常交往频率都显著较低（1. 76 和 1. 77）（F = 10. 66 *** ；t = 5. 49 ***）。同时，陕西省 28 ~ 65 岁未婚男性群体和有婚姻挤压感受男性群体的日常交往频率要明显高于安徽省。

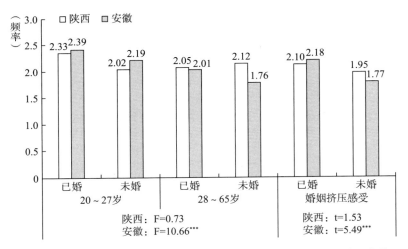

图 6 - 2　不同年龄、不同婚姻状况和不同婚姻挤压感受农村男性群体的
日常交往比较（ *** $p < 0.001$ ）

图 6 - 3 比较了陕西省和安徽省不同婚姻挤压状况的农村男性群体的媒介参与情况。陕西省和安徽省的不同男性群体之间均存在显著差异。具体而言，陕西省 28 ~ 65 岁未婚男性群体通过媒体、网络获取信息的频率（1. 44）虽然显著低于 20 ~ 27 岁的已婚和未婚男性群体（1. 57 和 1. 57），但却略高于 28 ~ 65 岁的已婚男性群体（1. 39）（F = 2. 94 *）。而在安徽省，28 ~ 65 岁未婚男性群体的媒介参与频率（1. 17）显著低于其他三类男性群

体（F = 27.01 ***）。同时在两省，有婚姻挤压感受的男性群体均显著低于无婚姻挤压感受的男性群体（陕西：t = 3.58 ***；安徽：t = 5.15 ***）。

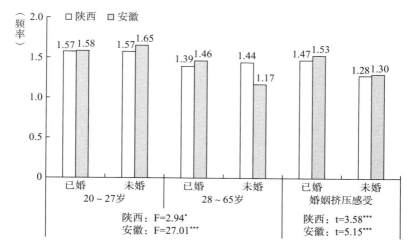

图 6 - 3　不同年龄、不同婚姻状况和不同婚姻挤压感受农村男性群体的媒介参与比较
（*p < 0.05, ***p < 0.001）

二　发展性参与

图 6 - 4 比较了陕西省和安徽省不同婚姻挤压状况的农村男性群体的送

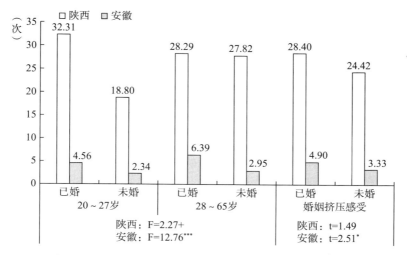

图 6 - 4　不同年龄、不同婚姻状况和不同婚姻挤压感受农村男性群体的送礼次数比较
（ + p < 0.10, *p < 0.05, ***p < 0.001）

礼情况。陕西省农村男性群体一年中对朋友和同村人家的送礼次数远高于安徽省男性群体。在陕西省，28～65岁未婚男性群体的送礼次数与已婚男性群体相差不大，但显著高于20～27岁的未婚男性群体（F=2.27+）。而在安徽省，28～65岁未婚男性群体的送礼次数显著低于两类已婚男性群体（F=12.76***），与20～27岁的未婚男性群体相差不大。同时，与无婚姻挤压感受的男性群体相比，两省中有婚姻挤压感受的男性群体的送礼次数均较低，尤其是安徽省（t=2.51*）。

图6-5比较了陕西省和安徽省不同婚姻挤压状况的农村男性群体的社区事务参与情况。在两省，28～65岁男性群体对社区事务的参与率都显著高于20～27岁男性群体（陕西：F=10.62***；安徽：F=13.57***）。不过比较而言，28～65岁的未婚男性群体对社区事务的参与率要低于28～65岁的已婚男性群体。同时在两省，有婚姻挤压感受的男性群体对社区事务的参与率都显著低于无婚姻挤压感受的男性群体（陕西：t=2.87**；安徽：t=2.76**）。

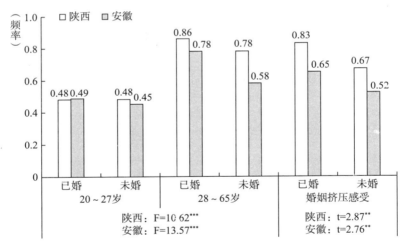

**图6-5　不同年龄、不同婚姻状况和不同婚姻挤压感受农村男性群体的
社区事务参与比较（** p<0.01，*** p<0.001）**

图6-6比较了陕西省和安徽省不同婚姻挤压状况的农村男性群体的社会组织参与情况。陕西省农村男性群体对农业组织的参与率远高于安徽省男性群体。在陕西省，相较于20～27岁已婚男性群体（77.27%）、未婚男性群体（65.35%）和28～65岁已婚男性群体（78.51%），28～65岁未婚

男性群体的参与率相对较高（79.71%）。安徽省略有不同，28~65岁未婚男性群体的参与率（34.02%）相对略低于两类已婚男性群体（34.69%和39.29%）。同时，陕西省有婚姻挤压感受男性群体的社会组织参与率（79.82%）显著高于无婚姻挤压感受男性群体的参与率（76.23%）（$\chi^2 = 21.62^{***}$），而安徽省两类男性群体之间则没有明显的差异。

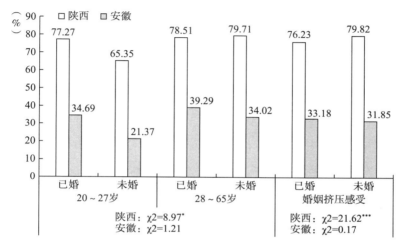

图 6-6　不同年龄、不同婚姻状况和不同婚姻挤压感受农村男性群体的
社会组织参与比较（$^{*}p < 0.05$，$^{***}p < 0.001$）

第四节　社会参与对农村男性生命质量的影响

一　社会参与对客观生命质量的影响

表 6-2 检验了婚姻挤压背景下社会参与对安徽省农村男性健康状况的影响效应，即假设 1 和假设 2。与第五章模型 3 比较，模型 8 中，婚姻挤压感受对健康状况的影响系数和显著性均有增加（0.11，$p < 0.01$）。年龄对健康状况的影响保持不变，同时婚姻状况对健康状况影响的显著性有所下降，但回归系数保持不变（-0.10，$p < 0.05$）。此时，日常交往和媒介参与都对健康状况没有显著影响。

模型 10 与模型 3 比较，婚姻挤压感受、年龄对健康状况的影响系数和显著性都保持不变。婚姻状况对健康状况的影响系数不变，但显著性有所

下降 （ -0.10 , $p < 0.05$ ）。此时，社区事务参与对健康状况有明显的正向影响 （ 0.06 , $p < 0.1$ ）。参与社区事务的频率越高，则农村男性患有的疾病数量越多。同时与模型3相比，在模型8和模型10中，收入对健康状况的消极影响仍然非常显著。

另外，在模型9中，婚姻挤压与休闲性参与的6个交互变量对健康状况的影响均不显著。而在模型11中，年龄和送礼次数的交互项对农村男性的健康状况带来显著影响 （ -0.28^* , $p < 0.05$ ）。为了准确理解当送礼次数变化时，年龄对农村男性健康状况的影响，本研究根据 Aiken & West （1991） 的建议，将0值分别对应"均值 $-1 \times$ 标准差"、"均值"、"均值 $+1 \times$ 标准差"，即将原送礼次数分别减去"4.37 - 8.89"、"4.37"、"4.37 + 8.89"，最后生成三个新变量，重新进行回归。结果表明，当0值对应送礼次数的"4.37 - 8.89"时，年龄的回归系数为0.73，即28～65岁男性群体与20～27岁男性群体的平均患病数量之差是0.73；当0值对应"4.37"时，两类男性群体之差是0.39；当0值对应"4.37 + 8.89"时，两类男性群体之差是0.05。也就是说，随着送礼次数的增多，年龄差异对男性健康状况的影响会逐渐变小。

表 6 - 2　社会参与对婚姻挤压背景下农村男性健康状况的影响效应 （安徽）

因变量：健康状况	模型 8	模型 9	模型 10	模型 11
婚姻挤压				
婚姻挤压感受：无				
有	0.11**	0.16	0.09*	0.04
年龄：20～27 岁				
28～65 岁	0.19***	0.14	0.18***	0.22**
婚姻状况：已婚				
未婚	-0.10*	-0.15	-0.10*	-0.01
休闲性参与				
日常交往	0.05	0.01		
媒介参与	0.03	0.02		
婚姻挤压 × 休闲性参与				
婚姻挤压感受 × 日常交往		0.02		
婚姻挤压感受 × 媒介参与		-0.07		
年龄 × 日常交往		-0.05		

续表

因变量：健康状况	模型 8	模型 9	模型 10	模型 11
年龄×媒介参与		0.10		
婚姻状况×日常交往		0.13		
婚姻状况×媒介参与		－0.07		
发展性参与				
送礼次数			0.03	0.28*
社区事务参与			0.06+	0.08
社会组织参与：否				
是			－0.02	－0.05
婚姻挤压×发展性参与				
婚姻挤压感受×送礼次数				0.08
婚姻挤压感受×社区事务参与				－0.02
婚姻挤压感受×社会组织参与				0.05
年龄×送礼次数				－0.28*
年龄×社区事务参与				0.05
年龄×社会组织参与				0.01
婚姻状况×送礼次数				－0.06
婚姻状况×社区事务参与				－0.09
婚姻状况×社会组织参与				0.01
受教育程度：小学及以下				
初中	0.07	0.07	0.04	0.04
高中及以上	－0.04	－0.04	－0.07	－0.07
家庭年收入：3万元以下				
3万~6万元	－0.06	－0.06	－0.07+	－0.06
6万元以上	－0.16**	－0.16**	－0.15**	－0.15**
生活设施数量	－0.04	－0.03	－0.01	－0.01
名下房屋：无				
有	－0.03	－0.03	－0.03	－0.03
df	11	17	12	21
Adjusted R²	.12	.12	.12	0.13
F	10.88***	7.36***	10.37***	6.54***

注：*df*＝自由度。表中报告的所有回归系数都是标准回归系数。＋ *p*<0.1；﹡ *p*<0.05；﹡﹡ *p*<0.01；﹡﹡﹡ *p*<0.001。

二 社会参与对主观生命质量的影响

表 6 - 3 检验了婚姻挤压背景下社会参与对陕西省农村男性主观生命质量的影响效应，即假设 3 和假设 4。与第五章模型 6 - S 相比，在模型 12 - S 中加入休闲性参与变量后，婚姻挤压感受对男性主观生命质量的影响系数和显著性基本不变。而年龄对主观生命质量的影响系数和显著性则均有上升（-0.16，$p < 0.001$）。与此同时，媒介参与对主观生命质量有明显的积极影响（0.06，$p < 0.1$）。即从媒体、网络中获取信息越频繁，则农村男性的主观生命质量得分越高。

模型 14 - S 与模型 6 - S 相比，婚姻挤压对主观生命质量的影响系数有所下降，但显著程度不变（-0.18，$p < 0.001$）。同时，年龄对主观生命质量的影响系数和显著性都明显增大（-0.17，$p < 0.001$）。此时，社区事务参与和社会组织参与对农村男性的主观生命质量都有显著的影响。具体而言，参与社区事务的频率越高，则农村男性的主观生命质量得分越高（0.16，$p < 0.001$）；而与没有参与社会组织的男性相比，参与社会组织的男性的主观生命质量得分较低（-0.10，$p < 0.01$）。同时与模型 6 - S 相比，模型 12 - S 和模型 14 - S 中，收入、生活设施数量对主观生命质量的积极影响依然非常显著。

在模型 13 - S，婚姻挤压与休闲性参与的 6 个交互变量对主观生命质量的影响均不显著。而在模型 15 - S 中，婚姻挤压感受与社会组织参与的交互项对主观生命质量有明显的负向影响（-0.15，$p < 0.1$）。即是说，相较于没有参与社会组织的男性，参与社会组织时，有婚姻挤压感受的男性的生命质量得分明显低于无婚姻挤压感受的男性。同时，年龄与送礼次数的交互项对主观生命质量也有显著影响，影响系数为正（0.29，$p < 0.05$）。当然，为了准确理解当送礼次数变化时，年龄对农村男性主观生命质量的影响，本研究同样通过调整送礼次数的 0 值，重新进行了回归。当 0 值对应送礼次数的 27.58 ~ 30.84（均值 - 1 × 标准差）时，年龄的回归系数为 -15.15，即 28 ~ 65 岁男性与 20 ~ 27 岁男性的主观生命质量得分之差是 -15.15。当 0 值对应 27.58（均值）时，28 ~ 65 岁男性与 20 ~ 27 岁男性的主观生命质量得分之差是 -10.97。当 0 值对应 27.58 + 30.84（均值 + 1 × 标准差）时，两类男性的主观生命质量得分之差是 -6.79。也就是说，随

着送礼次数的增加，年龄差异对男性主观生命质量的影响是逐渐减小的。与之相似，婚姻状况与送礼次数的交互项对主观生命质量也呈显著正向影响（0.13，$p < 0.05$）。当0值对应送礼次数的27.58 - 30.84（均值 - 1×标准差）时，婚姻状况的回归系数为 - 6.48，即未婚男性与已婚男性的主观生命质量得分之差是 - 6.48。当0值对应27.58（均值）时，两类男性的主观生命质量得分之差是 - 1.73。而当0值对应27.58 + 30.84（均值 + 1×标准差）时，未婚男性与已婚男性的主观生命质量得分之差是3.01。这表明，当送礼次数增加时，未婚对男性主观生命质量的消极影响是逐渐减小的。另外，婚姻状况与社区事务参与的交互项显著负向影响主观生命质量（ - 0.21，$p < 0.01$）。社区事务参与为定序变量，共0～2三个值。当0值对应原社区事务参与的0时，婚姻状况的回归系数为 - 5.98，即未婚男性与已婚男性的主观生命质量得分之差是 - 5.98。当0值对应社区事务参与的1（原社区事务参与变量减去1）时，两类男性的得分之差变为了 - 14.52。当0值对应2（原社区事务参与变量减去2）时，两类男性的得分之差变为了 - 23.06。即是说，随着参与社区事务频率的提高，婚姻差异对农村男性主观生命质量的影响会逐渐增加。

表6 - 3　社会参与对婚姻挤压背景下农村男性主观生命质量的影响效应（陕西）

因变量：主观生命质量	模型 12 - S	模型 13 - S	模型 14 - S	模型 15 - S
婚姻挤压				
婚姻挤压感受：无				
有	- 0.21 ***	- 0.29 **	- 0.18 ***	- 0.05
年龄：20～27 岁				
28～65 岁	- 0.16 ***	- 0.13	- 0.17 ***	- 0.36 **
婚姻状况：已婚				
未婚	- 0.04	0.01	- 0.06	- 0.15
休闲性参与				
日常交往	0.04	0.03		
媒介参与	0.06 +	0.09		
婚姻挤压×休闲性参与				
婚姻挤压感受 × 日常交往		0.02		
婚姻挤压感受 × 媒介参与		0.10		
年龄 × 日常交往		0.01		

续表

因变量：主观生命质量	模型 12 - S	模型 13 - S	模型 14 - S	模型 15 - S
年龄 × 媒介参与		- 0.06		
婚姻状况 × 日常交往		0.02		
婚姻状况 × 媒介参与		- 0.08		
发展性参与				
送礼次数			0.02	- 0.26 *
社区事务参与			0.16 ***	0.34 *
社会组织参与：否				
是			- 0.10 **	- 0.28 *
婚姻挤压 × 发展性参与				
婚姻挤压感受 × 送礼次数				- 0.02
婚姻挤压感受 × 社区事务参与				0.01
婚姻挤压感受 × 社会组织参与				- 0.15 +
年龄 × 送礼次数				0.29 *
年龄 × 社区事务参与				- 0.13
年龄 × 社会组织参与				0.24
婚姻状况 × 送礼次数				0.13 *
婚姻状况 × 社区事务参与				- 0.21 ***
婚姻状况 × 社会组织参与				0.15
受教育程度：小学及以下				
初中	0.03	0.03	0.08	0.09 +
高中及以上	0.04	0.04	0.07	0.08
家庭年收入：3 万元以下				
3 万 ~ 6 万元	0.09 *	0.09 *	0.03	0.04
6 万元以上	0.11 **	0.11 **	0.10 *	0.10
生活设施数量	0.23 ***	0.23 ***	0.27 ***	0.28 *
名下房屋：无				
有	0.02	0.01	0.05	0.06 ***
df	11	17	12	21
Adjusted R^2	.20	0.21	.22	0.24
F	16.61 ***	10.80 ***	15.07 ***	9.97 ***

注：第一行的 S 是陕西省的缩写。df = 自由度。表中报告的所有回归系数都是标准回归系数。$+ p < 0.1$；$* p < 0.05$；$** p < 0.01$；$*** p < 0.001$。

表 6 - 4 检验了婚姻挤压背景下社会参与对安徽省农村男性主观生命质

量的影响效应,即假设 3 和假设 4。与第五章模型 6 - A 相比,在模型 12 -
A 中加入休闲性参与变量后,婚姻挤压感受与主观生命质量之间的关系保持
不变。与此同时,日常交往和媒介参与对农村男性的生命质量均有显著积
极影响。即日常交往越频繁,则农村男性的生命质量得分越高(0.07,$p <$
0.05)。从媒体、网络中获取信息越频繁,则农村男性的主观生命质量得分
越高(0.11,$p < 0.01$)。

模型 14 - A 与模型 6 - A 相比,婚姻挤压感受对主观生命质量的影响回
归系数和显著性也保持不变。此时,社区事务参与显著积极影响农村男性
的主观生命质量(0.07,$p < 0.05$)。即参与社区事务的频率越高,则农村
男性的主观生命质量得分越高。同时,模型 12 - A 和 14 - A 中,家庭年收
入、生活设施数量显著积极影响农村男性的主观生命质量。

模型 13 - A 中,婚姻状况与日常交往的交互项显著正向影响农村男性
的生命质量(0.17,$p < 0.05$)。具体分析,当 0 值对应原日常交往的 0 时,
婚姻状况的回归系数为 -5.18,即未婚男性和已婚男性的生命质量得分之差
是 -5.18。当 0 值对应日常交往的 1(原日常交往变量减去 1)时,婚姻状
况的回归系数为 -3.26,即两类男性的生命质量得分之差是 -3.26。当 0 值
对应 2(原日常交往变量减去 2)时,两类男性的得分之差是 -1.33。这表明
随着日常交往频率的增多,婚姻差异对农村男性生命质量的影响会逐渐减小。

模型 15 - A 中,婚姻挤压感受与送礼次数的交互项显著影响农村男性
的生命质量,系数为负(-0.11,$p < 0.05$)。具体分析,当 0 值对应送礼
次数的"4.37 ~ 8.89"(原送礼次数减去 4.37 ~ 8.89)时,婚姻挤压感受的
回归系数是 -2.18,即有婚姻挤压感受的男性和无婚姻挤压感受的男性的主
观生命质量得分之差是 -2.18。当 0 值对应"4.37"(原送礼次数减去
4.37)时,两类男性的得分之差是 -5.84。当 0 值对应"4.37 + 8.89"(原
送礼次数减去 4.37 + 8.89)时,两类男性的得分之差是 -9.50。也就是说,
随着送礼次数的增多,有婚姻挤压感受对主观生命质量的消极影响会增大。

表 6 - 4 社会参与对婚姻挤压背景下农村男性主观生命质量的影响效应 (安徽)

因变量:主观生命质量	模型 12 - A	模型 13 - A	模型 14 - A	模型 15 - A
婚姻挤压				
婚姻挤压感受:无				
有	-0.17^{***}	-0.10	-0.17^{***}	-0.13^{*}

续表

因变量：主观生命质量	模型 12 – A	模型 13 – A	模型 14 – A	模型 15 – A
年龄：20～27 岁				
28～65 岁	− 0.01	− 0.03	− 0.04	− 0.14 *
婚姻状况：已婚				
未婚	− 0.002	− 0.18	0.04	− 0.06
休闲性参与				
日常交往	0.07 *	− 0.02		
媒介参与	0.11 **	0.12		
婚姻挤压×休闲性参与				
婚姻挤压感受×日常交往		− 0.11		
婚姻挤压感受×媒介参与		0.04		
年龄×日常交往		0.10		
年龄×媒介参与		− 0.07		
婚姻状况×日常交往		0.17 *		
婚姻状况×媒介参与		0.04		
发展性参与				
送礼次数			− 0.01	− 0.16
社区事务参与			0.07 *	− 0.04
社会组织参与：否				
是			− 0.05	− 0.13 +
婚姻挤压×发展性参与				
婚姻挤压感受×送礼次数				− 0.11 *
婚姻挤压感受×社区事务参与				0.01
婚姻挤压感受×社会组织参与				0.01
年龄×送礼次数				0.19
年龄×社区事务参与				0.07
年龄×社会组织参与				0.07
婚姻状况×送礼次数				0.04
婚姻状况×社区事务参与				0.09
婚姻状况×社会组织参与				0.04
受教育程度：小学及以下				
初中	− 0.03	− 0.04	0.03	0.03
高中及以上	0.04	0.04	0.09 +	0.08

续表

因变量：主观生命质量	模型 12 - A	模型 13 - A	模型 14 - A	模型 15 - A
家庭年收入：3 万元以下				
3 万～6 万元	0.004	- 0.01	0.01	- 0.01
6 万元以上	0.14 **	0.14 **	0.15 ***	0.14 **
生活设施数量	0.20 ***	0.20 ***	0.22 ***	0.22 ***
名下房屋：无				
有	0.02	0.02	0.06 +	0.06 +
df	11	17	12	21
Adjusted R²	0.21	0.21	0.19	0.20
F	20.40 ***	13.55 ***	17.63 ***	10.89 ***

注：第一行的 A 是安徽省的缩写。df = 自由度。表中报告的所有回归系数都是标准回归系数。$+ p < 0.1$；$^* p < 0.05$；$^{**} p < 0.01$；$^{***} p < 0.001$。

三　社会参与对健康状况与主观生命质量关系的影响

表 6 - 5 给出了健康状况、社会参与对安徽省受婚姻挤压农村男性主观生命质量的影响效应，旨在检验假设 5。与模型 7 相比，模型 16 和模型 18 中，婚姻挤压感受、健康状况对农村男性主观生命质量的影响回归系数和显著性均未发生实质变化。同时与模型 12 - A 和模型 14 - A 相比，模型 16 中的日常交往和媒介参与、模型 18 中的社区事务参与对农村男性主观生命质量的积极影响系数和显著性都基本保持不变，并且家庭年收入、生活设施数量对农村男性的主观生命质量仍然有非常显著的积极影响。

另外，在模型 17 中，健康状况与日常交往的交互项对男性的主观生命质量有显著的影响，影响系数为负（$- 0.17$，$p < 0.05$）。具体分析，当 0 值对应原日常交往的 0 时，健康状况的回归系数为 - 1.26，即没有日常交往时，患病数量每增加一种，主观生命质量得分降低 1.26 分。当 0 值对应日常交往的 1（原日常交往变量减去 1）时，健康状况的回归系数为 - 2.13，即患病数量每增加一种，主观生命质量得分降低 2.13 分。当 0 值对应 2（原日常交往变量减去 2）时，健康状况的回归系数为 - 3.00，即患病数量每增加一种，主观生命质量得分降低 3.00 分。也就是说，随着日常交往频率的增加，患病数量对主观生命质量的消极影响会逐渐加大。与之不同，模型 18 则表明健康状况与发展性参与的 3 个交互项对农村男性主观生命质量的影响均不显著。

表 6 – 5　健康状况、社会参与对婚姻困境中农村男性主观生命质量的影响效应（安徽）

因变量：主观生命质量	模型 16 – A	模型 17 – A	模型 18 – A	模型 19 – A
婚姻挤压				
婚姻挤压感受：无				
有	– 0.14 ***	– 0.14 ***	– 0.15 ***	– 0.15 ***
年龄：20 ~ 27 岁				
28 ~ 65 岁	0.05	0.05	0.01	0.00
婚姻状况：已婚				
未婚	– 0.02	– 0.01	0.02	0.02
健康状况	– 0.29 ***	– 0.11	– 0.27 ***	– 0.26 ***
休闲性参与				
日常交往	0.08 *	0.08 *		
媒介参与	0.12 ***	0.12 ***		
健康状况×感知社会支持				
健康状况 × 日常交往		– 0.17 *		
健康状况 × 媒介参与		– 0.03		
发展性参与				
送礼次数			0.01	0.01
社区事务参与			0.08 *	0.08 *
社会组织参与：否			– 0.05	– 0.05
是				
健康状况×感知社会支持				
健康状况 × 送礼次数				0.04
健康状况 × 社区事务参与				– 0.01
健康状况 × 社会组织参与				0.04
受教育程度：小学及以下				
初中	0.01	0.01	0.07	0.05
高中及以上	0.04	0.04	0.06	0.08
家庭年收入：3 万元以下				
3 万 ~ 6 万元	– 0.01	– 0.01	– 0.02	– 0.02
6 万元以上	0.09 *	0.09 *	0.11 *	0.11 *
生活设施数量	0.18 ***	0.18 ***	0.21 ***	0.21 ***
名下房屋：无				
有	0.02	0.02	0.06 +	0.06 +
df	12	14	13	16
Adjusted R^2	.28	0.28	.25	0.25

续表

因变量：主观生命质量	模型 16 - A	模型 17 - A	模型 18 - A	模型 19 - A
F	25.72 ***	22.63 ***	21.89 ***	17.86 ***

注：df = 自由度。表中报告的所有回归系数都是标准回归系数。 $+ p < 0.1$；$^* p < 0.05$；$^{**} p < 0.01$；$^{***} p < 0.001$。

第五节　讨论：社会参与对农村男性生命质量存在怎样的影响？

一　婚姻困境中婚姻挤压对农村男性社会参与的阻碍

综合图 6 - 2 至图 6 - 6，婚姻挤压对陕西省农村男性社会参与的不利影响较小，但也会阻碍他们对社区事务的参与。相比之下，婚姻挤压对安徽省农村男性社会参与的不利影响比较突出。28 ~ 65 岁未婚男性群体和有婚姻挤压感受的男性群体在日常交往、媒介参与、送礼次数、社区事务参与和社会组织参与等方面都显著低于同年龄段的已婚男性群体和没有婚姻挤压感受的男性群体。原因有多方面，首先地区间的差异可能是由村庄的结构差异所造成，陕西省村民的流动性较为缓慢，仍然保持着比较一致的生产、生活和娱乐方式，居民间的行为逻辑比较相同（贺雪峰，2012），所以婚姻挤压对农村男性社会参与的影响较小。其次可能是因为安徽省居民比陕西省居民更加重视婚姻，才导致安徽受婚姻挤压男性的社会参与率低。依据是苏颢云（2017）描述的 2005 年到 2015 年中国内陆地区各省份的结婚年龄变化趋势，趋势表明虽然内陆地区整体呈现出结婚年龄推迟的态势，但省份间差异较大。就陕西省和安徽省而言，安徽省 20 ~ 24 岁结婚的比例明显高于全国平均水平。

二　婚姻困境中社会参与对农村男性客观生命质量的影响

表 6 - 2 表明休闲性参与对健康状况没有影响，只有发展性参与对健康状况有直接和间接的影响。原因可能是因为在村庄这样的熟人社会，农村男性的日常交往和媒介参与主要是为了打发时间，不具有高度的社会性和促进友谊发展的功能。在已有研究中，休闲活动之所以会影响个体健康，

正是因为它可以提供被支持感，反映个体对时间的自我掌控能力，从而才有效帮助缓解日常生活压力（Coleman & Iso-Ahola，1993；Iso-Ahola，2006）。

另外，发展性参与变量中，社区事务参与较频繁会增加农村男性的平均患病数量，即会消极影响他们的健康状况。这一结果并不支持假设1b，而是支持了反面的研究结论——社区事务参与带来的可能是伤害。这其实与一些关于民主的研究结果比较相似。民主不一定带来幸福，因为民主决策结果通常是满足强势群体的"要求"，极可能受到幕后操纵，大多数村民的真实需求不能得到满足（臧敦刚等，2016）。农村男性对基层村庄的政治生活参与越多，就越了解村庄资源的运作情况。他们很可能因资源分配不公或者感觉不公而产生不信任、不满等情绪，并可能引发健康风险行为，如酗酒、打假闹事，导致健康结果较差（Umberson et al.，2006）。

同时，已有研究已经证明社会孤独，如不经常参加社交活动，会给健康带来风险。缺乏社会联系的个体，其发病率和死亡率会通常较高（Cornwell & Waite，2009）。表6-2的结果表明，农村男性的送礼次数越多，28~65岁男性平均患有的疾病数量就越少。该结果与已有研究结果一致，支持假设2b。这是因为送礼次数越多，意味着28~65岁农村男性与他人的联系越密切，他们在遇到困难时获得的支持，包括信息、交通、金融资源、情感支持等就越多。这些会帮助他们降低压力、积极应对，促进健康行为，获得更好的健康结果（Lin，2001；Cornwell & Waite，2009）

三　婚姻困境中社会参与对农村男性主观生命质量的影响

表6-3和表6-4结果表明，在直接效应方面，休闲性参与变量中安徽、陕西两省数据都表明媒介参与有助于促进农村男性的主观生命质量，尤其是对安徽省农村男性而言。这一结果支持假设3a，农村男性通过媒介参与社会交往，可以提高内在效能感，达到分心、打发时间、娱乐的目的，并且他们还能与周围人员保持共同的话题和思维，从而缓解压力、孤独等情绪。同时，受婚姻挤压男性还可以避免实际交往过程中的人际压力（Naslund et al.，2016）。另外，安徽省的结果还表明频繁的日常交往也能帮助改善农村男性的主观生命质量。这一结果同样支持假设3a，频繁的日常交往意味着他们与周围人员的联系比较紧密，社会融合程度较高，有助于减少他们的孤独感，鼓舞内心士气，保持积极乐观的心态（Lee & Ishii-

Kuntz，1987）。发展性参与变量中，首先两省数据都表明社区事务参与显著积极影响农村男性的主观生命质量。这一结果支持假设 3b，与其对健康状况产生的效应相反。可能是因为从频繁的社区事务参与中，农村男性还能获得被需要感，同时也能借此经常与周围人员发生联系和互动，提高融合程度，避免被孤立。而与之相反，社会组织参与消极影响农村男性的主观生命质量，尤其是在陕西省影响显著。这一结果与假设 3b 相反，陕西省70% 以上的农村男性都参与了农村合作组织，之所以体验状况不佳，可能是因为与预期心理受益不符。虽然农民合作社“蓬勃发展”，但暴露出来的问题确是农民从中受益很少，80% 以上的合作社都是空壳，设立的目的是为了地方政绩或者为了从中牟利（周应恒、胡凌啸，2016）。而这可能直接促使他们滋生沮丧、厌世，不信任的消极情绪，从而影响主观生命质量感受。

　　在调节效应方面，安徽省的结果表明休闲性参与变量中，日常交往可以有效缓解婚姻状况对农村男性主观生命质量的影响。这一结果支持假设4a，频繁的日常交往可以减少没有配偶陪伴的独处时间，可以在避免孤独时又增加生活乐趣。与此同时，发展性参与变量中，陕西省的结果表明送礼次数可以显著影响年龄和婚姻状况对农村男性主观生命的质量；但同时安徽省的结果又表明送礼次数还会影响婚姻挤压感受对农村男性主观生命的质量。这一结果部分支持假设 4b，表明送礼次数是一把双刃剑。它即可能促进 28 ~ 65 岁未婚男性与周围人员的联系，保持较高的融合程度。同时频繁的送礼又可能会为有婚姻挤压感受的男性带来人际压力和经济负担（李艳、李树茁，2012），因为有婚姻挤压感受的男性本身物质经济就比较贫乏，而且很可能送出去，收不回来。另外，社会组织参与和社区事务参与分别会增加婚姻挤压感受和婚姻状况对陕西省农村男性主观生命质量的消极影响。这两个结果都不支持假设 4b，但却进一步暗示了农村男性，尤其是受婚姻挤压男性对农村基层制度和组织运作的不满。他们对社会组织和村庄制度运作产生失望、不信任情绪，加上婚姻挤压感受、未婚带来的消极情绪，使其主观生命质量感受更差。

四　婚姻困境中社会参与对农村男性健康状况与主观生命质量关系的影响

　　表 6 - 5 的结果表明，休闲性参与变量中的日常交往会加重健康状况对

主观生命质量的消极影响。这一结果不支持假设 5a，表现出了日常交往的消极面。对于健康状况不佳的农村男性而言，频繁的社会交往会给他们带来体力上的负担和力不从心的感觉，而这会消极影响他们的主观生活体验。

小　结

社会参与包括休闲性参与和发展性参与。本章在比较了不同受婚姻挤压状态下农村男性的社会参与状况后，分三步检验了婚姻挤压背景下社会参与对农村男性生命质量的影响，总体影响结果如图 6 - 7 所示。具体结论如下：

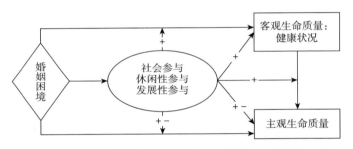

图 6 - 7　婚姻挤压背景下社会参与对农村男性生命质量的影响

（1）婚姻困境会阻碍农村男性的社会参与行为。尤其是对安徽省男性而言，婚姻困境对安徽省农村男性社会参与的不利影响比较突出。

（2）对健康状况的影响方面，两类参与中，只有发展性参与对婚姻困境中农村男性的健康状况有直接和间接影响。表现为：社区事务参与较频繁会增加农村男性的平均患病数量；而送礼次数较多会缓解年龄对患病数量的积极影响。

（3）对主观生命质量的影响方面，休闲性参与变量中，媒介参与有助于促进农村男性的主观生命质量。同时，安徽省的结果还表明频繁的日常交往不仅能帮助改善农村男性的主观生命质量，还可以有效缓解婚姻状况对农村男性主观生命质量的消极影响。

发展性参与变量中，安徽、陕西两省数据都表明社区事务参与会显著提高农村男性的主观生命质量水平。相反的，社会组织参与则对农村男性的主观生命质量有消极影响，尤其是在陕西省影响更大。与此同时，在不同地区，送礼次数对婚姻困境中农村男性的影响并不一致。在陕西省，送礼次数多可以显著缓解年龄和婚姻状况对农村男性主观生命质量的消极影响；但在安徽省，送礼次数多却会增加婚姻挤压感受对农村男性主观生命质量的消极影响。另外，陕西省的结果还表明较多社会组织参与和社区事务参与分别会增加婚姻挤压感受和婚姻状况对农村男性主观生命质量的消极影响。

（4）对健康状况和主观生命质量关系的影响方面，频繁的日常交往表现出了消极的一面，它会加重患病数量对主观生命质量的消极影响。

第七章　社会支持网对婚姻困境中农村男性生命质量的影响

本章与第六章是并行章节，旨在探讨婚姻困境中社会支持变量中的社会支持网对农村男性生命质量的影响。首先，简要概述了本章的研究背景和目的，提出了研究假设；接着，对如何测量"社会支持网"进行了介绍。在此基础上，展现了陕西省和安徽省婚姻困境中农村男性的四类社会支持网现状，包括工具支持网、情感支持网、社会交往网和信息支持网。然后，采用 OLS 和调节效应分析的方法，分别检验了婚姻挤压背景下四类社会支持网与农村男性生命质量的关系，并对结果进行了讨论；最终总结出社会支持网对婚姻困境中农村男性生命质量的影响。

第一节　研究目的

社会支持网的成员数量和构成决定了个体能否获得社会支持和能获得多少社会支持。在过去几十年，社会学家已经证明了社会网络对不同年龄段个体的心理健康、生活满意度和心理福利都有明显的益处。相较于比较孤独的个体，与社会联系紧密个体的健康结果更好，寿命更长（Uchino，2006；Reblin & Uchino，2008）。最近多篇综述文章都表明低数量或低质量的社会关系与免疫功能受损、一系列健康疾病的病发有关，比如心血管疾病、复发性心肌梗死、动脉粥样硬化、自主神经失调、高血压、癌症，以及延缓癌症康复等（Ertel，Glymour & Berkman，2009；Everson-Rose & Lewis，2005；Robles & Kiecolt-Glaser，2003；Uchino，2006）。

在众多社会关系中，婚姻是最常被关注的。社会支持的相关研究表明，配偶是最重要的支持来源，尤其是碰到与健康相关的问题（Revenson，1994）。而对于未婚个体而言，一些研究认为非亲属关系（比如朋友）是最重要的健康支持来源（Umberson，1992），但也有研究认为家庭亲属的支持要大于朋友的支持（Rook & Ituarte，1999）。因而，对于没有配偶可依赖的个体而言，首先要明白由其他社会关系组成的社会支持网是否同样能够为他们的生命质量提供保护效应。即是说，本章首先要回答：婚姻困境中农村男性的社会支持网是否能够保护他们的生命质量，或者帮助其对抗婚姻挤压造成的威胁。

此外，进一步而言，社会支持网是一个结构复杂的概念，所产生的效应可能因支持功能、来源的不同而不同（Merz、Schuengel & Schulze，2009）。比如 Merz & Huxhold（2010）采用 2002 年德国老龄调查数据检验了不同形式、不同来源的支持与老年人福利之间的关系。研究结果表明来自亲属的情感支持和来自非亲属的工具支持都显著积极影响福利状况；与之不同，来自非亲属的情感支持对福利的影响并不显著，来自亲属的工具支持则对福利有消极的影响。Litwin & Shiovitz-Ezra（2010）对美国老年群体的研究也表明相较于以家庭为主和有限的社会网络，多样化、以朋友为主的网络在主观福利的各方面（孤独感、焦虑、幸福感）都表现出了不同程度的积极效应。社会关系的覆盖面越广，福利状况越好。因此，本研究还想进一步了解：不同功能的社会支持网对婚姻困境中农村男性生命质量的影响有何不同，其分别呈现出什么样的特征？

通常情况下，提到社会网络时，人们通常会去区分它的结构和功能。其中，网络结构主要描述已经存在的、彼此联系的社会关系，包括规模、密度、成员构成等；网络功能主要是指网络成员为个体提供的资源类型，包括情感、工具、信息及陪伴支持等（Helgeson，2003；Balaji et al.，2007）。本研究也将同时测量社会支持网的结构和功能，即先从功能角度将社会支持网划分为工具支持网、情感支持网、社会交往网和信息支持网，然后再分别评估各网络的结构——规模和成员构成。其中，工具支持是指网络成员提供的有形援助（物品、金钱或服务）；情感支持是指网络成员提供的情感上的安慰和陪伴；社会交往是指网络成员陪伴参加各种活动的行为；信息支持是指可以从网络成员处获得所需的信息（李艳、李树苗，2011）。

本章为回答上述问题，首先构建社会支持网对婚姻困境中农村男性生命质量的影响框架（见图7-1），提出并验证以下5组研究假设：

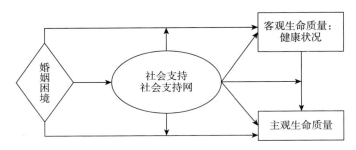

图7-1 婚姻困境中社会支持网对农村男性生命质量的影响

假设1：社会支持网对婚姻困境中农村男性客观生命质量有直接保护效应。

假设1a：工具支持网的规模和构成对婚姻困境中农村男性的客观生命质量有直接保护效应；

假设1b：情感支持网的规模和构成对婚姻困境中农村男性的客观生命质量有直接保护效应；

假设1c：社会交往网的规模和构成对婚姻困境中农村男性的客观生命质量有直接保护效应；

假设1d：信息支持网的规模和构成对婚姻困境中农村男性的客观生命质量有直接保护效应。

假设2：社会支持网能够缓解婚姻挤压对农村男性客观生命质量的威胁。

假设2a：工具支持网的规模和构成可以缓解婚姻挤压对农村男性客观生命质量的威胁；

假设2b：情感支持网的规模和构成可以缓解婚姻挤压对农村男性客观生命质量的威胁；

假设2c：社会交往网的规模和构成可以缓解婚姻挤压对农村男性客观生命质量的威胁；

假设2d：信息支持网的规模和构成可以缓解婚姻挤压对农村男性客观生命质量的威胁。

假设3：社会支持网对婚姻困境中农村男性的主观生命质量有直接增益效应。

假设 3a：工具支持网的规模和构成对婚姻困境中农村男性的主观生命质量有直接增益效应；

假设 3b：情感支持网的规模和构成对婚姻困境中农村男性的主观生命质量有直接增益效应；

假设 3c：社会交往网的规模和构成对婚姻困境中农村男性的主观生命质量有直接增益效应；

假设 3d：信息支持网的规模和构成对婚姻困境中农村男性的主观生命质量有直接增益效应。

假设 4：社会支持网能够缓解婚姻挤压对农村男性主观生命质量的威胁。

假设 4a：工具支持网的规模和构成可以缓解婚姻挤压对农村男性主观生命质量的威胁；

假设 4b：情感支持网的规模和构成可以缓解婚姻挤压对农村男性主观生命质量的威胁；

假设 4c：社会交往网的规模和构成可以缓解婚姻挤压对农村男性主观生命质量的威胁；

假设 4d：信息支持网的规模和构成可以缓解婚姻挤压对农村男性主观生命质量的威胁。

假设 5：社会支持网能够缓解健康状况较差对婚姻困境中农村男性主观生命质量的威胁。

假设 5a：工具支持网的规模和构成可以缓解健康状况较差对婚姻困境中农村男性主观生命质量的威胁；

假设 5b：情感支持网的规模和构成可以缓解健康状况较差对婚姻困境中农村男性主观生命质量的威胁；

假设 5c：社会交往网的规模和构成可以缓解健康状况较差对婚姻困境中农村男性主观生命质量的威胁；

假设 5d：信息支持网的规模和构成可以缓解健康状况较差对婚姻困境中农村男性主观生命质量的威胁。

第二节 研究方法

一 变量测量

本章实证数据分析环节共涉及了五项变量：婚姻挤压、客观生命质量、主观生命质量、社会支持网和控制变量（受教育程度、家庭年收入、生活设施数量和名下房屋）。其中，前三项变量及控制变量的具体测量在第五章中已有介绍，此章不再赘述。将重点介绍对"社会支持网"的测量，基于Van der Poel（1993）的社会支持问卷，具体测量如下：

首先，通过询问被访者"你如果要借东西（如钱、白糖、钳子），或请人帮助做些屋里屋外的小事（如搬东西、买日常用品），一般会向下列哪些人求助？""你如果因某些问题心情很差，如跟人吵架、生活不顺，你常找谁倾诉？""你如果要串门聊天、喝酒、打牌、看戏、看电影，你通常会找谁？""你如果要找工作，通常给你提供就业信息或介绍工作的人有哪些？"，来分别测量工具支持网、情感支持网、社会交往网和信息支持网。

规模。通过询问被访者面对上述四种情景时可求助或交往的总人数来分别测量工具支持网规模、情感支持网规模、社会交往网规模和信息支持网规模，四者均为连续变量。

构成。从两个方面测量：成员构成的多样化程度和身份。

首先，多样化，上述问题的选项都包括"1. 家人、2. 亲戚、3. 同村人、4. 朋友、5. 领导和同事、6. 网友、7. 其他人"，通过加总这七类人员构成来分别测量工具支持网构成的多样化程度、情感支持网构成的多样化程度、社会交往网构成的多样化程度和信息支持网构成的多样化程度，四者均为连续变量。加总后的值越大，表明来源越多样化。

其次，成员构成。在中国传统农村社会，血缘宗法是社会根本，家族、血亲是最值得信任和依赖的团体。即使在现代社会，由血亲关系和姻亲关系构成的亲缘关系网也依然是农村社会关系的重要构成部分。这种关系网虽然比较封闭，网络成员的同质性较高，拥有资源类似，但义务性较强，网络成员间信任度高，能够给予个体归属感和稳定感（李林艳，2007；边燕杰、张磊，2013）。而除此之外，随着传统社会向现代社会转型，市场经济的利益导向机制逐渐形成，关系网成员间的利益交换增多，尤其是亲缘体系外的地缘、友缘、业缘等关系网。这种非亲缘关系网比较开放，连接着不同阶层拥有不同资源的人，资源丰富且交换渠道多；尽管因没有共同的生活基础，彼此间的规范性和信任感明显较弱（李林艳，2007）。基于此，本研究将四种网络的成员构成身份也都分为两类：是否有亲属，通过合并"家人"和"亲戚"两个选项来测量；是否有非亲属，通过合并"同村人"、"朋友"、"领导和同事"、"网友"和"其他人"五个选项来测量。

二　分析策略

首先，采用单因素 ANOVA、交叉表分析和 χ^2 检验的方法对比 20～27 岁已婚和未婚、28～65 岁已婚和未婚四类男性群体的社会支持网规模及构成情况；采用独立样本 t 检验和交叉表分析、χ^2 检验的方法对比有婚姻挤压感受和无婚姻挤压感受两类男性的社会支持网规模及构成情况，最终描绘出婚姻困境中农村男性的社会支持网现状。

在回归分析环节，本章同样通过构建含有调节效应分析的 OLS 回归模型来识别社会支持网规模及构成在婚姻挤压对农村男性生命质量影响过程中的效用。首先，构建 16 个回归模型来分别检验四类网络的规模和构成在婚姻挤压对客观生命质量：健康状况的影响过程中的效应。具体而言，模型 20 是在第五章模型 3 的基础上加入了工具支持网的规模和构成多样化，作为自变量；模型 21 进一步加入了婚姻挤压与工具支持网规模和构成多样化的交互项。另外，为了识别不同支持来源的重要性，模型 22 又重新在模型 3 的基础上加入了是否有亲属和是否有非亲属；模型 23 则进一步纳入了婚姻挤压与是否有亲属/非亲属的交互项。此时，工具支持网变量均为潜在调节变量。模型 24～模型 27、模型 28～模型 31、模型 32～模型 35 的检验程序都与模型 20～模型 23 一样，只是各自检验的是情感支持网、社会交往网和信息支持网变量。

其次，构建模型 36～模型 39 来检验工具支持网在婚姻挤压对主观生命质量的影响过程中的作用。其中，模型 36 是在第五章模型 6 的基础上加入了工具支持网的规模和构成多样化，作为自变量；模型 37 进一步纳入了婚姻挤压与工具支持网规模和构成多样化的交互项。模型 38 重新在模型 6 的基础上加入了是否有亲属和是否有非亲属；模型 39 又进一步加入了婚姻挤压与是否有亲属/非亲属的交互项。此时，工具支持网变量均为潜在调节变量。模型40~模型43、模型44~模型47、模型48~模型51的检验程序均与模型36~模型39一样，只是各自检验的是情感支持网、社会交往网和信息支持网变量。

最后，通过构建模型52~模型55、模型56~模型59、模型60~模型63、模型64~模型67来分别检验四类支持网在健康状况对婚姻困境中农村男性主观生命质量的影响过程中的作用。其中，模型52是在第五章模型7的基础上纳入了工具支持网的规模和构成多样化，作为自变量；模型53则进一步引入了婚姻挤压与工具支持网规模和构成多样化的交互项。模型54重新在第五章模型7的基础上加入了是否有亲属和是否有非亲属；模型55进一步纳入了婚姻挤压与是否有亲属/非亲属的交互项。此时，工具支持网变量均为潜在调节变量。模型56~模型59、模型60~模型63、模型64~模型67的检验程序均与模型52~模型55一样，只是各自检验的是情感支持网、社会交往网和信息支持网变量。此外，需要说明的是因健康状况与各网络的规模和构成多样化都为连续变量，模型53、57、61和65在进行交互检验时都对其进行了"对中"处理。各模型信息概况见表7-1。

表7-1 模型信息

因变量	假设	模型	自变量
客观生命质量：健康状况	假设1	模型20、24、28、32	婚姻挤压感受+年龄+婚姻状况+网络规模+网络构成多样化+控制变量
	假设2	模型21、25、29、33	婚姻挤压感受+年龄+婚姻状况+网络规模+网络构成多样化+婚姻挤压×网络规模+婚姻挤压×网络构成多样化+控制变量
	假设1	模型22、26、30、34	婚姻挤压感受+年龄+婚姻状况+是否有亲属+是否有非亲属+控制变量
	假设2	模型23、27、31、35	婚姻挤压感受+年龄+婚姻状况+是否有亲属+是否有非亲属+婚姻挤压×是否有亲属+婚姻挤压×是否有非亲属+控制变量
主观生命质量总分	假设3	模型36、40、44、48	婚姻挤压感受+年龄+婚姻状况+网络规模+网络构成多样化+控制变量
	假设4	模型37、41、45、49	婚姻挤压感受+年龄+婚姻状况+网络规模+网络构成多样化+婚姻挤压×网络规模+婚姻挤压×网络构成多样化+控制变量
	假设3	模型38、42、46、50	婚姻挤压感受+年龄+婚姻状况+是否有亲属+是否有非亲属+控制变量

续表

因变量	假设	模型	自变量
主观生命质量总分	假设4	模型39、43、47、51	婚姻挤压感受＋年龄＋婚姻状况＋是否有亲属＋是否有非亲属＋婚姻挤压×是否有亲属＋婚姻挤压×是否有非亲属＋控制变量
主观生命质量总分		模型52、56、60、64	婚姻挤压感受＋年龄＋婚姻状况＋健康状况＋网络规模＋网络构成多样化＋控制变量
	假设5	模型53、57、61、65	婚姻挤压感受＋年龄＋婚姻状况＋健康状况＋网络规模＋网络构成多样化＋健康状况×网络规模＋健康状况×网络构成多样化＋控制变量
	假设5	模型54、58、62、66	婚姻挤压感受＋年龄＋婚姻状况＋健康状况＋是否有亲属＋是否有非亲属＋控制变量
	假设5	模型55、59、63、67	婚姻挤压感受＋年龄＋婚姻状况＋健康状况＋是否有亲属＋是否有非亲属＋健康状况×是否有亲属＋健康状况×是否有非亲属＋控制变量

第三节　农村男性的社会支持网状况

一　工具支持网

图7-2比较了陕西省和安徽省28～65岁未婚男性群体与其他三类男性群体、有婚姻挤压感受男性群体与无婚姻挤压感受男性群体在工具支持网规模上的差异。结果表明，陕西省各类男性群体的工具支持网规模远高于安徽省各类男性群体。同时在两省，28～65岁未婚男性群体的工具支持网规模（陕西：26.24；安徽：4.51）均明显小于其他三类男性群体（陕西：$F=3.45^*$；安徽：$F=4.57^{**}$）。相似的，有婚姻挤压感受男性群体的工具支持网规模也小于无婚姻挤压感受男性群体，尤其是在安徽省，两类男性群体差异明显（$t=2.77^{**}$）。

图7-3比较了陕西省和安徽省不同年龄、不同婚姻状况的男性群体和有、无婚姻挤压感受的男性群体在工具支持网构成多样化程度上的差异。结果表明，陕西省的28～65岁未婚男性群体与其他三类男性群体在工具支持网构成多样化程度上不存在显著差异。相比而言，安徽省28～65岁未婚男性群体的工具支持网构成多样化程度（3.29）显著低于其他三类男性群

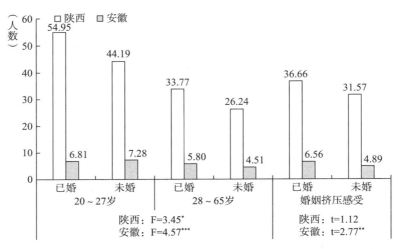

图7-2 不同年龄、不同婚姻状况和不同婚姻挤压感受男性群体的工具支持网规模比较（ $^{**}p < 0.01$; $^{*}p < 0.05$ ）

体（ $F = 19.68^{***}$ ）和陕西省28~65岁未婚男性群体（4.40）。相似的，在陕西省，有婚姻挤压感受男性群体和无婚姻挤压感受男性群体在社会支持网构成多样化程度上也不存在明显的差异。而在安徽省，有婚姻挤压感受男性群体的社会支持网构成多样化程度（3.48）显著低于无婚姻挤压感受的男性群体（ $t = 7.13^{***}$ ）和陕西省有婚姻挤压感受的男性群体（4.28）。

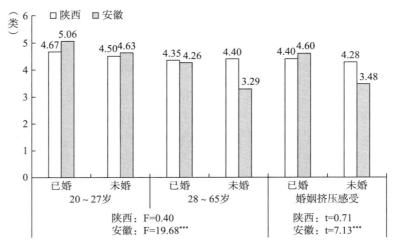

图7-3 不同年龄、不同婚姻状况和不同婚姻挤压感受男性群体的工具支持网构成多样化比较（ $^{***}p < 0.001$ ）

　　图 7 - 4 比较了在工具支持网构成是否有亲属方面，陕西省和安徽省 28 ~ 65 岁未婚男性群体和其他三类男性群体、有婚姻挤压感受男性群体和无婚姻挤压感受男性群体之间的差异。结果表明，陕西省 28 ~ 65 岁未婚男性与其他三类男性群体在有亲属方面没有显著差异。相较而言，安徽省 28 ~ 65 岁未婚男性群体中有亲属的比例（70.46%）要显著低于其他三类男性群体（$\chi^2 = 24.51^{***}$）和陕西省 28 ~ 65 岁未婚男性群体（93.65%）。相似的，在陕西省，有婚姻挤压感受男性群体和无婚姻挤压感受男性群体在是否有亲属方面也不存在明显的差异。同时在安徽省，有婚姻挤压感受男性群体中有亲属的比例（73.14%）显著低于无婚姻挤压感受的男性（$\chi^2 = 16.67^{***}$）和陕西省有婚姻挤压感受的男性（92.55%）。

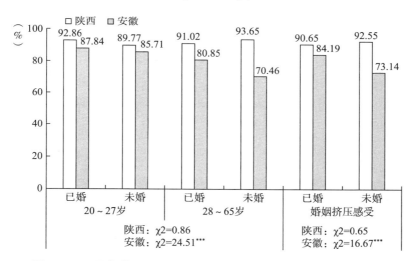

图 7 - 4　不同年龄、不同婚姻状况和不同婚姻挤压感受男性群体的
工具支持网是否有亲属比较（$^{***}p < 0.001$）

　　图 7 - 5 比较了在工具支持网构成是否有非亲属方面，陕西省和安徽省 28 ~ 65 岁未婚男性群体和其他三类男性群体、有婚姻挤压感受男性群体和无婚姻挤压感受男性群体之间的差异。结果表明，陕西省 28 ~ 65 岁未婚男性群体与其他三类男性群体在有非亲属的比例上差异并不显著。相较而言，安徽省 28 ~ 65 岁未婚男性群体中有非亲属的比例（64.14%）要显著低于其他三类男性群体（$\chi^2 = 67.89^{***}$）和陕西省 28 ~ 65 岁未婚男性群体（87.10%）。相似的，在陕西省，有婚姻挤压感受男性群体和无婚姻挤压感受男性群体在是否有非亲属上也没有明显的差异。而在安徽省，有婚姻挤压感受男性

群体中有非亲属的比例（71.52%）显著低于无婚姻挤压感受的男性群体（$\chi^2 = 24.53^{***}$）和陕西省有婚姻挤压感受的男性群体（89.67%）。

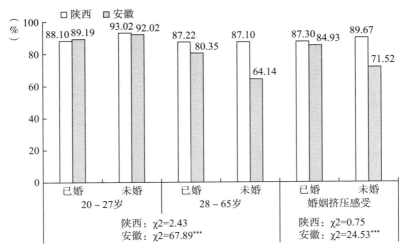

图 7-5　不同年龄、不同婚姻状况和不同婚姻挤压感受男性群体的
工具支持网是否有非亲属比较（$^{***} p < 0.001$）

二　情感支持网

图 7-6 比较了陕西、安徽两省 28~65 岁未婚男性群体与其他三类男性群体、有婚姻挤压感受男性群体与无婚姻挤压感受男性群体在情感支持网规模上的差异。结果表明，陕西省各类男性群体的情感支持网规模远高于安徽省各类男性群体。同时，在陕西省，28~65 岁未婚男性的情感支持网规模与其他三类男性群体相比没有明显差异；而在安徽省，28~65 岁未婚男性群体的情感支持网规模在四类男性中最小（3.29，$F = 3.07^*$）。相似的，陕西省有婚姻挤压感受男性群体和无婚姻挤压感受男性群体在情感支持网规模上也不存在明显差异。相较而言，在安徽省，有婚姻挤压感受男性群体的情感支持网规模（3.48）明显小于无婚姻挤压感受男性群体（4.60；$t = 2.88^{**}$）。

图 7-7 比较了陕西、安徽两省不同年龄、不同婚姻状况和不同婚姻挤压感受男性群体的情感支持网多样化程度差异。结果表明，陕西省各类男性群体的情感支持网多样化程度远高于安徽省的各类男性群体。其中，陕西省 28~65 岁未婚男性群体与其他三类男性群体之间的差异并不明显，而安徽省 28~65 岁未婚男性群体的多样化程度（1.62）要明显低于其他三类

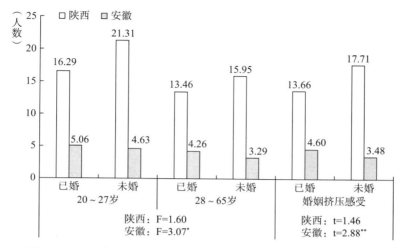

图 7 - 6　不同年龄、不同婚姻状况和不同婚姻挤压感受男性群体的
情感支持网规模比较（$^{**}p<0.01;^*p<0.05$）

男性群体（$F=8.32^{***}$）。相一致的，陕西省有婚姻挤压感受男性群体与无
婚姻挤压感受男性群体的多样化程度差异也不明显。相较而言，安徽省有
婚姻挤压感受男性群体的多样化程度（1.72）明显低于无婚姻挤压感受的
男性群体（1.95，$t=2.79^{**}$）。

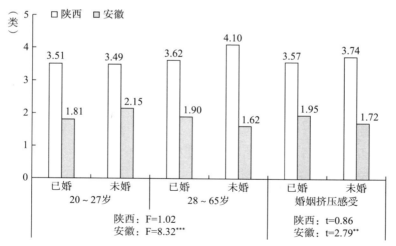

图 7 - 7　不同年龄、不同婚姻状况和不同婚姻挤压感受男性群体的
情感支持网构成多样化比较（$^{***}p<0.001;^{**}p<0.01$）

图 7 - 8 比较了陕西、安徽两省 28~65 岁未婚男性群体和其他三类男性

群体、有婚姻挤压感受男性群体和无婚姻挤压感受男性群体在情感支持网是否有亲属上的差异。结果表明，在两省 28～65 岁未婚男性群体中有亲属的比例都较低（陕西省 $\chi^2 = 7.67 +$；安徽省 $\chi^2 = 15.50^{**}$）；尤其是安徽省（59.00%），不仅显著低于同省其他三类男性群体，同时还远低于陕西省 28～65 岁未婚男性群体。与此同时，陕西省有婚姻挤压感受男性群体和无婚姻挤压感受男性群体拥有亲属的比例十分接近。而安徽省有婚姻挤压感受男性群体中有亲属的比例（60.77%）则显著低于无婚姻挤压感受男性群体（70.88%，$\chi^2 = 9.93^{**}$）和陕西省有婚姻挤压感受男性群体（83.97%）。

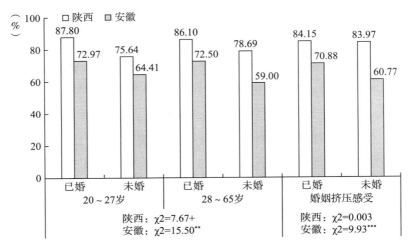

图 7 - 8　不同年龄、不同婚姻状况和不同婚姻挤压感受男性群体的
情感支持网是否有亲属比较（$^{**}p < 0.01$；$+ p < 0.1$）

图 7 - 9 对比了陕西、安徽两省不同年龄和不同婚姻状况、不同婚姻挤压感受男性群体在情感支持网是否有非亲属上的差异。结果表明，陕西省 28～65 岁未婚男性群体与其他三类男性群体在有非亲属的比例上差异并不明显。相较而言，安徽省 28～65 岁未婚男性群体中有非亲属的比例（61.51%）要显著低于其他三类男性群体（$\chi^2 = 37.43^{***}$）和陕西省 28～65 岁未婚男性群体（90.16%）。相似的，在陕西省，有婚姻挤压感受男性群体和无婚姻挤压感受男性群体在是否有非亲属上也没有明显的差异。而在安徽省，有婚姻挤压感受男性群体中有非亲属的比例（64.95%）要明显低于无婚姻挤压感受的男性群体（72.58%；$\chi^2 = 5.90^{*}$）和陕西省有婚姻挤压感受的男性群体（83.97%）。

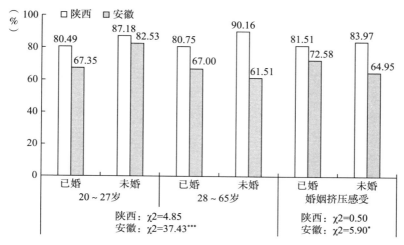

图 7 - 9　不同年龄、不同婚姻状况和不同婚姻挤压感受男性群体的情感支持网是否有非亲属比较（ *** $p < 0.001$ ； * $p < 0.05$ ）

三　社会交往网

图 7 - 10 比较了陕西、安徽两省 28 ~ 65 岁未婚男性群体与其他三类男性群体、有婚姻挤压感受男性群体与无婚姻挤压感受男性群体在社会交往网规模上的差异。结果表明，陕西省各类男性群体的社会交往网规模远高于安徽省各类男性群体。同时，在陕西省，28 ~ 65 岁未婚男性群体的社会交往网规模与其他三类男性群体相比没有明显差异；而在安徽省，28 ~ 65 岁未婚男性群体的社会交往网规模在四类男性群体中最小（4.40，F = 6.55 ***）。相似的，陕西省有婚姻挤压感受男性群体和无婚姻挤压感受男性群体在社会交往网规模上的差异也不明显。相较而言，在安徽省，有婚姻挤压感受男性群体的社会交往网规模（4.38）明显小于无婚姻挤压感受男性群体（6.28；t = 3.56 ***）。

图 7 - 11 比较了陕西、安徽两省不同年龄、不同婚姻状况和不同婚姻挤压感受男性群体的社会交往网多样化程度差异。结果表明，陕西省各类男性群体的社会交往网多样化程度远高于安徽省的各类男性群体。其中，陕西省 28 ~ 65 岁未婚男性群体与其他三类男性群体之间的差异并不明显，而安徽省 28 ~ 65 岁未婚男性群体的多样化程度（1.69）要明显低于其他三类男性群体（F = 12.64 ***）。相一致的，陕西省有婚姻挤压感受男性群体与无

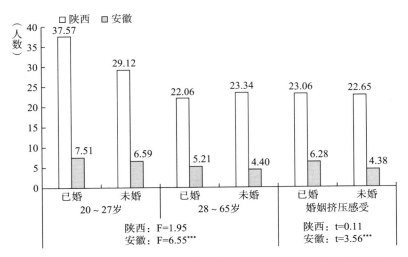

图 7 – 10　不同年龄、不同婚姻状况和不同婚姻挤压感受男性群体的
社会交往网规模比较（* *p* < 0.001）**

婚姻挤压感受男性群体的多样化程度差异也不明显。相较而言，安徽省有婚姻挤压感受男性群体的多样化程度（1.77）明显低于无婚姻挤压感受的男性群体（2.21，t = 4.92***）。

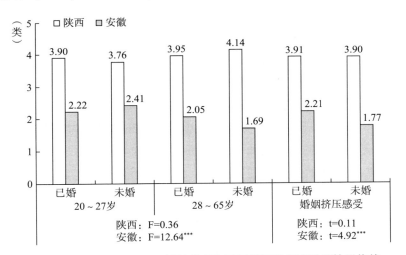

图 7 – 11　不同年龄、不同婚姻状况和不同婚姻挤压感受男性群体的
社会交往网构成多样化比较（* *p* < 0.001）**

图 7 – 12 比较了陕西、安徽两省 28～65 岁未婚男性群体和其他三类男性群体、有婚姻挤压感受男性群体和无婚姻挤压感受男性群体在社会交往

网是否有亲属上的差异。结果表明，在两省28～65岁未婚男性群体中有亲属的比例均较低（陕西省 $\chi^2 = 6.41 +$ ；安徽省 $\chi^2 = 8.11^*$ ）；尤其是安徽省（38.91%），不仅显著低于同省其他三类男性群体，同时还远低于陕西省28～65岁未婚男性群体。与此同时，陕西省有婚姻挤压感受男性群体和无婚姻挤压感受男性群体拥有亲属的比例十分接近。而安徽省有婚姻挤压感受男性群体中有亲属的比例（39.23%）则明显低于无婚姻挤压感受的男性群体（50.22%， $\chi^2 = 10.33^{**}$ ），并且还远低于陕西省有婚姻挤压感受的男性群体（81.21%）。

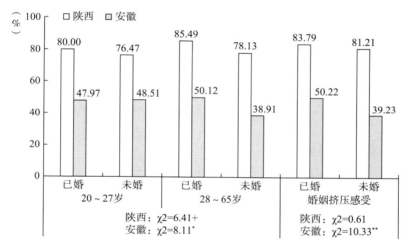

图7－12　不同年龄、不同婚姻状况和不同婚姻挤压感受男性群体的社会交往网
是否有亲属比较（$^{**}p < 0.01$； $^*p < 0.05$； $+ p < 0.1$）

　　图7－13对比了陕西、安徽两省不同年龄和不同婚姻状况、不同婚姻挤压感受男性群体在社会交往网是否有非亲属上的差异。结果表明，两省男性群体社会交往网中有非亲属的比例比较接近。其中，在陕西省，28～65岁未婚男性群体中有非亲属的比例（92.19%）在四类男性中居第二位，仅次于20～27岁的未婚男性群体（94.12%）。相比之下，安徽省28～65岁未婚男性群体有非亲属的比例最低（75.63%），明显低于其他三类男性群体（ $\chi^2 = 56.31^{***}$ ）。同时，陕西省有婚姻挤压感受男性群体和无婚姻挤压感受男性群体在是否有非亲属上的差异并不明显。而安徽省有婚姻挤压感受男性群体的非亲属比例（80.00%）要显著低于无婚姻挤压感受的男性群体（90.48%； $\chi^2 = 20.82^{***}$ ）。

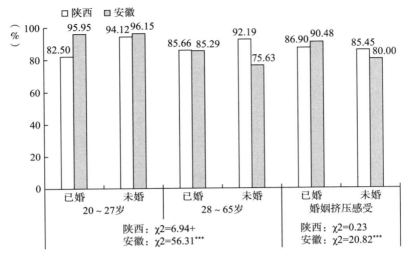

图7-13 不同年龄、不同婚姻状况和不同婚姻挤压感受男性群体的社会交往网
是否有非亲属比较（***p < 0.001；+p < 0.1）

四 信息支持网

图7-14比较了陕西、安徽两省28～65岁未婚男性群体与其他三类男
性群体、有婚姻挤压感受男性群体与无婚姻挤压感受男性群体在信息支持

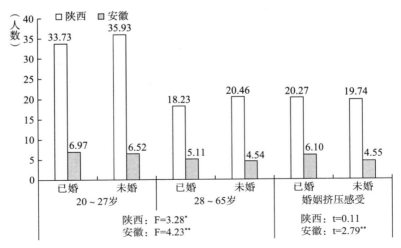

图7-14 不同年龄、不同婚姻状况和不同婚姻挤压感受男性群体的
信息支持网规模比较（**p < 0.01；*p < 0.05）

网规模上的差异。结果表明，陕西省各类男性群体的信息支持网规模远高于安徽男性群体。同时，两省中28～65岁未婚男性群体的信息支持网规模都相对较小（陕西省 F = 3.28*；安徽省 F = 4.23**）；尤其是在安徽省，28～65岁未婚男性群体的信息支持网规模最小（4.54）。另外，陕西省有婚姻挤压感受男性群体和无婚姻挤压感受男性群体的信息支持网规模非常接近。与之不同，安徽省有婚姻挤压感受男性群体的信息支持网规模（4.55）要明显小于无婚姻挤压感受男性群体（6.10；t = 2.79**）。

图7-15比较了陕西、安徽两省不同年龄、不同婚姻状况和不同婚姻挤压感受男性群体的信息支持网构成多样化程度差异。结果表明，陕西省各类男性群体的信息支持网多样化程度明显高于安徽省各类男性群体。其中，陕西省28～65岁未婚男性群体与其他三类男性群体之间的差异并不明显，而安徽省28～65岁未婚男性群体的多样化程度（1.83）最低，明显低于其他三类男性群体（F = 25.64***）。相一致的，陕西省有婚姻挤压感受男性群体与无婚姻挤压感受男性群体的多样化程度差异也不明显。相较而言，安徽省有婚姻挤压感受男性群体的多样化程度（1.91）要明显低于无婚姻挤压感受的男性群体（2.53，t = 6.62***）。

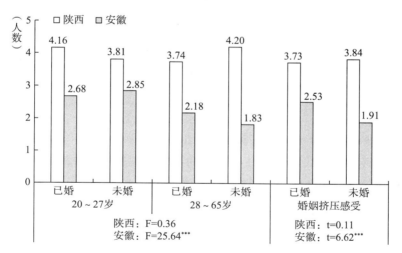

图7-15　不同年龄、不同婚姻状况和不同婚姻挤压感受男性群体的
信息支持网构成多样化比较（*** p < 0.001）

图7-16比较了陕西、安徽两省28～65岁未婚男性群体和其他三类男性群体、有婚姻挤压感受男性群体和无婚姻挤压感受男性群体在信息支持

网构成是否有亲属上的差异。结果表明，陕西省 28 ~ 65 岁未婚男性群体与其他三类男性群体在是否有亲属上没有显著差异。相较而言，安徽省 28 ~ 65 岁未婚男性群体中有亲属的比例（50.00%）要显著低于其他三类男性群体（$\chi^2 = 48.91^{***}$）和陕西省 28 ~ 65 岁未婚男性群体（83.05%）。相似的，在陕西省，有婚姻挤压感受男性群体和无婚姻挤压感受男性群体在是否有亲属上也不存在明显的差异。同时在安徽省，有婚姻挤压感受男性群体中有亲属的比例（53.07%）显著低于无婚姻挤压感受的男性群体（68.75%；$\chi^2 = 22.52^{***}$）和陕西省有婚姻挤压感受的男性群体（84.29%）。

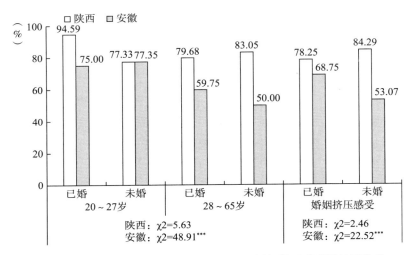

图 7 – 16 不同年龄、不同婚姻状况和不同婚姻挤压感受男性群体的信息支持网构成是否有亲属比较（$^{***} p < 0.001$）

图 7 – 17 比较了在信息支持网构成是否有非亲属方面，陕西省和安徽省 28 ~ 65 岁未婚男性群体和其他三类男性群体、有婚姻挤压感受男性群体和无婚姻挤压感受男性群体之间的差异。结果表明，陕西省 28 ~ 65 岁未婚男性群体与其他三类男性群体在有非亲属的比例上差异并不显著。相较而言，安徽省 28 ~ 65 岁未婚男性群体中有非亲属的比例（73.19%）要显著低于其他三类男性群体（$\chi^2 = 37.11^{***}$）和陕西省 28 ~ 65 岁未婚男性群体（86.44%）。相似的，陕西省有婚姻挤压感受的男性群体和无婚姻挤压感受的男性群体在是否有非亲属上的差异也不明显。而在安徽省，有婚姻挤压感受男性群体中有非亲属的比例（75.97%）显著低于无婚姻挤压感受的男性群体（89.70%；$\chi^2 = 31.85^{***}$）。

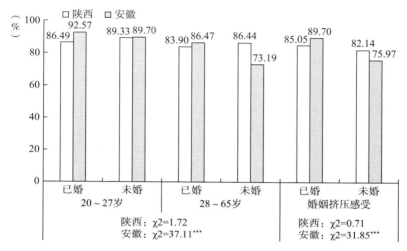

图 7 - 17　不同年龄、不同婚姻状况和不同婚姻挤压感受男性群体的
信息支持网是否有非亲属比较（ *** *p* < 0.001）

第四节　社会支持网对农村男性生命质量的影响

一　婚姻困境中社会支持网对农村男性客观生命质量的影响

表 7 - 2 检验了婚姻困境中社会支持网对农村男性客观健康状况的影响效应，即假设 1 和假设 2。

工具支持网。与第五章模型 3 比较，模型 20 中，婚姻挤压感受和年龄对健康状况的影响基本保持不变。婚姻状况对健康状况的影响系数则略有增加，并且显著性有所下降（ -0.11， *p* < 0.05）。此时，工具支持网规模和网络构成多样化都对健康状况没有显著影响。模型 22 与模型 3 比较，婚姻挤压感受、年龄、婚姻状况对健康状况的影响均保持不变。同时，是否有亲属和是否有非亲属对健康状况的影响也都不显著。

模型 21 中，婚姻挤压感受与网络构成多样化的交互项显著正向影响农村男性的健康状况（ 0.22， *p* < 0.01）。为了准确理解当网络构成多样化程度变化时，婚姻挤压感受对农村男性健康状况的影响，本节同样通过重新调整 0 值，生成新的网络构成多样化变量，从而重新计算婚姻挤压感受对健康状况的回归系数。网络构成多样化的取值范围是 0 ~ 7。当 0 值对应原网络

表 7-2 社会支持网对婚姻困境中农村男性健康状况的影响效应（安徽）

因变量：健康状况	工具支持网					情感支持网		
	模型 20	模型 21	模型 22	模型 23	模型 24	模型 25	模型 26	模型 27
婚姻挤压								
婚姻挤压感受：无								
有	0.10*	-0.14+	0.09*	-0.15	0.09*	-0.01	0.10**	-0.08
年龄：20~27 岁								
28~65 岁	0.21***	0.38***	0.20***	0.35**	0.20***	0.26***	0.19***	0.27**
婚姻状况：已婚								
未婚	-0.11*	0.18*	-0.10**	0.27**	-0.12**	-0.05	-0.11**	0.09
社会支持网								
网络规模	0.02	0.09			-0.03	0.05		
网络构成多样化	0.001	0.15*			-0.01	-0.02		
是否有亲属			0.01	0.11			-0.01	0.08
是否有非亲属			0.01	0.11			0.02	0.06
婚姻挤压×社会支持网								
婚姻挤压感受×网络规模		0.06				0.05		
婚姻挤压感受×网络构成多样化		0.22**				0.09		
年龄×网络规模		-0.11				-0.13*		
年龄×网络构成多样化		-0.15				0.01		
婚姻状况×网络规模		-0.06				-0.08		
婚姻状况×网络构成多样化		-0.33**				-0.02		

续表

因变量：健康状况

	工具支持网				情感支持网			
	模型 20	模型 21	模型 22	模型 23	模型 24	模型 25	模型 26	模型 27
婚姻挤压感受 × 是否有亲属				0.17*				0.11
婚姻挤压感受 × 是否有非亲属				0.09				0.12+
年龄 × 是否有亲属				−0.08				−0.05
年龄 × 是否有非亲属				−0.11				−0.07
婚姻状况 × 是否有亲属				−0.27**				−0.18*
婚姻状况 × 是否有非亲属				−0.16+				−0.09
受教育程度：小学及以下								
初中	0.08	0.09+	0.04	0.04	0.08	0.09+	0.03	0.03
高中及以上	0.001	0.02	−0.03	−0.03	0.00	0.01	−0.04	−0.03
家庭年收入：3万元以下								
3万~6万元	−0.06	−0.06	−0.06+	−0.06	−0.13**	−0.06	−0.07+	−0.07+
6万元以上	−0.14**	−0.13**	−0.16***	−0.15***	−0.06	−0.12*	−0.16***	−0.16***
生活设施数量	−0.02	−0.02	−0.02	−0.02	−0.02	−0.02	−0.02	−0.02
名下房屋：无								
有	−0.05	−0.05	−0.03	−0.04	−0.04	−0.04	−0.03	−0.03
df	11	17	11	17	11	17	11	17
Adjusted R²	.10	.12	.11	.12	.10	.11	.11	.12
F	9.20***	7.25***	11.33***	8.18***	9.29***	6.51***	11.52***	7.99***

续表

因变量：健康状况	社会交往网				信息支持网			
	模型 28	模型 29	模型 30	模型 31	模型 32	模型 33	模型 34	模型 35
婚姻挤压								
婚姻挤压感受：无								
有	0.09*	-0.03	0.09*	-0.22+	0.10*	0.07	0.09*	0.03
年龄：20~27岁								
28~65岁	0.20***	0.28***	0.19***	0.49**	0.20***	0.28**	0.20***	0.33**
婚姻状况：已婚								
未婚	-0.12**	-0.05	-0.11**	0.14	-0.13**	-0.06	-0.11**	0.02
社会支持网								
网络规模	-0.01	0.02			-0.05	0.04		
网络构成多样化	-0.01	0.01			0.02	0.07		
是否有亲属			-0.01	0.06			0.02	0.04
是否有非亲属			-0.02	0.11			-0.02	0.09
婚姻挤压×社会支持网								
婚姻挤压感受×网络规模		0.04				-0.02		
婚姻挤压感受×网络构成多样化		0.10				0.04		
年龄×网络规模		-0.07				-0.11		
年龄×网络构成多样化		-0.05				-0.03		
婚姻状况×网络规模		-0.03				-0.01		
婚姻状况×网络构成多样化		-0.06				-0.09		

续表

因变量：健康状况	社会交往网				信息支持网			
	模型 28	模型 29	模型 30	模型 31	模型 32	模型 33	模型 34	模型 35
婚姻挤压感受 × 是否有亲属				0.09 +				-0.03
婚姻挤压感受 × 是否有非亲属				0.26 *				0.09
年龄 × 是否有亲属				-0.04				0.06
年龄 × 是否有非亲属				-0.31 *				-0.20 +
婚姻状况 × 是否有亲属				-0.16 **				-0.08
婚姻状况 × 是否有非亲属				-0.16				-0.08
受教育程度：小学及以下								
初中	0.09 +	0.09 +	0.04	0.04	0.10 +	0.11 *	0.04	0.05
高中及以上	0.01	0.01	-0.03	-0.04	0.02	0.03	-0.03	-0.02
家庭年收入：3 万元以下								
3 万~6 万元	-0.06	-0.07	-0.07 +	-0.07 +	-0.07	-0.06	-0.07 +	-0.06 +
6 万元以上	-0.13 **	-0.10 **	-0.16 ***	-0.16 ***	-0.13 ***	-0.13 **	-0.16 ***	-0.15 ***
生活设施数量	-0.02	-0.01	-0.01	0.001	-0.02	-0.02	-0.02	-0.01
名下房屋：无								
有	-0.04	-0.04	-0.03	-0.03	-0.05	-0.05	-0.03	-0.03
df	11	17	11	17	11	17	11	17
Adjusted R²	.10	.10	.11	.12	.10	.10	.11	.11
F	9.17 ***	6.23 ***	11.53 ***	8.52 ***	9.02 ***	6.12 ***	11.35 ***	7.80 ***

注：df ＝自由度。表中报告的所有回归系数都是标准回归系数。$+p<0.1$；$^*p<0.05$；$^{**}p<0.01$；$^{***}p<0.001$。

构成多样化的 0 时，婚姻挤压感受的回归系数为 -0.39，即有婚姻挤压感受男性与无婚姻挤压感受男性的平均患病数量之差是 -0.39。当 0 值对应原网络构成多样化的 1 时（原网络构成多样化变量减去 1），两类男性的平均患病数量之差是 -0.17。当 0 值对应 2（原网络构成多样化变量减去 2）时，两类男性的平均患病数量之差是 0.04。即是说，工具支持网多样化程度越高，有婚姻挤压感受对农村男性健康状况的消极影响会逐渐变小。另外，婚姻状况与网络构成多样化的交互项显著负向影响健康状况（-0.33，$p < 0.01$）。同样通过重新调整 0 值，以准确理解当网络构成多样化程度变化时，婚姻状况对农村男性健康状况的影响。当 0 值对应原网络构成多样化的 0 时，婚姻状况的回归系数为 0.46，即未婚男性与已婚男性的平均患病数量之差是 0.46。当 0 值对应原网络构成多样化的 1 时（原网络构成多样化变量减去 1），两类男性的平均患病数量之差是 0.21。当 0 值对应 2（原网络构成多样化变量减去 2）时，两类男性的平均患病数量之差是 -0.05。这表明随着工具支持网构成多样化程度的提高，未婚对男性健康状况的积极影响会逐渐变小。

模型 23 中，婚姻挤压感受与是否有亲属的交互项显著正向影响农村男性的健康状况（0.17，$p < 0.05$）。即相较于没有亲属，有亲属时，有婚姻挤压感受男性的平均患病数量明显高于无婚姻挤压感受的男性。婚姻状况与是否有亲属的交互项显著负向影响农村男性的健康状况（-0.27，$p < 0.01$）。即是说，相较于没有亲属，有亲属时，未婚男性的平均患病数量明显低于已婚男性。与此同时，婚姻状况与是否有非亲属的交互项对男性健康状况也有明显的负向影响（-0.16，$p < 0.1$）。相较于没有非亲属，有非亲属时，未婚男性的平均患病数量低于已婚男性。

情感支持网。模型 24 与模型 3 相比，婚姻挤压感受、年龄、婚姻状况对农村男性健康状况的影响未发生实质性变化。同时，情感支持网规模和网络构成多样化对健康状况没有显著影响。模型 26 与模型 3 相比，婚姻挤压感受对男性健康状况的回归系数和显著性都有所增加（0.10，$p < 0.01$）。年龄和婚姻状况对男性健康状况的影响基本保持不变。同时，是否有亲属和是否有非亲属对健康状况的影响也都不显著。

模型 25 中，年龄和网络规模的交互项显著负向影响农村男性的健康状况（-0.13，$p < 0.05$）。同样通过重新调整网络规模变量的 0 值，以准确

理解当其变化时，年龄对农村男性健康状况的影响。当 0 值对应"均值 $-1\times$ 标准差（4.24 - 5.84）"时，年龄的回归系数为 0.72，即 28 ~ 65 岁男性与 20 ~ 27 岁男性的平均患病数量之差是 0.72。当 0 值对应"均值（4.24）"时，两类男性的平均患病数量之差是 0.66。当 0 值对应均值 $+1\times$ 标准差（4.24 + 5.84）"时，两类男性的平均患病数量之差是 0.28。即是说，随着网络规模的增大，年龄差异对男性健康状况的影响逐渐变小。

模型 27 中，婚姻挤压感受与是否有非亲属的交互项对农村男性的健康状况有明显的正向影响（0.12，$p < 0.1$）。即相较于没有非亲属，有非亲属时，有婚姻挤压感受男性的平均患病数量高于无婚姻挤压感受的男性。同时，婚姻状况与是否有亲属的交互项显著负向影响农村男性的健康状况（ - 0.18，$p < 0.05$）。即相较于没有亲属，有亲属时，未婚男性的平均患病数量明显低于已婚男性。

社会交往网。模型 28、模型 30 与模型 3 相比，婚姻挤压感受、年龄、婚姻状况对农村男性健康状况的影响均未发生实质性变化。同时，社会交往网规模和构成多样化、是否有亲属和是否有非亲属都对健康状况没有显著影响。

模型 29 中，婚姻挤压感受与网络规模的交互项，以及与网络构成多样化的交互项均对健康状况没有显著影响。而在模型 31 中，婚姻挤压感受与是否有亲属的交互项以及与是否有非亲属的交互项均显著正向影响男性的健康状况。具体而言，相较于没有亲属，有亲属时，有婚姻挤压感受男性的平均患病数量高于无婚姻挤压感受的男性（0.09，$p < 0.1$）；相较于没有非亲属，有非亲属时，有婚姻挤压感受男性的平均患病数量也明显高于无婚姻挤压感受的男性（0.26，$p < 0.05$）。同时，年龄与是否有非亲属的交互项显著负向影响男性的健康状况（ - 0.31，$p < 0.05$）。即相较于没有非亲属，有非亲属时，28 ~ 65 岁男性的平均患病数量明显低于 20 ~ 27 岁的男性。与之相似，婚姻状况与是否有亲属的交互项也显著负向影响男性的健康状况（ - 0.16，$p < 0.01$）。

信息支持网。模型 32、模型 34 与模型 3 相比，婚姻挤压感受、年龄、婚姻状况对农村男性健康状况的影响均未发生实质性变化。同时，信息支持网规模和构成多样化、是否有亲属和是否有非亲属对健康状况都没有显著影响。

模型 33 中，婚姻挤压感受与网络规模的交互项以及与网络构成多样化的交互项对健康状况均没有显著影响。而在模型 35 中，年龄与是否有非亲属的交互项对男性的健康状况有明显的负向影响（ -0.20 + ， $p < 0.1$ ）。即相较于没有非亲属，当有非亲属时，28～65 岁男性的平均患病数量明显低于 20～27 岁男性。

二　婚姻困境中社会支持网对农村男性主观生命质量的影响

表 7-3 和 7-4 分别检验了婚姻困境中社会支持网对陕西和安徽两省农村男性主观生命质量的影响效应，即假设 3 和假设 4。

工具支持网。在陕西省，与模型 6-S 相比，在模型 36-S 中加入工具支持网规模和构成多样化后，婚姻挤压感受对男性主观生命质量的影响系数和显著性基本不变。而年龄对男性主观生命质量的影响系数和显著性均有所下降（ -0.08 ， $p < 0.1$ ）。同时，网络规模显著积极影响男性的主观生命质量（ 0.08 ， $p < 0.05$ ）。即是说，工具支持网规模越大，男性的主观生命质量得分越高。模型 38-S 与模型 6-S 相比，婚姻挤压感受和年龄对男性主观生命质量的影响系数和显著性保持不变。是否有亲属和是否有非亲属对男性主观生命质量的影响不显著。

在安徽省，与模型 6-A 相比，模型 36-A 和模型 38-A 中婚姻挤压变量对男性主观生命质量的影响系数和显著性都保持不变。同时，两个模型中仅有网络构成多样化对男性主观生命质量有显著积极的影响（ 0.06 ， $p < 0.1$ ）。即工具支持网构成的多样化程度越高，男性的主观生命质量得分越高。

另外，在陕西省，模型 37-S 中，婚姻挤压感受与工具支持网规模的交互项以及与构成多样化的交互项对男性主观生命质量均没有显著影响。模型 39-S 中，年龄与是否有非亲属的交互项显著负向影响主观生命质量（ -0.36 ， $p < 0.05$ ）。即是说，与没有非亲属相比，有非亲属时，28～65 岁男性的主观生命质量得分明显低于 20～27 岁男性。

在安徽省，模型 37-A 中，年龄与网络规模的交互项显著正向影响男性的主观生命质量（ 0.11 ， $p < 0.1$ ）。为了准确理解当工具支持网规模变化时，年龄对农村男性主观生命质量的影响，本研究通过调整 0 值，再次进行了回归。当 0 值对应原网络规模的"均值 - 1 × 标准差"，即原网络规模 - （5.98 - 1 × 8.16）时，年龄的回归系数为 -4.03。即 28～65 岁男性与 20～

表7-3　社会支持网对婚姻困境中农村男性主观生命质量的影响效应（陕西）

因变量：主观生命质量	工具支持网				情感支持网			
	模型36-S	模型37-S	模型38-S	模型39-S	模型40-S	模型41-S	模型42-S	模型43-S
婚姻挤压								
婚姻挤压感受：无								
有	-0.21***	-0.29***	-0.22***	-0.45**	-0.22***	-0.27***	-0.21***	-0.46***
年龄：20~27岁								
28~65岁	-0.08+	-0.02	-0.09*	0.18	-0.10*	-0.03	-0.10*	0.10
婚姻状况：已婚								
未婚	-0.05	-0.03	-0.06	0.02	-0.03	0.03	-0.03	0.31*
社会支持网								
网络规模	0.08*	0.15+			0.09*	0.28+		
网络构成多样化	-0.001	0.03			-0.06	-0.04		
是否有亲属			-0.01	-0.04			0.01	0.02
是否有非亲属			0.01	0.24*			-0.05	0.14
婚姻挤压×社会支持网								
婚姻挤压感受×网络规模		0.08				-0.08		
婚姻挤压感受×网络构成多样化		0.03				0.10		
年龄×网络规模		-0.11				-0.11		
年龄×网络构成多样化		-0.04				-0.07		
婚姻状况×网络规模		-0.05				-0.14**		
婚姻状况×网络构成多样化		0.01				0.02		

续表

因变量：主观生命质量	工具支持网				情感支持网			
	模型 36 – S	模型 37 – S	模型 38 – S	模型 39 – S	模型 40 – S	模型 41 – S	模型 42 – S	模型 43 – S
婚姻挤压感受 × 是否有亲属				0.14				0.24*
婚姻挤压感受 × 是否有非亲属				0.11				0.04
年龄 × 是否有亲属				0.01				-0.05
年龄 × 是否有非亲属				-0.36*				-0.24 +
婚姻状况 × 是否有亲属				0.03				-0.13
婚姻状况 × 是否有非亲属				-0.12				-0.25*
受教育程度：小学及以下								
初中	0.07	0.07	0.07	0.07	0.05	0.06	0.05	0.05
高中及以上	0.11*	0.11*	0.12*	0.11	0.07*	0.07	0.07	0.06
家庭年收入：3 万元以下								
3 万 ~ 6 万元	0.04	0.04	0.04	0.04	0.10	0.03	0.04	0.04
6 万元以上	0.11**	0.10**	0.11**	0.11**	0.10*	0.10*	0.11**	0.11**
生活设施数量	0.26***	0.27***	0.26***	0.26***	0.29***	0.28***	0.28***	0.28***
名下房屋：无								
有	0.06 +	0.05	0.06	0.05	0.04	0.04	0.04	0.03
df	11	17	11	17	11	17	11	17
Adjusted R²	.20	.20	.19	.20	.19	.20	.19	.19
F	17.32***	11.56***	16.77***	11.26***	14.91***	10.25***	14.64***	10.18***

续表

	社会交往网				信息支持网			
	模型 44 – S	模型 45 – S	模型 46 – S	模型 47 – S	模型 48 – S	模型 49 – S	模型 50 – S	模型 51 – S
婚姻挤压								
婚姻挤压感受：无								
有	-0.23***	-0.24**	-0.23***	-0.38**	-0.25***	-0.39***	-0.25***	-0.58***
年龄：20~27岁								
28~65岁	-0.07+	-0.05	-0.09*	0.12	-0.08+	-0.06	-0.10*	-0.02
婚姻状况：已婚								
未婚	-0.02	-0.04	-0.03	0.24	-0.03	0.03	-0.04	0.12
社会支持网								
网络规模	0.13***	0.16**			0.17***	0.19**		
网络构成多样化	-0.04	-0.03			-0.01	-0.01		
是否有亲属			0.04	0.09			-0.01	0.14
是否有非亲属			0.01	0.14			0.03	-0.09
婚姻挤压 × 社会支持网								
婚姻挤压感受 × 网络规模		0.01				-0.05		
婚姻挤压感受 × 网络构成多样化		0.001				0.20**		
年龄 × 网络规模		-0.04				0.04		
年龄 × 网络构成多样化		-0.02				-0.06		
婚姻状况 × 网络规模		0.01				-0.05		
婚姻状况 × 网络构成多样化		0.03				-0.07		

续表

	社会交往网				信息支持网			
	模型 44 – S	模型 45 – S	模型 46 – S	模型 47 – S	模型 48 – S	模型 49 – S	模型 50 – S	模型 51 – S
婚姻挤压感受 × 是否有亲属				0.15 +				0.20*
婚姻挤压感受 × 是否有非亲属				0.01				0.18 +
年龄 × 是否有亲属				−0.12				−0.21
年龄 × 是否有非亲属				−0.18				0.11
婚姻状况 × 是否有亲属				−0.04				−0.19
婚姻状况 × 是否有非亲属				−0.25				0.02
受教育程度：小学及以下								
初中	0.07	0.07	0.06	0.07	0.07	0.06	0.07	0.06
高中及以上	0.07	0.08	0.08	0.08	0.09	0.07	0.09	0.08
家庭年收入：3 万元以下								
3 万~6 万元	0.03	0.03	0.04	0.04	0.04	0.04	0.04	0.04
6 万元以上	0.10**	0.10*	0.11**	0.11**	0.11*	0.11*	0.11*	0.11*
生活设施数量	0.31***	0.31***	0.28***	0.29***	0.31***	0.31***	0.29***	0.30***
名下房屋：无								
有	0.04	0.04	0.06	0.05	0.03	0.02	0.03	0.02
df	11	17	11	17	11	17	11	17
Adjusted R²	.22	.21	.20	.20	.24	.25	.22	.22
F	17.80***	11.50***	16.53***	11.08***	18.23***	12.31***	15.92***	10.97***

注：df = 自由度。表中报告的所有回归系数都是标准回归系数。+ $p < 0.1$；* $p < 0.05$；** $p < 0.01$；*** $p < 0.001$。

表 7 – 4　社会支持网对婚姻困境中农村男性主观生命质量的影响效应（安徽）

因变量：主观生命质量	工具支持网				情感支持网			
	模型 36 – A	模型 37 – A	模型 38 – A	模型 39 – A	模型 40 – A	模型 41 – A	模型 42 – A	模型 43 – A
婚姻挤压								
婚姻挤压感受：无								
有	– 0. 20 ***	– 0. 14 +	– 0. 19 ***	– 0. 11	– 0. 20 ***	– 0. 23 **	– 0. 20 ***	– 0. 13
年龄：20 ~ 27 岁								
28 ~ 65 岁	– 0. 001	– 0. 11	– 0. 03	– 0. 30 *	– 0. 01	– 0. 04	– 0. 04	0. 01
婚姻状况：已婚								
未婚	0. 03	– 0. 001	0. 02	0. 01	0. 04	0. 17 *	0. 02	0. 12
社会支持网								
网络规模	0. 01	– 0. 10			0. 03	– 0. 04		
网络构成多样化	0. 06 +	0. 04			0. 04	0. 14 +		
是否有亲属			0. 02	0. 01			0. 01	0. 19 **
是否有非亲属			0. 05	– 0. 11			0. 01	– 0. 01
婚姻挤压 × 社会支持网								
婚姻挤压感受 × 网络规模		– 0. 03				– 0. 07		
婚姻挤压感受 × 网络构成多样化		– 0. 04				0. 09		
年龄 × 网络规模		0. 11 +				0. 09		
年龄 × 网络构成多样化		0. 06				– 0. 03		
婚姻状况 × 网络规模		0. 09				0. 10 +		
婚姻状况 × 网络构成多样化		– 0. 01				– 0. 27 **		

续表

因变量：主观生命质量

	工具支持网				情感支持网			
	模型 36 – A	模型 37 – A	模型 38 – A	模型 39 – A	模型 40 – A	模型 41 – A	模型 42 – A	模型 43 – A
婚姻挤压感受 × 是否有亲属				-0.06				-0.01
婚姻挤压感受 × 是否有非亲属				-0.03				-0.08
年龄 × 是否有亲属				0.05				-0.13 +
年龄 × 是否有非亲属				0.27**				0.06
婚姻状况 × 是否有亲属				0.01				-0.19**
婚姻状况 × 是否有非亲属				0.01				0.04
受教育程度：小学及以下								
初中	-0.001	-0.01	0.01	0.001	0.001	-0.02	0.001	0.001
高中及以上	0.07	0.07	0.08	0.08	0.07	0.07	0.08 +	0.08 +
家庭年收入：3万元以下								
3万~6万元	0.02	0.02	0.01	0.01	0.02	0.02	0.02	0.02
6万元以上	0.14**	0.14**	0.14***	0.14**	0.14**	0.13**	0.15***	0.14***
生活设施数量	0.21***	0.21***	0.20***	0.20***	0.21***	0.20***	0.20***	0.21***
名下房屋：无								
有	0.02	0.02	0.03	0.02	0.02	0.02	0.03	0.03
df	11	17	11	17	11	17	11	17
Adjusted R²	.20	.20	.20	.20	.19	.20	.20	.20
F	19.24***	12.73***	21.78***	14.59***	18.35***	12.77***	21.72***	15.11***

续表

因变量: 健康状况	社会交往网				信息支持网			
	模型 44 – A	模型 45 – A	模型 46 – A	模型 47 – A	模型 48 – A	模型 49 – A	模型 50 – A	模型 51 – A
婚姻挤压								
婚姻挤压感受: 无								
有	– 0.19***	– 0.16*	– 0.19***	0.11	– 0.19***	– 0.13 +	– 0.19***	– 0.07
年龄: 20～27 岁								
28～65 岁	0.01	– 0.02	– 0.03	– 0.22	0.01	– 0.06	– 0.02	– 0.08
婚姻状况: 已婚								
未婚	0.04	0.09	0.01	– 0.04	0.03	0.03	0.02	– 0.08
社会支持网								
网络规模	0.03	– 0.06			0.04	– 0.02		
网络构成多样化	0.07*	0.17*			0.02	0.04		
是否有亲属			0.04	0.12*			0.03	0.14*
是否有非亲属			0.02	– 0.04			0.02	– 0.07
婚姻挤压×社会支持网								
婚姻挤压感受 × 网络规模		0.03				– 0.05		
婚姻挤压感受 × 网络构成多样化		– 0.07				– 0.03		
年龄 × 网络规模		0.09 +				0.03		
年龄 × 网络构成多样化		– 0.05				0.06		
婚姻状况 × 网络规模		0.07				0.10		
婚姻状况 × 网络构成多样化		– 0.12				– 0.08		

续表

因变量：健康状况	社会交往网				信息支持网			
	模型 44 – A	模型 45 – A	模型 46 – A	模型 47 – A	模型 48 – A	模型 49 – A	模型 50 – A	模型 51 – A
婚姻挤压感受 × 是否有亲属				-0.02				-0.06
婚姻挤压感受 × 是否有非亲属				-0.31**				-0.09
年龄 × 是否有亲属				-0.07				-0.11
年龄 × 是否有非亲属				0.25+				0.16
婚姻状况 × 是否有亲属				-0.03				-0.04
婚姻状况 × 是否有非亲属				0.07				0.13
受教育程度：小学及以下								
初中	-0.01	-0.01	0.001	0.01	0.001	-0.001	0.001	0.01
高中及以上	0.07	0.06	0.08	0.09+	0.08	0.08	0.08	0.09+
家庭年收入：3万元以下								
3万~6万元	0.02	0.02	0.02	0.02	0.01	0.01	0.02	0.02
6万元以上	0.14**	0.14**	0.15***	0.14***	0.15**	0.15**	0.15***	0.14***
生活设施数量	0.21***	0.21***	0.20***	0.20***	0.21***	0.21***	0.20***	0.20***
名下房屋：无								
有	0.03	0.03	0.03	0.03	0.03	0.02	0.03	0.04
df	11	17	11	17	11	17	11	17
Adjusted R²	.20	.20	.20	.21	.19	.19	.20	.20
F	18.91***	12.71***	21.93***	15.39***	18.13***	12.05***	21.51***	14.47***

注：df 为自由度。表中报告的所有回归系数都是标准回归系数。$+p<0.1$；$^*p<0.05$；$^{**}p<0.01$；$^{***}p<0.001$。

27 岁男性的主观生命质量得分之差是 - 4.03。当 0 值对应"均值（5.98）"时，两类男性的主观生命质量得分之差是 - 1.67。当 0 值对应均值 + 1 × 标准差（5.98 + 1 × 8.16）"时，两类男性之差是 0.69。即是说，随着网络规模的增大，年龄差异对主观生命质量的消极影响逐渐减小。与此同时，模型 39 - A 中，年龄与是否有非亲属的交互项显著正向影响男性的主观生命质量（0.27，p < 0.01）。即是说，相较于工具支持来源中没有非亲属，有非亲属时，28 ~ 65 岁男性的主观生命质量得分显著高于 20 ~ 27 岁男性。

　　情感支持网。在陕西省，与模型 6 - S 相比，模型 40 - S 和模型 42 - S 中婚姻挤压变量对男性主观生命质量的影响系数和显著性都保持不变。同时，情感支持网规模显著积极影响男性的主观生命质量（0.09，p < 0.05）。即情感支持网规模越大，男性的主观生命质量得分越高。

　　在安徽省，与模型 6 - A 相比，模型 40 - A 和模型 42 - A 中婚姻挤压变量对男性主观生命质量的影响系数和显著性也均保持不变。此时，情感支持网规模及构成多样化、是否有亲属和是否有非亲属对男性主观生命质量的影响均不显著。

　　另外，在陕西省，模型 41 - S 中，婚姻状况与情感支持网规模的交互项显著负向影响男性的主观生命质量（ - 0.14，p < 0.01）。同样通过重新调整情感支持网规模变量的 0 值，重新进行回归。当 0 值对应原网络规模的"均值 - 1 × 标准差"，即原网络规模 - （14.93 - 1 × 30.68）时，婚姻状况的回归系数为 4.55。即未婚男性与已婚男性的主观生命质量得分之差是 4.55。当 0 值对应"均值（14.93）"时，两类男性的主观生命质量得分之差是 - 1.83。当 0 值对应均值 + 1 × 标准差（14.93 + 1 × 30.68）"时，两类男性之差是 - 8.21。即是说，随着网络规模的增大，未婚对主观生命质量的积极影响逐渐变小。模型 43 - S 中，婚姻挤压感受与是否有亲属的交互项显著正向影响男性的主观生命质量得分（0.24，p < 0.05）。即是说，相较于情感支持网中没有亲属，有亲属时，有婚姻挤压感受男性的主观生命质量得分显著高于没有婚姻挤压感受的男性。同时，年龄与是否有非亲属以及婚姻状况与是否有非亲属的交互项均显著负向影响男性的主观生命质量（ - 0.24，p < 0.1；- 0.25，p < 0.05）。也就是说，相较于没有非亲属，有非亲属时，28 ~ 65 岁未婚男性的主观生命质量得分明显低于 20 ~ 27 岁已婚男性。

在安徽省，模型41-A中，婚姻状况与网络规模的交互项对男性主观生命质量得分有明显的正向影响（0.10，$p < 0.1$）。通过调整网络规模变量的0值，重新进行回归。当0值对应原网络规模的"均值 -1×标准差"，即原网络规模 -（4.24 -1×5.84）时，婚姻状况的回归系数为4.27。即未婚男性与已婚男性的主观生命质量得分之差是4.27。当0值对应"均值（4.24）"时，两类男性的主观生命质量得分之差是6.70。当0值对应均值 +1×标准差（4.24 +1×5.84）"时，两类男性之差是9.13。即是说，随着网络规模的增大，未婚对主观生命质量的积极影响也逐渐增大。另外，婚姻状况与网络构成多样化显著负向影响男性的主观生命质量（-0.27，$p < 0.01$）。调整网络构成多样化变量的0值，重新进行回归。当0值对应原网络构成多样化变量的0时，婚姻挤压感受的回归系数为-7.29，即有婚姻挤压感受男性与无婚姻挤压感受男性的主观生命质量得分之差是 -7.29。当0值对应原网络构成多样化变量的1时，两类男性的主观生命质量得分之差是 -6.12。当0值对应原网络构成多样化变量的2时，两类男性之差是 -4.95。也就是说，网络构成的多样化程度越高，婚姻挤压感受差异对主观生命质量的消极影响越小。模型43-A中，年龄与是否有亲属以及婚姻状况与是否有亲属的交互项均显著负向影响男性的主观生命质量（-0.13，$p < 0.1$；-0.19，$p < 0.05$）。也就是说，相较于没有亲属，有亲属时，28~65岁未婚男性的主观生命质量得分明显低于20~27岁已婚男性。

社会交往网。在陕西省，与模型6-S相比，模型44-S中婚姻挤压感受对男性主观生命质量的影响系数和显著性基本不变。而年龄对男性主观生命质量的影响系数和显著性均有所下降（-0.07，$p < 0.1$）。同时，社会交往网规模显著积极影响男性的主观生命质量（0.13，$p < 0.001$）。即社会交往网规模越大，农村男性的主观生命质量得分越高。模型46-S与模型6-S相比，婚姻挤压感受和年龄对男性主观生命质量的影响系数和显著性基本不变。是否有亲属和是否有非亲属对男性主观生命质量的影响不显著。

在安徽省，与模型6-A相比，模型44-A和模型46-A中婚姻挤压变量对男性主观生命质量的影响系数和显著性均保持不变。此时，网络构成多样化对男性主观生命质量有显著的正向影响（0.07，$p < 0.05$）。社会交往网的构成多样化程度越高，男性的主观生命质量得分越高。

另外，在陕西省，模型47-S中，只有婚姻挤压感受与是否有亲属的交互项对男性的主观生命质量得分有明显影响（0.15，$p < 0.1$）。即与没有亲属相比，有亲属时，有婚姻挤压感受男性的主观生命质量得分相对高于无婚姻挤压感受的男性。

在安徽省，模型 45 - A 中，年龄与网络规模的交互项显著正向影响男性的主观生命质量（0.09，$p < 0.1$）。通过调整网络规模变量的 0 值，重新进行回归。当 0 值对应原网络规模的"均值 - 1×标准差"，即原网络规模 -（5.68 - 1×7.30）时，年龄的回归系数为 -1.68。即 28~65 岁男性与 20~27 岁男性的主观生命质量得分之差是 -1.68。当 0 值对应"均值（5.68）"时，两类男性的主观生命质量得分之差是 0.74。当 0 值对应均值 +1×标准差（5.68 + 1×7.30）"时，两类男性之差是 3.16。即是说，随着网络规模的增大，年龄差异对主观生命质量的消极影响逐渐变小。与此同时，模型 47 - A 中，婚姻挤压感受与是否有非亲属的交互项显著负向影响男性的主观生命质量（ -0.31，$p < 0.01$）。即相较于没有非亲属，有非亲属时，有婚姻挤压感受男性的主观生命质量得分显著低于无婚姻挤压感受的男性。相反的，年龄与是否有非亲属的交互项则对男性主观生命质量得分有明显的正向影响（0.25，$p < 0.1$）。即是说，相较于没有非亲属，有非亲属时，28~65 岁男性的主观生命质量得分明显高于 20~27 岁男性。

信息支持网。在陕西省，与模型 6 - S 相比，模型 48 - S 中婚姻挤压感受对男性主观生命质量的影响系数和显著性基本不变。而年龄对男性主观生命质量的影响系数和显著性均有所下降（ -0.08，$p < 0.1$）。与此同时，信息支持网规模显著积极影响男性的主观生命质量（0.17，$p < 0.001$）。即信息支持网规模越大，农村男性的主观生命质量得分越高。模型 50 - S 与模型 6 - S 相比，婚姻挤压感受和年龄对男性主观生命质量的影响系数和显著性基本不变。是否有亲属和是否有非亲属对男性主观生命质量的影响不显著。

在安徽省，与模型 6 - A 相比，模型 48 - A 和模型 50 - A 中婚姻挤压感受对农村男性主观生命质量的影响系数和显著性均保持不变。与此同时，模型 48 - A 中信息支持网的规模及构成对男性主观生命质量的得分均没有显著影响。

另外，在陕西省，模型 49 - S 中婚姻挤压感受与网络构成多样化的交互项显著正向影响男性的主观生命质量（0.20，$p < 0.01$）。通过调整网络构

成多样化变量的 0 值，重新进行回归。当 0 值对应原网络构成多样化变量的 0 时，婚姻挤压感受的回归系数为 – 14.07，即有婚姻挤压感受男性与无婚姻挤压感受男性的主观生命质量得分之差是 – 14.07。当 0 值对应原网络构成多样化变量的 1 时，两类男性的主观生命质量得分之差是 – 12.53。当 0 值对应原网络构成多样化变量的 2 时，两类男性之差是 – 10.99。也就是说，网络构成的多样化程度越高，婚姻挤压感受差异对主观生命质量的消极影响越小。模型 51 – S 中，婚姻挤压感受与是否有亲属的交互项及与是否有非亲属的交互项都显著正向影响男性的主观生命质量（0.20，$p < 0.05$；0.18，$p < 0.1$）。即相较于没有亲属或非亲属，有亲属或非亲属时，有婚姻挤压感受男性的主观生命质量得分明显高于无婚姻挤压感受的男性。

在安徽省，模型 49 – A 中，婚姻挤压感受与信息支持网络规模的交互项、与网络构成多样化的交互项，以及模型 51 – A 中婚姻挤压感受与是否有亲属和是否有非亲属的交互项对主观生命质量均没有显著影响。

三　婚姻困境中社会支持网对农村男性健康状况与主观生命质量关系的影响

表 7 – 5 给出了健康状况、社会支持网对婚姻困境中农村男性主观生命质量的影响结果，旨在检验假设 5。

工具支持网。与模型 7 相比，模型 52 和 54 中婚姻挤压感受、健康状况对农村男性主观生命质量的影响回归系数和显著性均未发生实质变化。同时，与模型 36 – A 和模型 38 – A 相比，模型 52 中的网络构成多样化对农村男性主观生命质量的积极影响系数和显著性基本不变。而模型 54 中，是否有非亲属对农村男性主观生命质量的影响变得显著（0.05，$p < 0.1$）。即相较于没有非亲属，有非亲属时，农村男性的主观生命质量得分更高。另外，模型 53 和模型 55 中，健康状况与工具支持网变量的交互项对男性主观生命质量均没有显著影响。

情感支持网。与模型 7 相比，模型 56 和模型 58 中婚姻挤压感受、健康状况对农村男性主观生命质量的影响回归系数和显著性均未发生实质变化。同时，与模型 40 – A 和模型 42 – A 相比，其网络规模、网络构成多样化以及是否有亲属和是否有非亲属对男性主观生命质量的影响依然都不显著。模型 57 和模型 59 中，健康状况与情感支持网变量的交互项对男性主观生命

表 7 - 5　健康状况、社会支持网对婚姻困境中农村男性主观生命质量的影响（安徽）

因变量：主观生命质量	工具支持网				情感支持网			
	模型 52	模型 53	模型 54	模型 55	模型 56	模型 57	模型 58	模型 59
婚姻挤压								
婚姻挤压感受：无								
有	- 0. 17***	- 0. 17***	- 0. 17***	- 0. 17***	- 0. 18***	- 0. 18***	- 0. 17***	- 0. 17***
年龄：20 ~ 27 岁								
28 ~ 65 岁	0. 05	0. 05	0. 02	0. 02	0. 04	0. 04	0. 02	0. 02
婚姻状况：已婚								
未婚	0. 02	0. 02	0. 001	0. 001	0. 03	0. 03	0. 001	0. 001
健康状况	- 0. 26***	- 0. 27***	- 0. 27***	- 0. 34***	- 0. 26***	- 0. 26***	- 0. 27***	- 0. 32***
社会支持网								
网络规模	0. 001	0. 001			0. 03	0. 03		
网络构成多样化	0. 07 +	0. 07 +			0. 02	0. 02		
是否有亲属			0. 01	0. 02			0. 001	0. 01
是否有非亲属			0. 05 +	0. 01			0. 01	- 0. 03
健康状况 × 社会支持网								
健康状况 × 网络规模		- 0. 001				- 0. 02		
健康状况 × 网络构成多样化		0. 03				0. 02		
健康状况 × 是否有亲属				- 0. 03				- 0. 03
健康状况 × 是否有非亲属				0. 11				0. 09

续表

因变量：主观生命质量	工具支持网				情感支持网			
	模型 52	模型 53	模型 54	模型 55	模型 56	模型 57	模型 58	模型 59
受教育程度：小学及以下								
初中	0.03	0.03	0.03	0.02	0.03	0.03	0.02	0.02
高中及以上	0.07	0.07	0.07	0.07	0.07	0.07	0.07	0.07
家庭年收入：3万元以下								
3万～6万元	0.001	0.001	-0.01	-0.01	0.001	0.001	0.001	0.001
6万元以上	0.11**	0.11**	0.10*	0.10*	0.11**	0.11**	0.11**	0.11**
生活设施数量	0.20***	0.20***	0.19***	0.20***	0.20***	0.20***	0.20***	0.20***
名下房屋：无								
有	0.01	0.01	0.03	0.03	0.02	0.02	0.03	0.03
df	12	14	12	14	12	14	12	14
Adjusted R^2	.26	.25	.26	.26	.24	.24	.26	.26
F	23.20***	19.90***	27.14***	23.44***	22.09***	18.95***	27.03***	23.43***

婚姻挤压	社会交往网				信息支持网			
	模型 60	模型 61	模型 62	模型 63	模型 64	模型 65	模型 66	模型 67
婚姻挤压感受：无								
有	-0.17***	-0.17***	-0.17***	-0.17***	-0.17***	-0.17***	-0.17***	-0.17***
年龄：20～27岁								
28～65岁	0.06	0.06	0.02	0.02	0.06	0.06	0.03	0.03
婚姻状况：已婚								
未婚	0.03	0.03	0.001	-0.001	0.01	0.01	0.001	0.001

续表

	社会交往网				信息支持网			
	模型 60	模型 61	模型 62	模型 63	模型 64	模型 65	模型 66	模型 67
健康状况	-0.25***	-0.25***	-0.27***	-0.23**	-0.26***	-0.26***	-0.28***	-0.30***
社会支持网								
网络规模	0.03	0.03			0.03	0.03		
网络构成多样化	0.07+	0.07+			0.02	0.02		
是否有亲属			0.04	0.07+			0.02	0.01
是否有非亲属			0.02	0.02			0.01	0.01
健康状况 × 社会支持网								
健康状况 × 网络规模		0.001				0.01		
健康状况 × 网络构成多样化		0.001				0.01		
健康状况 × 是否有亲属				-0.06				0.02
健康状况 × 是否有非亲属				-0.01				0.01
受教育程度：小学及以下								
初中	0.03	0.03	0.02	0.02	0.04	0.04	0.03	0.03
高中及以上	0.07	0.07	0.07	0.07	0.09	0.09	0.07	0.07
家庭年收入：3 万元以下								
3 万~6 万元	0.001	0.001	-0.001	-0.001	-0.01	-0.01	-0.001	-0.001
6 万元以上	0.12**	0.12**	0.11**	0.11**	0.12**	0.12**	0.11**	0.11**
生活设施数量	0.21***	0.21***	0.20***	0.2***	0.20***	0.20***	0.20***	0.20***
名下房屋：无								
有	0.02	0.02	0.03	0.03	0.02	0.02	0.03	0.03

续表

	社会交往网				信息支持网			
	模型 60	模型 61	模型 62	模型 63	模型 64	模型 65	模型 66	模型 67
df	12	14	12	14	12	14	12	14
Adjusted R^2	.25	.25	.26	0.26	.25	.25	.26	0.26
F	22.42***	19.17***	27.11***	23.36***	21.92***	18.76***	26.89***	23.01***

注：df=自由度。表中报告的所有回归系数都是标准回归系数。+ $p<0.1$; * $p<0.05$; ** $p<0.01$; *** $p<0.001$。

质量也没有显著影响。

社会交往网。与模型 7 相比，模型 60 和模型 62 中婚姻挤压感受、健康状况对农村男性主观生命质量的影响回归系数和显著性基本保持不变。同时，与模型 44 – A 和模型 46 – A 相比，模型 60 中的网络构成多样化对男性主观生命质量的影响系数不变，但显著性有所下降（0.07，$p < 0.1$）。模型 61 和模型 63 中，健康状况与社会交往网变量的交互项对男性主观生命质量没有显著影响。

信息支持网。与模型 7 相比，模型 64 和模型 66 中婚姻挤压感受、健康状况对男性主观生命质量的影响回归系数和显著性基本保持不变。另外，与模型 48 – A 和模型 50 – A 相比，其网络规模、网络构成多样化以及是否有亲属和是否有非亲属对男性主观生命质量的影响依然都不显著。与此同时，模型 65 和模型 67 中，健康状况与信息支持网变量的交互项对男性的主观生命质量也没有显著影响。

第五节 讨论：社会支持网对农村男性生命质量存在怎样的影响？

一 婚姻困境中农村男性社会支持网的地区差异

图 7 – 2 至图 7 – 17 的结果表明，首先相较于 20～27 岁已婚男性群体和未婚男性群体、28～65 岁已婚男性群体和无婚姻挤压感受男性群体，陕西省 28～65 岁未婚男性群体和有婚姻挤压感受男性群体在工具、情感、社会交往、信息等支持网的规模、构成上并没有表现出明显的差异。与之不同，安徽省 28～65 岁未婚男性群体和有婚姻挤压感受男性群体的各类支持网规模则明显较小、多样化程度明显较低。同时，安徽省两类男性群体在各类支持网的规模、构成上也明显低于陕西省的两类男性群体。造成这一差异的原因可能与地区人口流动特点有关。自改革开放以来，各地人口大量流动、物欲泛滥，导致乡村人情关系淡薄，社会资本逐渐被销蚀（刘奇，2018）。尤其是在安徽省，2000～2010 年常住人口为负增长，2013 年跨省流出人口占比 22.55%，为全国第一。相较之下，陕西省一直以省内转移为主，农村居民们保持着相似的生活方式，同时兼顾家庭农业生产，这为日

常的交流、互帮互助创造了条件，使彼此之间信任度较高（中国统计信息网，2014）。

二 婚姻困境中社会支持网对农村男性客观生命质量的影响

表7-2的结果表明，工具、情感、社会交往和信息等支持网的规模、构成均不显著直接影响农村男性的健康状况，拒绝假设1a～1d。与之不同，四类支持网对男性的健康状况均有间接影响。其中，模型21和模型23表明工具支持网构成多样化程度越高，尤其是有亲属时，有婚姻挤压感受男性的平均患病数量就越多，不支持假设2a。相反的，工具支持网构成多样化程度越高，未婚男性的平均患病数量就越少，这一结果支持假设2a。模型23的结果进一步表明同时有亲属和非亲属时，未婚男性的平均患病数量会明显降低。上述结果首先表明了农村男性的健康收益不能从工具支持网数量中获得，而是从网络关系所提供的实际支持中获益。因为工具性支持是一种为了应对压力事件而产生的情境因素，其有效的健康机制主要看个人能否从网络成员处获得特定的支持（Uchino，2009）。另外，上述结果还意味着对于婚姻困境中农村男性的健康状况来讲，工具支持网构成多样化是一把双刃剑。工具支持网中的亲属和非亲属成员既能弥补配偶缺失对男性健康状况的消极影响，同时又会给他们带来压力，尤其是来自亲属的催促他们赶紧成婚的压力，这会进一步增加他们被婚姻挤压的压迫感。

模型25表明情感支持网规模越大，28～65岁男性的平均患病数量就越少，这一结果支持假设2b。情感支持网规模越大，意味着28～65岁男性可以经常沟通交流的人就越多。这有助于排解他们的孤独寂寞、不开心等消极情绪，从而减少身体功能下降的风险和导致心脏疾病病发的因素（如胆固醇、血压较高，经常抽烟、酗酒等）（Pressman et al.，2005）。此外，模型27进一步表明，对于有婚姻挤压感受的农村男性而言，情感支持网中有非亲属时平均患病数量较高。这可能是因为非亲属多是同辈人群，同辈之间的对比会使他们产生强烈的落差感，从而会加重成婚困难带来的压力（Uchino，2009；Y. Li，Li & Liu，2015）。与此同时，模型27还表明情感支持网中有亲属可以减少未婚男性的平均患病数量。这表明来自亲属的安慰、劝解能够在一定程度上替代妻子在健康促进中的有益角色。

模型29表明，社会交往网的规模和构成多样化对婚姻挤压与健康状况之间的关系没有调节效应。与之不同，模型31中，社会交往网中有亲属或非亲属时，有婚姻挤压感受男性的平均患病数量均较多。而有非亲属时，28～65岁男性的平均患病数量却较低；同时有亲属时，未婚男性的平均患病数量也较低。这些结果表明处于不同受婚姻挤压状态下的农村男性对社会交往网的总体规模、多样化程度都没有要求，只对网络中的成员身份有要求。与社会断绝来往有助于改善有婚姻挤压感受男性的健康状况，因为他们可以避免受到来自亲属、非亲属的成婚压力和强烈的落差感（Helgeson，2003；Uchino，2009；Y. Li，Li & Liu，2015）。相比之下，社会交往网中有非亲属对28～65岁男性的健康促进作用较明显，而亲属则对未婚男性比较重要。这体现了非亲属和亲属在农村大龄未婚男性日常社交活动中的积极作用，可以帮助他们减少孤独感，提高社会融合度，促进身体健康发展。

此外，模型33和模型35进一步表明信息支持网对婚姻挤压背景下农村男性健康状况的影响有限。只有信息支持网中有非亲属可以帮助减少28～65岁男性的平均患病数量，这一结果支持假设2d。非亲属成员具有异质性强、信息来源渠道广等特点（边燕杰、张磊，2013）。信息支持网中有非亲属意味着28～65岁未婚男性的就业渠道较广，经济状况、生活质量、医疗服务获取等也可能随之得到改善。

三　婚姻困境中社会支持网对农村男性主观生命质量的影响

综合表7-3和表7-4可以发现，社会支持网对婚姻挤压背景下农村男性主观生命质量的影响表现出了明显的地区差异。

首先，直接效应方面，表7-3表明，工具、情感、社会交往、信息四类支持网的规模都对陕西省农村男性主观生命质量有显著积极影响。即社会支持网规模对陕西省农村男性的主观生命质量有直接的增益作用，这一结果支持假设3a～3d。不过各类支持网构成变量对陕西省农村男性主观生命质量的影响并不显著。与之不同，表7-4的安徽省数据则表明，社会支持网变量中，只有工具支持网和社会交往网的构成多样化对农村男性主观生命质量有直接的增益作用，支持假设3a和3c。上述结果表明陕西省农村男性侧重数量；各类网络的规模越大，意味着融合程度越高，社会关系良好；在遭遇困难时可获得的潜在支持较多，能够有效缓解压力对心理的消极影响，使其保持良好的心理状态。而与之不同，安徽省农村男性更注重支持来源的多样化，不同支持渠道的互补可以为其提供一个完整的网络结构，在遭遇消极事件时，可以有针对性地求助。

另外，在缓冲效应方面，工具支持网中有非亲属会降低陕西省 28～65 岁农村男性的主观生命质量得分，不支持假设 4a。而与之相反，表 7-4 安徽省的结果则强调了工具支持网中非亲属成员的重要性，表明有非亲属会增加 28～65 岁农村男性的主观生命质量得分。同时，表 7-4 还表明工具支持网规模可以帮助缓解年龄对安徽省农村男性主观生命质量的消极影响。这两个结果支持假设 4a。首先，工具支持网中非亲属在两省数据中的不同结果再次证明了非亲属是一把双刃剑。对于陕西省 28～65 岁的农村男性，亲缘关系可能是在遇到压力事件时的首要求助对象。尽管非亲属可以为他们提供实际的帮助，但因为非亲属之间的关系并不是天然的，是通过彼此间资源的不断交换来维持的，因而有非亲属也可能为他们带来物质经济上的压力和心理负担，以及强烈的落差感（Uchino，2009；Y. Li，Li & Liu，2015）。相比之下，安徽省 28～65 岁农村男性可能更关注非亲属所带来的好处和潜在的支持。其次，安徽省的两个结果除了表明可以获得充足的工具支持对 28～65 岁农村男性的重要性，还暗示了在扩展 28～65 岁农村男性的工具支持网规模时，可以着重关注非亲属的替代性。

情感支持网中，表 7-3 的结果表明，对于陕西省农村男性而言，是否有来自亲属的情感支持对受婚姻挤压男性的生命质量很重要。网络规模较大、有非亲属反倒不利于 28～65 岁、未婚农村男性生命质量的提高。与之相反，表 7-4 结果表明对于安徽省农村男性而言，网络规模较大、构成多样化程度较高有利于改善未婚农村男性、有婚姻挤压感受农村男性的生命质量。同时来自亲属的情感支持对 28～65 岁、未婚农村男性主观生命质量的消极作用也从侧面证明了非亲属的重要性。这些结果再次反映了本研究选择的两个调查地点在村庄结构上的代表性。正如贺雪峰（2012）所总结的，北方村庄（陕西关中、河南安阳、河南开封、山西运城等）普遍存在一些功能性的村民血缘群体（大致是"五服"内血缘关系），如"门子""门份""户族""本家"等等。而这也使得村落具有对外封闭性，村民具有较强烈的本村人、外路人的界限意识。相较之下，因自然因素，长江中游地区（两湖地区、江西北部、安徽中部等）农村居民散居为主，缺少共同财产；村庄内部结合程度相对微弱，具有极大的开放性，对外来者的排斥不是那么严重。

　　与之相似，对于陕西省农村男性而言，社会交往网中有亲属对有婚姻挤压感受农村男性的主观生命质量也表现得非常重要。而对于安徽省农村男性而言，社会交往网中有非亲属则同时表现出了积极的一面和消极的一面。一方面，网络规模较大、有非亲属可以降低对 28～65 岁农村男性主观生命质量的消极影响，帮助他们打发时间、避免孤单；但同时有非亲属可能又会使有婚姻挤压感受的农村男性产生强烈的落差感，加重有婚姻挤压感受对农村男性主观生命质量的消极影响。

　　此外，因为陕西省地处西北，收入较低、就业机会偏少，所以陕西省婚姻困境中农村男性格外看重信息支持网。信息支持网构成多样化程度高，同时有亲属和非亲属可以有效缓解有婚姻挤压感受对农村男性主观生命质量的消极影响。相比之下，安徽省因经济发展程度相对较高、就业信息资讯较多，受婚姻挤压农村男性对信息支持网的重视程度一般。

四　社会支持网对婚姻困境中农村男性健康状况与主观生命质量关系的影响

　　表 7-5 的结果表明，在患有多种疾病的压力背景下，社会支持网只对农村男性的生命质量有直接影响，而对患病数量和生命质量之间的消极关系不存在缓冲效应。这一结果不支持假设 5，暗示了社会支持网络是获得资源（如工具和情感支持）以缓解日常生活中遇到的压力的必要条件，但不是充分条件（Bloom et al.，2001）。对于患有多种疾病的农村男性而言，强烈影响他们的神经元活动、心理健康的因素可能是由网络成员提供的实际支持，而不仅仅是关系的存在（Seeman，1996）。

小　结

　　社会支持网包括四种类型：工具支持网、情感支持网、社会交往网和信息支持网。对每一种网络，本章都测量了其规模和构成。在通过对比描述婚姻困境中农村男性的社会支持网现状后，本章分三步检验了婚姻挤压背景下社会支持网对农村男性生命质量的影响，总体影响结果如图 7-18 所示。具体结论如下：

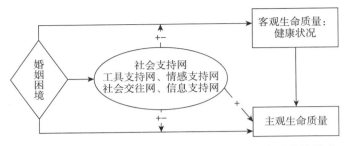

图 7 - 18   社会支持网对婚姻困境中农村男性生命质量的影响

（1）婚姻困境对农村男性社会支持网的干预表现出了地区差异。陕西省不同婚姻状况男性在四类支持网的规模、构成上都未表现出明显差异。而安徽省婚姻困境男性的各类支持网规模、构成多样化水平却明显小于其他男性。同时，安徽省婚姻困境男性的各类支持网规模、构成多样化水平还明显低于陕西省的婚姻困境男性。

（2）对健康状况的影响方面，社会支持网对婚姻困境中农村男性的健康状况只有间接影响；同时处于不同受婚姻挤压状态下的农村男性对社会交往网的成员构成要求不同。表现为，对于有婚姻挤压感受的男性而言，工具支持网构成多样化程度越高，尤其是有亲属，情感支持网中有非亲属，社会交往网中有亲属或非亲属，都会增加有婚姻挤压感受男性对患病数量的积极影响。而对于28～65岁、未婚农村男性而言，工具支持网构成多样化程度高，同时有亲属和非亲属，有充足的情感支持，尤其是社会交往网中有亲属或非亲属、信息支持网中有非亲属，则都可以有效缓解年龄和未婚对患病数量的影响。

（3）对主观生命质量的影响方面，社会支持网对婚姻困境中农村男性的主观生命质量既有直接的增益效应，又有多样化的调节效应。不过地区间差异比较明显，表现为：直接效应方面，陕西省农村男性侧重数量，各类支持网规模可以显著促进他们主观生命质量水平的提高。而安徽省农村男性则侧重来源多样化，工具支持网和社会交往网构成多样化都对其主观生命质量有显著的促进作用。

调节效应方面，工具支持网中有非亲属会增加年龄对陕西省农村男性主观生命质量的消极影响。与之相反，安徽省则强调了有非亲属成员的重要性。网络规模较大、有非亲属会有效缓解年龄对主观生命质量的消极影响。相似的，情感支持网中陕西省农村男性也强调亲属的重要性，构成中有亲属时可以缓解婚姻挤压感受对主观生命质量的消极影响；而网络规模较大、有非亲属反倒会降低 28～65 岁、未婚农村男性的生命质量水平。与之不同，安徽省男性注重非亲属。情感支持网网络规模较大、构成多样化会缓解未婚和有婚姻挤压感受对主观生命质量的消极影响；而构成中有亲属却会加大年龄和未婚的消极影响。另外，社会交往网中有亲属对陕西省有婚姻挤压感受男性的主观生命质量也表现出明显的促进作用。而社会交往网中有非亲属对安徽省农村男性则表现出了两面性，网络规模较大、有非亲属可以降低年龄对主观生命质量的消极影响；但同时有非亲属可能又会加重有婚姻挤压感受对主观生命质量的消极影响。此外，相较于安徽省，陕西省婚姻困境中农村男性比较重视信息支持网。构成多样化程度高，有亲属和非亲属可以有效缓解有婚姻挤压感受对主观生命质量的消极影响。

（4）对健康状况与主观生命质量关系的影响方面，在患有多种疾病的压力下，社会支持网对农村男性的主观生命质量只有直接影响，并无缓冲作用。

第八章　感知社会支持对婚姻困境中农村男性生命质量的影响

本章与第六章、第七章是并行章节，旨在探讨社会支持变量中的感知社会支持对婚姻困境中农村男性生命质量的影响。首先，简要概述本章的研究背景和目的，提出研究假设；其次，对如何测量"感知社会支持"进行介绍。在此基础上，对比陕西省和安徽省不同受婚姻挤压状态的农村男性在家人、亲戚邻居、朋友支持感知上的差异。再次，采用 OLS 和调节效应分析的方法，分别检验婚姻挤压背景下总体感知支持和不同来源的感知支持与农村男性生命质量的关系，并对结果进行讨论；最后总结出感知社会支持对婚姻困境中农村男性生命质量的影响。

第一节　研究目的

感知社会支持，是指对支持的普遍可及性的感知（Haber，Cohen，Lucas & Baltes，2007）。前面已经提到，虽然实际受到的支持和感知可获得的支持都是社会支持寻求结果的衡量指标，但相比之下，在评估福利、健康结果时后者的预测性和稳健性更强。因为相较于实际获得的支持数量很少能全部转化为接受者对社会支持的看法（Haber et al.，2007），从网络中获取的感知支持本身就暗含了人际交往过程中和交往互动后所产生的积极心理面（Uchino，2009）。而这些积极心理面会反过来通过不同的机制影响健康，比如主动应对、健康行为选择、积极配合治疗等（Aspinwall & Taylor，1997；DiMatteo，2004）。

在大量的公共卫生健康研究中，感知支持已被证明与各种身体、心理健康结果显著相关（Sarason，Sarason & Gurung，2001；Uchino，Cacioppo & Kiecolt-Glaser，1996）。分析认为当个体感知到与潜在支持者的关系比较积极、质量较高时，他们在接受支持时感觉是愉悦的（Merz & Huxhold，2010）。因而，许多研究都表明个体拥有较高程度的社会支持有助于降低心脏疾病发病率、提高免疫系统，帮助慢性疾病康复，降低死亡率（Elal & Krespi，1999）；同时，还有助于增强应对压力的能力，提高生活满意度、保持心理健康（Cohen，Underwood & Gottlieb，2000；Cohen & Wills，1985）。相反，个体的感知支持水平较低时，他们在接受支持时是有心理障碍的。这会降低他们的福利，增加其心血管疾病的发病率和死亡率（Brummett et al.，2001；Frasure-Smith et al.，2000；Rutledge et al.，2004）。近些年，社会支持水平与生命质量之间的相似关系在老年群体和各类慢性疾病患者的研究中也逐渐被证实（Yeung & Fung，2017；Luszczynska et al.，2013）。

　　不过，在遭受到婚姻挤压的压力情境下，感知支持与农村男性生命质量之间的关系如何？目前尚不知。最近一项关于美国社交网络的研究报告声称，社交网络用户感知到的情感和陪伴支持水平几乎等同于已婚或同居人群从同伴处所感知到的支持水平（Hampton，Goulet，Rainie & Purcell，2011）。也就是说，在一定程度上，对来自其他重要人群的支持感知是可以弥补因配偶缺失带来的不足的。那么，对于婚姻困境中农村男性而言，来自其他重要人群的支持感知应该也可以降低婚姻挤压对生命质量的威胁，帮助保护他们的生命质量。这也是本章将要证明的首要问题。

　　进一步分析，感知支持与生命质量之间的关系事实上还可能取决于支持的具体形式，比如来源、功能。已有关于疾病患者、老年群体的发病率、死亡率和生命质量的研究就经常区分来自家庭、朋友和专业医疗人员的支持（Yeung & Fung，2017；Luszczynska et al.，2013）。比如 Yeung 和 Fung（2007）就调查了中国香港老年群体中家庭成员和朋友支持对他们生活满意度的相对贡献，发现家庭成员支持对生活满意度的贡献要大于朋友支持。也因此，本章还想了解：哪一种来源的支持对婚姻困境中农村男性生命质量的保护效应更大，即探讨不同来源的感知支持对婚姻困境中农村男性生命质量的影响效应的差别。

　　为回答上述问题，本章首先构建婚姻挤压背景下社会支持网对农村男性生命质量的影响框架（见图 8 - 1），提出并验证以下 5 个研究假设：

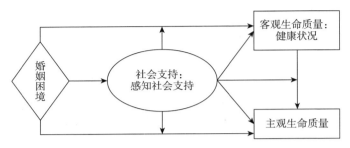

图 8 - 1　感知社会支持对婚姻困境中农村男性生命质量的影响

假设 1：感知社会支持（比如来自家人、朋友）对婚姻困境中农村男性客观生命质量有直接保护效应。

假设 2：感知社会支持（比如来自家人、朋友）能够缓解婚姻挤压对农村男性客观生命质量的威胁。

假设 3：感知社会支持（比如来自家人、朋友）对婚姻困境中农村男性主观生命质量有直接增益效应。

假设 4：感知社会支持（比如来自家人、朋友）能够缓解婚姻挤压对农村男性主观生命质量的威胁。

假设 5：感知社会支持（比如来自家人、朋友）能够缓解健康状况较差对婚姻困境中农村男性主观生命质量的威胁。

第二节　研究方法

一　变量测量

与上述章节一样，本章中所涉及的四项变量测量：婚姻挤压、客观生命质量、主观生命质量和控制变量（受教育程度、家庭年收入、生活设施数量和名下房屋），也具体参考了第五章"研究方法"一节中的"变量测量"部分。此章不再赘述，将重点介绍对"感知社会支持"的测量。

本研究采用由 Zimet 等人（1988）编制，姜乾金翻译、修订的中文版"感知社会支持量表（Perceived Social Support Scale，PSSS）"。该量表在中国已被广泛使用，共包括 12 个项目，分别测量家人支持、朋友支持和其他重要成员的支持（如亲戚、邻居）。本研究首先测量总体感知支持，即将所有项目加总得到感知支持总分。分值越高，说明感知到可用的社会资源越多。

接着，区分支持来源测量。家人支持，将测量家人支持感知的四个项目加总。分值越高，说明感觉可以获得的家人支持越多。亲戚邻居支持，将测量亲戚邻居支持感知的四个项目加总。分值越高，说明感觉可以从亲戚邻居处获得的支持越多。朋友支持，将测量朋友支持感知的四个项目加总。分值越高，说明感觉可以获得的朋友支持越多。

陕西和安徽两省样本中，感知社会支持的总量表、各维度量表的内部一致性系数（见表 8－1），均大于 0.7，表明信度都较好。

表 8－1　感知社会支持的量表信度

陕西省			安徽省		
变量	项数	Cronbach's Alpha	变量	项数	Cronbach's Alpha
总体感知支持	12	0.913	总体感知支持	12	0.918
家人支持	4	0.777	家人支持	4	0.821
亲戚邻居支持	4	0.773	亲戚邻居支持	4	0.815
朋友支持	4	0.833	朋友支持	4	0.837

二　分析策略

首先，采用单因素 ANOVA 的方法对比 20～27 岁已婚和未婚男性、28～65 岁已婚和未婚男性等四类男性群体在总体感知支持、家人支持、亲戚邻居支持和朋友支持上的差异；采用独立样本 t 检验的方法对比有婚姻挤压感受和无婚姻挤压感受两类男性群体在总体感知支持及不同来源的感知支持上的差异。

在回归分析环节，本章同样通过构建含有调节效应分析的 OLS 回归模型来分别检验总体感知支持和不同来源的感知支持在婚姻挤压对农村男性生命质量影响过程中的效用。

首先，构建模型 68～69 检验总体感知支持在婚姻挤压对客观生命质量：健康状况的影响过程中的效应。其中，模型 68 是在第五章模型 3 的基础上加入了总体感知支持，作为自变量；模型 69 进一步加入了婚姻挤压变量与总体感知支持的交互项。接着，为了区分不同支持来源的效用，本章又构建了模型70~71来检验家人、亲戚邻居和朋友等不同来源的感知支持在婚姻挤压对客观生命质量：健康状况的影响过程中的效应。其中，模型70是重新在模型3的基础上加入了家人支持、亲戚邻居支持和朋友支持；模型71是进一步纳入了婚姻挤压变量与三类支持的交互项。此时，感知社会支持变量均为潜在调节变量。

其次，构建模型72~75来检验总体感知支持和不同来源的感知支持在婚姻挤压对主观生命质量的影响过程中的效用。其中，模型72是在第五章模型6的基础上加入了总体感知支持作为自变量；模型73是进一步纳入了婚姻挤压变量与总体感知支持的交互项。模型74是重新在模型6的基础上加入了家人支持、亲戚邻居支持和朋友支持，作为自变量；模型75是在模型74的基础上又加入了婚姻挤压变量与三类支持的交互项。

最后，为了检验总体感知支持和三种来源的感知支持在健康状况对婚姻困境中农村男性主观生命质量的影响过程中的效用，又分别构建了模型76~77和模型78~79。其中，模型76和模型78是在第五章模型7的基础上分别纳入了总体感知支持和三类支持作为自变量。模型77和模型79是分别在模型76和模型78的基础上纳入了婚姻挤压变量和总体感知支持的交互项、婚姻挤压变量和三类支持的交互项。

此外，需要说明的是在进行交互检验时，模型对总体感知支持和三种来源的感知支持、健康状况都进行了"对中"处理，以避免多重共线性较大。各模型信息概况见表8-2。

表8-2　模型信息

因变量	假设	模型	自变量
客观生命质量：健康状况	假设1	模型68	婚姻挤压感受＋年龄＋婚姻状况＋总体感知支持＋网络构成多样化＋控制变量
	假设2	模型69	婚姻挤压感受＋年龄＋婚姻状况＋总体感知支持＋婚姻挤压×总体感知支持＋控制变量
	假设1	模型70	婚姻挤压感受＋年龄＋婚姻状况＋亲人支持＋亲戚邻居支持＋朋友支持＋控制变量
	假设2	模型71	婚姻挤压感受＋年龄＋婚姻状况＋亲人支持＋朋友支持＋亲戚邻居支持＋婚姻挤压×亲人支持＋婚姻挤压×亲戚邻居支持＋婚姻挤压×朋友支持＋控制变量

续表

因变量	假设	模型	自变量
主观生命质量总分	假设3	模型72	婚姻挤压感受＋年龄＋婚姻状况＋总体感知支持＋网络构成多样化＋控制变量
	假设4	模型73	婚姻挤压感受＋年龄＋婚姻状况＋总体感知支持＋婚姻挤压×总体感知支持＋控制变量
	假设3	模型74	婚姻挤压感受＋年龄＋婚姻状况＋亲人支持＋亲戚邻居支持＋朋友支持＋控制变量
	假设4	模型75	婚姻挤压感受＋年龄＋婚姻状况＋亲人支持＋朋友支持＋亲戚邻居支持＋婚姻挤压×亲人支持＋婚姻挤压×亲戚邻居支持＋婚姻挤压×朋友支持＋控制变量
主观生命质量总分		模型76	婚姻挤压感受＋年龄＋婚姻状况＋健康状况＋总体感知支持＋控制变量
	假设5	模型77	婚姻挤压感受＋年龄＋婚姻状况＋健康状况＋总体感知支持＋健康状况×总体感知支持＋控制变量
		模型78	婚姻挤压感受＋年龄＋婚姻状况＋健康状况＋亲人支持＋亲戚邻居支持＋朋友支持＋控制变量
	假设5	模型79	婚姻挤压感受＋年龄＋婚姻状况＋健康状况＋亲人支持＋朋友支持＋亲戚邻居支持＋健康状况×亲人支持＋健康状况×亲戚邻居支持＋健康状况×朋友支持＋控制变量

第三节　农村男性感知社会支持状况

一　总体感知支持

总体而言，安徽省各类农村男性群体的总体感知支持水平相对低于陕西省各类农村男性群体，尤其是受婚姻挤压感受的男性群体。同时，在陕西、安徽两省，28～65岁未婚男性群体的总体感知支持水平均较低（陕西：45.49；安徽：43.86），显著低于20～27岁男性群体和28～65岁已婚男性群体（陕西：$F = 2.64^*$；安徽：$F = 8.40^{***}$）。相似的，两省中有婚姻挤压感受男性群体的总体感知水平也都较低，尤其是安徽省（44.36），显著低于无婚姻挤压感受的男性群体（46.76，$t = 4.74^{***}$）（见图8－2）。

二　家人支持

具体来看，陕西省和安徽省各类男性群体在家人支持感知水平上表现

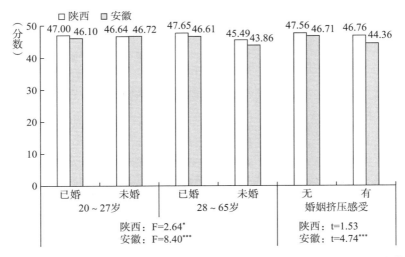

图 8 - 2　不同年龄、不同婚姻状况和不同婚姻挤压感受男性群体的总体感知支持比较
（ *** *p < .001*；* *p < .05*）

出了与总体感知支持水平相似的差异。在陕西、安徽两省，28～65岁未婚
男性群体和有婚姻挤压感受男性群体的家人支持感知水平都较低，尤其是
安徽省，显著低于20～27岁男性群体和无婚姻挤压感受男性群体（F =
10.26 ***；t = 3.65 ***）（见图8-3）。

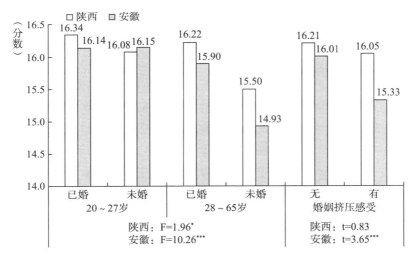

图 8 - 3　不同年龄、不同婚姻状况和不同婚姻挤压感受男性群体的家人支持比较
（ *** *p < .001*；* *p < .05*）

三　亲戚邻居支持

陕西省和安徽省各类男性群体在亲戚邻居支持感知水平上也表现出了与总体感知支持水平相似的差异。同时在陕西、安徽两省，28～65岁未婚男性群体的亲戚邻居支持感知水平（陕西：15.34；安徽：14.65）都明显低于其他三类男性群体（陕西：$F = 3.83^{**}$；安徽：$F = 4.85^{**}$）。有婚姻挤压感受男性群体的亲戚邻居支持感知水平也都显著低于无婚姻挤压感受的男性群体（陕西：$t = 1.90 +$；安徽：$t = 3.57^{***}$）（见图8－4）。

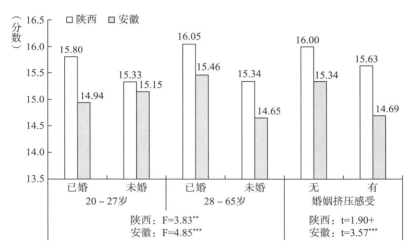

图8－4　不同年龄、不同婚姻状况和不同婚姻挤压感受男性群体的
亲戚邻居支持比较（$^{***} p < 0.001$）

四　朋友支持

在朋友支持的感知水平方面，陕西省和安徽省非受婚姻挤压感受男性各群体之间非常接近，且安徽省较好。同时，在陕西、安徽两省，28～65岁未婚男性群体和有婚姻挤压感受男性群体的感知水平均较低，尤其是在安徽省（14.28和14.34），显著低于20～27岁男性群体、28～65岁已婚男性群体和无婚姻挤压感受男性群体（$F = 8.44^{***}$；$t = 5.54^{***}$）。

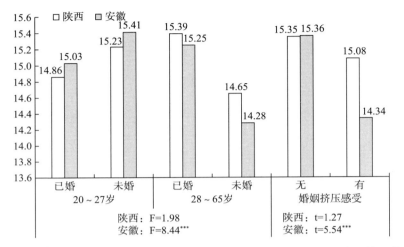

图 8 - 5　不同年龄、不同婚姻状况和不同婚姻挤压感受男性的朋友支持比较
（ $+ p < 0.1$; $** p < 0.01$; $*** p < 0.001$ ）

第四节　感知社会支持对农村男性生命质量的影响

一　婚姻困境中感知社会支持对农村男性客观生命质量的影响

表 8 - 3 检验了婚姻困境中感知社会支持对农村男性客观健康状况的影响效应，即假设 1 和假设 2。

与第五章模型 3 相比，模型 68 和模型 70 中婚姻挤压感受、年龄、婚姻状况对健康状况的影响系数和显著性均基本保持不变。与此同时，模型 68 中总体感知支持显著消极影响健康状况（ -0.10 ， $p < 0.01$ ）。即总体感知支持水平越高，农村男性患有的疾病数量越少。模型 70 在不同来源的支持感知中，亲戚邻居支持也显著消极影响健康状况（ -0.12 ， $p < 0.05$ ）。即对亲戚邻居支持的感知水平越高，农村男性的患病数量越少。

模型 69 中，年龄与总体感知支持的交互项对农村男性的健康状况有一定的消极影响（ -0.11 ， $p < 0.1$ ）。为了准确了解当总体感知支持水平变化时，年龄对健康状况的影响效应变化趋势，本章也选择通过调整总体感知支持变量的 0 值，重新计算年龄对健康状况的回归系数。当 0 值对应原总体感知支持的"均值 $-1 \times$ 标准差"，即原总体感知支持 $-(45.92 - 1 \times 0.23)$

时，年龄的回归系数为 0.51。当 0 值对应"均值（45.92）"时，年龄的回归系数为 0.50。当 0 值对应"均值 + 1×标准差（45.92 + 1×0.23）"时，年龄的回归系数仍然为 0.50。这表明总体感知支持对年龄与健康状况关系的调节效应并不明显。

模型 71 中，年龄与家人支持的交互项显著消极影响健康状况（- 0.20，$p < 0.05$）。同样通过调整家人支持的 0 值来了解家人支持水平变化时，年龄对健康状况的影响。当 0 值对应原家人支持感知的"均值 - 1×标准差"，即原家人支持 - （15.76 - 1×0.09）时，年龄的回归系数为 0.53。当 0 值对应"均值（15.76）"时，年龄的回归系数为 0.52。当 0 值对应"均值 + 1×标准差（15.76 + 1×0.09）"时，年龄的回归系数为 0.51。这表明随着对家人支持的感知水平的提高，年龄差异对健康状况的影响会逐渐减小。

表 8 - 3　感知社会支持对婚姻困境中农村男性健康状况的影响效应（安徽）

因变量：健康状况	模型 68	模型 69	模型 70	模型 71
婚姻挤压				
婚姻挤压感受：无				
有	0.08 *	0.08 *	0.09 *	0.09 *
年龄：20 ~ 27 岁				
28 ~ 65 岁	0.19 ***	0.20 ***	0.20 ***	0.20 ***
婚姻状况：已婚				
未婚	- 0.10 **	- 0.11 **	- 0.10 **	- 0.10 **
感知社会支持				
总体感知支持	- 0.10 **	- 0.06		
家人支持			- 0.07	0.11
亲戚邻居支持			- 0.12 *	- 0.11
朋友支持			0.07	- 0.05
婚姻挤压×感知社会支持				
婚姻挤压感受 × 总体感知支持		0.07		
年龄 × 总体感知支持		- 0.11 +		
婚姻状况 × 总体感知支持		0.001		
婚姻挤压感受 × 家人支持				0.001
年龄 × 家人支持				- 0.20 *
婚姻状况 × 家人支持				- 0.02
婚姻挤压感受 × 亲戚邻居支持				0.02

续表

因变量：健康状况	模型 68	模型 69	模型 70	模型 71
年龄 × 亲戚邻居支持				- 0.04
婚姻状况 × 亲戚邻居支持				0.04
婚姻挤压感受 × 朋友支持				0.05
年龄 × 朋友支持				0.13
婚姻状况 × 朋友支持				- 0.02
受教育程度：小学及以下				
初中	0.04	0.04	0.05	0.05
高中及以上	- 0.02	- 0.02	- 0.02	- 0.03
家庭年收入：3 万元以下				
3 万 ~ 6 万元	- 0.06 +	- 0.06 +	- 0.07 +	- 0.07 +
6 万元以上	- 0.15 ***	- 0.16 ***	- 0.16 ***	- 0.17 ***
生活设施数量	- 0.01	- 0.001	0.00	0.01
名下房屋：无				
有	- 0.01	- 0.01	- 0.01	- 0.02
df	10	13	12	21
Adjusted R^2	.12	.13	.13	.13
F	13.98 ***	11.23 ***	12.23 ***	7.60 ***

注：df = 自由度。表中报告的所有回归系数都是标准回归系数。 + $p < 0.1$ ； * $p < 0.05$ ；** $p < 0.01$ ；*** $p < 0.001$ 。

二 婚姻困境中感知社会支持对农村男性主观生命质量的影响

表 8 - 4 和表 8 - 5 分别检验了婚姻困境中感知社会支持对陕西和安徽农村男性主观生命质量的影响效应，即假设 3 和假设 4。

与第五章模型 6 - S 相比，模型 72 - S 和模型 74 - S 中婚姻挤压感受、年龄、婚姻状况对主观生命质量的影响系数和显著性均基本保持不变。与此同时，模型 72 - S 中总体感知支持显著积极影响主观生命质量 （0.16，$p < 0.001$）。即农村男性的总体感知支持水平越高，他们的生命质量得分也越高。模型 74 - S 中三种来源的总体感知支持中，亲戚邻居支持和朋友支持都对主观生命质量有显著积极的影响 （0.09，$p < 0.05$ ；0.11，$p < 0.05$）。即对亲戚邻居支持、朋友支持的感知水平越高，农村男性的主观生命质量得分越高。

模型 73 - S 中，年龄与总体感知支持、婚姻状况与总体感知支持的交互项均显著消极影响主观生命质量 （ - 0.20，$p < 0.05$ ； - 0.09，$p < 0.05$）。

通过重新调整总体感知支持变量的 0 值，来了解当它变化时，年龄和婚姻状况对主观生命质量的影响变化趋势。当 0 值对应原总体感知支持的"均值 － 1 × 标准差"，即原总体感知支持 － （47.32 － 1 × 0.22）时，年龄和婚姻状况的回归系数分别为 － 3.93 和 － 0.65。当 0 值对应"均值 （47.32）"时，年龄和婚姻状况的回归系数分别为 － 4.03 和 － 0.75。当 0 值对应"均值 ＋ 1 × 标准差 （47.32 ＋ 1 × 0.22）"时，年龄和婚姻状况的回归系数分别为 － 4.13 和 － 0.85。这表明随着总体感知支持水平的提高，年龄差异和婚姻状况差异对主观生命质量的影响是逐渐变大的。

模型 75 － S 中，年龄与家人支持、婚姻状况与家人支持的交互项也都显著消极影响主观生命质量 （－ 0.28，$p < 0.05$；－ 0.15，$p < 0.05$）。当 0 值对应原家人支持感知的"均值 － 1 × 标准差"，即原家人支持 － （16.14 － 1 × 0.08）时，年龄和婚姻状况的回归系数分别为 － 3.63 和 － 0.52。当 0 值对应"均值 （16.14）"时，年龄和婚姻状况的回归系数分别为 － 3.77 和 － 0.66。当 0 值对应"均值 ＋ 1 × 标准差 （16.14 － 1 × 0.08）"时，年龄和婚姻状况的回归系数分别为 － 3.91 和 － 0.80。这表明随着对家人支持的感知水平的提高，年龄差异和婚姻状况差异对主观生命质量的影响会逐渐变大。

表 8 － 4　感知社会支持对婚姻困境中农村男性主观生命质量的影响效应 （陕西）

因变量：主观生命质量	模型 72 － S	模型 73 － S	模型 74 － S	模型 75 － S
婚姻挤压				
婚姻挤压感受：无				
有	－ 0.22 ***	－ 0.22 ***	－ 0.22 ***	－ 0.22 ***
年龄：20 ~ 27 岁				
28 ~ 65 岁	－ 0.09 *	－ 0.10 **	－ 0.10 *	－ 0.09 *
婚姻状况：已婚				
未婚	－ 0.01	－ 0.02	－ 0.01	－ 0.02
感知社会支持				
总体感知支持	0.16 ***	0.40 ***		
家人支持			－ 0.02	0.25 +
亲戚邻居支持			0.09 *	0.03
朋友支持			0.11 *	0.15
婚姻挤压 × 感知社会支持				
婚姻挤压感受 × 总体感知支持		－ 0.02		

续表

因变量：主观生命质量	模型 72 - S	模型 73 - S	模型 74 - S	模型 75 - S
年龄×总体感知支持		- 0. 20 *		
婚姻状况×总体感知支持		- 0. 09 *		
婚姻挤压感受×家人支持				0. 08
年龄×家人支持				- 0. 28 *
婚姻状况×家人支持				- 0. 15 *
婚姻挤压感受×亲戚邻居支持				- 0. 04
年龄×亲戚邻居支持				0. 08
婚姻状况×亲戚邻居支持				0. 03
婚姻挤压感受×朋友支持				- 0. 06
年龄×朋友支持				- 0. 01
婚姻状况×朋友支持				0. 02
受教育程度：小学及以下				
初中	0. 06	0. 07	0. 06	0. 07
高中及以上	0. 06	0. 06	0. 07	0. 07
家庭年收入：3 万元以下				
3 万 ~ 6 万元	0. 10 **	0. 10 **	0. 10 **	0. 10 **
6 万元以上	0. 15 ***	0. 14 ***	0. 15 ***	0. 14 ***
生活设施数量	0. 21 ***	0. 21 ***	0. 21 ***	0. 21 ***
名下房屋：无				
有	0. 03	0. 03	0. 03	0. 03
df	10	13	12	21
Adjusted R^2	. 21	. 21	. 21	. 21
F	23. 66 ***	18. 82 ***	20. 01 ***	12. 07 ***

注：df = 自由度。表中报告的所有回归系数都是标准回归系数。 $+ p < 0.1$; $* p < 0.05$; $** p < 0.01$; $*** p < 0.001$。

相较于第五章模型 6 - A，模型 72 - A 和模型 74 - A 中婚姻挤压感受对主观生命质量的影响系数和显著性都未发生明显的变化。与此同时，模型 72 - A 中总体感知支持显著积极影响农村男性的主观生命质量（0. 24，$p < 0.001$）。即农村男性的总体感知支持水平越高，他们的生命质量得分也越高。模型 74 - A 三种来源的总体感知支持中，亲戚邻居支持显著积极影响主观生命质量（0. 13，$p < 0.01$）。即对亲戚邻居支持的感知水平越高，农村男性的主观生命质量得分越高。

模型 72 - A 中，婚姻挤压感受与总体感知支持的交互项显著消极影响主观生命质量（ - 0.08， $p < 0.05$ ）。通过重新调整总体感知支持变量的 0 值，来了解当它变化时，婚姻挤压感受对主观生命质量的影响变化趋势。当 0 值对应原总体感知支持的"均值 - 1 × 标准差"，即原总体感知支持 - （45.92 - 1 × 0.23）时，婚姻挤压感受的回归系数为 - 5.61。当 0 值对应"均值（45.92）"时，婚姻挤压感受的回归系数为 - 5.67。当 0 值对应"均值 + 1 × 标准差（45.92 + 1 × 0.23）"时，婚姻挤压感受的回归系数为 - 5.73。这表明随着总体感知支持水平的提高，婚姻挤压感受差异对主观生命质量的影响是逐渐变大的。

模型 75 - A 中，年龄与朋友支持的交互项对主观生命质量有明显的消极影响（ - 0.16， $p < 0.1$ ）。通过重新调整朋友支持变量的 0 值，来了解当它变化时，年龄对主观生命质量的影响变化趋势。当 0 值对应原朋友支持的"均值 - 1 × 标准差"，即原朋友支持 - （15.03 - 1 × 0.09）时，年龄的回归系数为 - 0.94。当 0 值对应"均值（15.03）"时，年龄的回归系数为 - 1.03。当 0 值对应"均值 + 1 × 标准差（15.03 + 1 × 0.09）"时，年龄的回归系数为 - 1.12。这表明随着对朋友支持的感知水平的提高，年龄差异对主观生命质量的影响是逐渐变大的。

表 8 - 5　感知社会支持对婚姻困境中农村男性主观生命质量的影响效应（安徽）

因变量：主观生命质量	模型 72 - A	模型 73 - A	模型 74 - A	模型 75 - A
婚姻挤压				
婚姻挤压感受：无				
有	- 0.18 ***	- 0.18 ***	- 0.18 ***	- 0.18 ***
年龄：20 ~ 27 岁				
28 ~ 65 岁	- 0.04	- 0.03	- 0.04	- 0.03
婚姻状况：已婚				
未婚	0.02	0.02	0.02	0.01
感知社会支持				
总体感知支持	0.24 ***	0.32 ***		
家人支持			0.07	- 0.06
亲戚邻居支持			0.13 **	0.21 *
朋友支持			0.06	0.21 *
婚姻挤压×感知社会支持				
婚姻挤压感受 × 总体感知支持		- 0.08 *		

续表

因变量：主观生命质量	模型 72 - A	模型 73 - A	模型 74 - A	模型 75 - A
年龄×总体感知支持		- 0.08		
婚姻状况×总体感知支持		0.04		
婚姻挤压感受×家人支持				0.04
年龄×家人支持				0.07
婚姻状况×家人支持				0.07
婚姻挤压感受×亲戚邻居支持				- 0.06
年龄×亲戚邻居支持				- 0.01
婚姻状况×亲戚邻居支持				- 0.08
婚姻挤压感受×朋友支持				- 0.07
年龄×朋友支持				- 0.16 +
婚姻状况×朋友支持				0.06
受教育程度：小学及以下				
初中	0.01	0.01	0.01	0.01
高中及以上	0.07	0.08	0.07	0.08
家庭年收入：3 万元以下				
3 万 ~ 6 万元	0.02	0.03	0.02	0.03
6 万元以上	0.14 ***	0.14 ***	0.14 ***	0.15 ***
生活设施数量	0.18 ***	0.17 ***	0.18 ***	0.17 ***
名下房屋：无				
有	0.02	0.03	0.02	0.03
df	10	13	12	21
Adjusted R^2	. 25	. 26	. 25	. 26
F	33. 20 ***	26. 36 ***	27. 69 ***	16. 78 ***

注：df = 自由度。表中报告的所有回归系数都是标准回归系数。 $+ p < 0.1$； $* p < 0.05$； $** p < 0.01$； $*** p < 0.001$。

三　婚姻困境中感知社会支持对农村男性健康状况与主观生命质量关系的影响

表 8 - 6 给出了健康状况、感知社会支持对婚姻困境中农村男性主观生命质量的影响效应，旨在检验假设 5。

与第五章模型 7 相比，模型 76 和模型 78 中婚姻挤压感受和健康状况对主观生命质量的影响系数和显著性都未发生实质变化。而与表 8 - 5 中的模型 72 - A 相比，模型 76 中总体感知支持对主观生命质量的影响系数有所下降，但显著性不变（0.21，$p < 0.001$）。模型77中，健康状况与总体感知支持的交互项对主观生命质量的影响显著，系数为负（－0.06，$p < 0.05$）。具体分析，当0值对应原总体感知支持的"均值－1×标准差"，即原总体感知支持－（45.92－1×0.23）时，健康状况的回归系数为－2.95，即患病数量每增加一种，主观生命质量得分降低2.95分。当0值对应"均值（45.92）"时，健康状况的回归系数为－2.97，即患病数量每增加一种，主观生命质量得分降低2.97分。当0值对应"均值＋1×标准差（45.92＋1×0.23）"时，健康状况的回归系数为－2.98，即患病数量每增加一种，主观生命质量得分降低2.98分。这表明随着总体感知支持水平的提高，患病数量对主观生命质量的消极影响会慢慢增大。

另外，与表8－5中的模型74－A相比，模型78中亲戚邻居支持对主观生命质量的影响系数和显著性明显下降（0.08，$p < 0.1$）；同时，朋友支持对主观生命质量的影响变得显著（0.09，$p < 0.05$）。模型79中健康状况与家人支持、亲戚邻居支持、朋友支持的交互项对主观生命质量的影响都不显著。

表8－6　健康状况、感知社会支持对婚姻困境中农村男性主观生命质量的影响效应（安徽）

因变量：主观生命质量	模型76	模型77	模型78	模型79
婚姻挤压				
婚姻挤压感受：无				
有	－0.16***	－0.16***	－0.16***	－0.16***
年龄：20~27岁				
28~65岁	0.01	0.01	0.01	0.01
婚姻状况：已婚				
未婚	0.01	0.01	0.01	0.01
健康状况	－0.25***	－0.26***	－0.25***	－0.26***
感知社会支持				
总体感知支持	0.21***	0.22***		
家人支持			0.06	0.07+
亲戚邻居支持			0.08+	0.08+
朋友支持			0.09*	0.09*
健康状况×感知社会支持				
健康状况×总体感知支持		－0.06*		
健康状况×家人支持				－0.06

续表

因变量：主观生命质量	模型 76	模型 77	模型 78	模型 79
健康状况×亲戚邻居支持				−0.02
健康状况×朋友支持				0.02
受教育程度：小学及以下				
初中	0.02	0.03	0.02	0.03
高中及以上	0.06	0.06	0.06	0.06
家庭年收入：3 万元以下				
3 万～6 万元	0.01	0.01	0.01	0.01
6 万元以上	0.10**	0.10**	0.10**	0.10**
生活设施数量	0.17***	0.17***	0.18***	0.17***
名下房屋：无				
有	0.02	0.02	0.02	0.02
df	11	12	13	16
Adjusted R²	.30	.30	.30	.30
F	37.44***	34.77***	31.63***	26.09***

注：df = 自由度。表中报告的所有回归系数都是标准回归系数。 $+ p < 0.1$； $* p < 0.05$； $** p < 0.01$； $*** p < 0.001$。

第五节　讨论：感知社会支持对农村男性生命质量存在怎样的影响？

一　婚姻困境中的婚姻挤压会降低农村男性的感知社会支持水平

即使在单身率越来越高的西方社会，研究结果依然表明相较于单身群体，已婚群体的感知支持水平明显较高。只是在对不同来源的支持感知上，不同的社会表现出了差异。比如，Prezza 和 Pacilli（2002）对意大利已婚人群和未婚人群的比较发现，前者认为可从其他重要成员处获得支持的感知水平显著高于后者。而 Adamczyk（2015）对波兰大学生的调查则发现单身人员对可从家人、其他重要成员处获得支持的感知水平显著低于已婚人员。与之相比，婚姻在中国尤其受到重视，超过一定年龄未婚除了会影响家人和亲戚的支持量外，也会限制他们与朋友、邻居的互动。因而并不意外，图 8-2 至图 8-5 表明陕西省和安徽省 28～65 岁男性群体中，与同龄已婚男性群体相比，未婚男性群体对可从家人、亲戚邻居、朋友处获得支持的感知水平明显较低。同时，两省中有婚姻挤压感受男性群体对家人、亲戚邻居、朋友支持的平均感知水平也均低于无婚姻挤压感受的男性群体，尤其是安徽省。

二　婚姻困境中感知社会支持对农村男性客观生命质量的影响

表 8-3 中，模型 68 和模型 70 的结果表明高水平的总体感知支持有助于降低农村男性的患病数量。尤其是高水平的亲戚邻居支持感知对农村男性的健康状况有直接的增益效用。这两个结果支持假设 1。与此同时，模型 71 还表明高水平的家人支持感知可以降低 28～65 岁男性群体的患病数量，支持假设 2。这些表明来自家人、亲戚邻居的支持对男性健康的重要性要高于来自朋友的支持，可能与不同来源支持的侧重点有关。研究已经发现与家人、朋友的互动会产生不同的、独特的支持模式。比如，对老年疾病患者的研究表明当他们需要有形的帮助时，首先会向家庭成员寻求帮助；当他们想要分享兴趣或渴望与他人联系时，才会选择朋友。他们从家庭支持中获得的益处要大于从朋友处的获得（DuPertuis，Aldwin & Bossé，2001）。对于农村男性，尤其是年龄较大的男性，他们最需要的是来自家人、亲戚邻居的实物帮助，如借钱、借工具、农忙时帮忙生产等，这些有助于减轻他们的身体和心理负担。

三　婚姻困境中感知社会支持对农村男性主观生命质量的影响

表 8-4 和表 8-5 中模型 72-S 和 72-A、模型 74-S 和 74-A 的结果表明高水平的总体感知支持对陕西省和安徽省农村男性的主观生命质量都有直接增益的作用。尤其是高水平的亲戚邻居支持感知可以显著提高两省男性的主观生命质量水平；高水平的朋友支持感知有助于提高陕西男性的主观生命质量水平。这些结果支持假设 1，表明来自亲戚邻居、朋友的支持对农村男性主观生命质量的重要性显著高于来自家人的支持。这可能是因为首先亲戚、邻居和朋友提供支持是自愿的，农村男性的感知支持水平越高，意味着与他们的关系越好，是生活在团结和友爱的环境中的（Komter & Vollebergh，2002）。其次，亲戚邻居、朋友的支持提供形式是互惠的。农村男性从这些来源处获得的支持越多，意味着可为这些人提供的支持也越多。他们可以从中获得自我价值感和能力感、成就感，这会大大鼓舞他们的士

气（Felton & Berry，1992；DuPertuis，Aldwin & Bossé，2001）。有研究已经发现朋友支持对士气的效用要大于家庭支持（Felton & Berry，1992）。

有趣的是，模型 73 – S 和模型 75 – S 还表明对于陕西省 28～65 岁、未婚男性群体而言，较高水平的总体感知支持，特别是较高水平的家人支持感知，会不利于他们的生命质量。这一结果不支持假设 2。相比亲戚邻居、朋友的自愿支持，家人提供支持是一种责任（Komter & Vollebergh，2002）。因而即使对家人支持的感知水平较高，28～65 岁、未婚男性群体从中获得的积极感也可能有限。再加上，对家人支持的感知水平越高，意味着他们对家人的依赖性越强，可能会产生强烈的愧疚、无用和挫败等消极情绪（Merz & Huxhold，2010）。相似的，模型 73 – A 也表明对于安徽省有婚姻挤压感受的男性群体而言，较高水平的总体感知支持不利于他们的生命质量。正如 Merz & Huxhold（2010）所分析的，支持与福利之间的关系还取决于接受支持时的感受。对于有婚姻挤压感受的男性群体，高水平的感知支持可能伴随着强烈的被同情感，这会打击他们的自尊心，消极影响其心理福利状况。此外，模型 75 – A 还表明较高水平的朋友支持感知对安徽省 28～65 岁男性群体的生命质量有一定的消极影响，不支持假设 2。原因可能是相较于 20～27 岁农村男性群体，28～65 岁男性群体的交友圈子已经趋于稳定。他们从具有相似年龄、教育背景、社会经济地位的朋友处获得的支持越多，意味着他们的生活状况比朋友越差。在获得支持的过程中，可能容易产生落差感。

四 婚姻困境中感知社会支持对农村男性健康状况与主观生命质量关系的影响

表 8 – 6 中，模型 76 和 78 再次表明来自亲戚邻居、朋友的支持对农村男性主观生命质量的重要性。模型 77 和 78 表明总体感知支持会增加患病数量对主观生命质量的消极影响，不分支持来源。这一结果不支持假设 5，也再次表明高水平的总体感知支持会为农村男性带来消极影响，会降低健康状况不好的农村男性的生命质量。他们可能会因为健康问题在获得社会支持时不能给予回报，从而产生自己没用、只会拖累别人的消极心理（DuPertuis et al.，2001）。

小　结

感知社会支持主要包括三个来源：家人支持、亲戚邻居支持和朋友支持。在对比描述了不同受婚姻挤压状态下农村男性的感知社会支持水平后，本章分三步检验了婚姻困境中感知社会支持对农村男性生命质量的影响，总体影响结果如图 8 - 6 所示。具体结论如下：

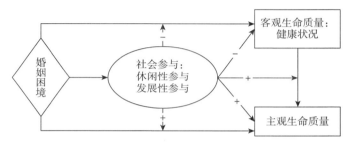

图 8 - 6　婚姻困境中感知社会支持对农村男性生命质量的影响

（1）婚姻困境中的婚姻挤压会降低农村男性的感知社会支持水平。与 28 ~ 65 岁已婚男性群体相比，陕西、安徽两省同龄未婚男性对家人、亲戚邻居、朋友的支持感知均较差。同时，两省中有婚姻挤压感受男性对不同来源的感知社会支持水平也均低于无婚姻挤压感受男性，尤其是安徽省。

（2）对健康状况的影响方面，感知社会支持同时有直接增益和压力缓冲的效用。表现为：高水平的总体感知支持，尤其是高水平的亲戚邻居支持感知，可以有效降低农村男性的患病数量。同时，高水平的家人支持感知可以降低年龄对患病数量的影响。这表明来自家人、亲戚邻居的支持对男性健康的重要性高于来自朋友的支持。

（3）对主观生命质量的影响方面，感知社会支持表现出了直接的增益效用。高水平的总体感知支持，尤其是高水平的亲戚邻居支持感知，可以显著提高陕西、安徽两省男性的主观生命质量水平；同时，高水平的朋友支持感知也有助于提高陕西男性的主观生命质量水平。另外，感知社会支持对婚姻挤压与主观生命质量之间的关系虽有调节效应，但并无缓冲作用。高水平的总体感知支持，特别是家人支持感知，会加重年龄和未婚对陕西省男性主观生命质量的消极影响。同时，高水平的总体感知支持和朋友支持感知会分别加大婚姻挤压感受和年龄对安徽男性主观生命质量的消极影响。这表明亲戚邻居和朋友支持感知对陕西省受婚姻挤压男性的主观生命质量的重要性明显高于家人支持感知。同时，提高亲戚邻居支持感知水平对改善安徽省受婚姻挤压男性的主观生命质量也非常重要。

（4）对健康状况与主观生命质量关系的影响方面，感知社会支持虽然也有调节效应，但并无缓冲作用。高水平的感知社会支持会增加患病数量对主观生命质量的消极影响，这方面不分支持来源。

第九章 结论与展望

本章是本研究的最后一章，主要包括三个部分：首先，根据研究发现提出一些旨在改善婚姻困境中农村男性生命质量状况的政策建议。其次，对本研究的主要工作和研究发现进行总结。最后，基于整个研究过程，对下一步的研究进行展望。

第一节 主要结论

自 20 世纪 80 年代以来，男孩偏好的生育观念加上计划生育政策的实施，导致中国的出生人口性别比持续偏高。持续的累积效应使得目前中国的人口性别结构问题集中反映为男性大量剩余、女性缺失的困境。中国是一个"普婚制"国家，女性向上婚使得那些社会经济地位相对低下、社会资源比较匮乏、居住在贫困农村地区的男性更容易成为婚姻挤压的对象。而婚姻挤压是影响农村男性下半生的重要压力事件，本研究希望通过探讨社会支持对婚姻挤压背景下农村男性生命质量的影响，来为如何改善、提高婚姻困境中农村男性的生命质量提供思路和依据。本研究共做了以下几个方面的工作。

（1）对已有研究的现状进行回顾梳理，总结出了可研究的空间。现状梳理主要包括四个方面的内容：从定义和测量的角度对生命质量的概念发展现状进行了归纳；对婚姻与生命质量、社会支持与生命质量之间的理论关系和实证研究结果分别进行了介绍和总结；归纳了婚姻困境中农村男性的相关研究点，包括婚姻困境、性行为、福利、养老困境、公共安全等，以表明目前针对该群体的研究现状。

（2）对婚姻困境中农村男性的生命质量概念进行了界定。首先通过分析"生命质量"一词的含义，从本质上介绍了该词的内涵。其次，通过列举生命质量的已有定义，总结出存在的争论。再次，通过对多篇文献的内容分析，归纳出生命质量的结构元素，以及在主客观测量层次上的选择标准。最后，通过分析这些结构元素对婚姻困境中农村男性的重要性，以及应该选择哪些测量层次，定义了婚姻困境中农村男性生命质量的概念。

（3）在明确了可研究空间和婚姻困境中农村男性的生命质量概念的基础上，本研究构建了分析框架，明确了实证分析思路。首先对社会支持进行了界定，包括社会参与、社会支持网和感知社会支持三个维度。然后，通过总结其他群体研究中各维度与生命质量的常见关系，本研究构建了婚姻挤压背景下各维度与农村男性生命质量关系的分框架；最终整合形成了整体框架。

（4）本研究在介绍了如何测量婚姻困境中农村男性的生命质量后，利用陕西省和安徽省两省调查数据，对比分析了不同年龄、不同婚姻状况和不同婚姻质量的农村男性，以及不同婚姻挤压感受的农村男性在生命质量各领域、总体状况上的差异；接着，又采用了回归分析的方法进一步证实了婚姻挤压在农村男性生命质量中的地位。

（5）本研究用三章的篇幅，分别检验并探讨了社会支持的三个维度对婚姻挤压背景下农村男性客观和主观生命质量的影响。这三章的内容思路一致，首先，简要概述研究目的，提出研究假设；其次，对如何测量社会支持的各维度进行了介绍。在此基础上，对比了陕西省和安徽省不同受婚姻挤压状态的农村男性在各维度上的差异。最后，分三步检验婚姻挤压背景下各维度对农村男性生命质量的影响。

（6）依据研究发现，本研究提出了四个方面的政策建议来帮助改善、提升婚姻困境中农村男性的生命质量水平。

基于上述工作，本研究得出了以下主要结论：

（1）婚姻困境中农村男性的生命质量具有多维性，包括生理、心理、社会和环境四个核心领域。通过研究发现，生理领域的测量指标包括消极健康（如疾病、伤害、残疾、疼痛、不舒服等）、功能性能力、睡眠质量、精力以及处理日常事务和工作、休闲的能力等。心理领域的测量指标包括积极心理指标，如生活满意度、幸福感、生活意义、自我认同感、安全感、自尊感等；以及消极心理指标，即心理健康状况，包括抑郁、孤独等情绪。社会领域的测量指标包括两个层面：私人生活领域的亲子关系，与妻子相关的日常照料支持和性生活，家庭（血缘）和社会（地缘和友缘）网络的规模、关系和支持等；公共生活领域的社区互动、社区活动的参与等。环境领域的主要测量指标包括物质经济福利如收入、财富积累、房屋、交通、家庭用品等；以及居住环境质量如医疗服务获取、信息获取、周围生活环境等。

（2）婚姻困境中的婚姻挤压是影响农村男性生命质量的重要压力事件，对男性生命质量的威胁程度要大于婚后质量的影响。研究发现，未婚对农村男性客观生命质量健康维度的消极影响程度视"是否被迫"和"年龄"而定的。未婚对 28~65 岁男性群体健康造成的风险远大于对 20~27 岁男性群体健康造成的风险。同时，有婚姻挤压感受的男性群体平均患有的疾病数量显著高于无婚姻挤压感受的男性群体。另外，尽管在陕西省，婚姻挤压和婚后质量对农村男性社会生活领域影响的差异均较小；但婚姻挤压对安徽省男性的消极影响显著大于婚后质量不佳的影响。在两省，与无婚姻挤压感受、已婚的男性群体（包括有离婚想法和无离婚想法）相比，有婚姻挤压感受男性群体和 28~65 岁未婚男性群体的个人收入和家庭收入均明显较低，同时生活水平低下。婚后质量会显著消极影响农村男性的主观生命质量，但其威胁程度要低于婚姻挤压造成的威胁。尤其是在两省，婚姻挤压感受对农村男性主观生命质量的消极影响都十分显著。在陕西省，年龄对农村男性的主观生命质量也有显著消极影响。此外，健康状况对主观生命质量的消极影响也非常显著。

（3）婚姻困境中的婚姻挤压会阻碍农村男性的社会参与；而社会参与对婚姻挤压背景下的农村男性客观生命质量存在直接和间接影响，对主观生命质量存在正面和负面影响。首先，28~65 岁未婚男性群体和有婚姻挤压感受的男性群体在日常交往、媒介参与、送礼次数、社区事务参与和社会组织参与等方面都显著低于同年龄段的已婚男性群体和没有婚姻挤压感受的男性群体。其次，社会参与对婚姻挤压背景下农村男性的客观生命质量存在直接和间接影响。社区事务参与较频繁会增加农村男性的平均患病数量；而送礼次数较多会缓解年龄对患病数量的影响。其次，社会参与对婚姻挤压背景下农村男性的主观生命质量存在双面影响。媒介参与有助于促进农村男性的主观生命质量；而频繁的日常交往一方面能直接帮助改善农村男性的主观生命质量，并有效缓解婚姻状况对他们主观生命质量的消极影响；另一方面则会放大患病数量对农村男性主观生命质量的消极影响。社区事务参与会显著提高农村男性的主观生命质量水平，但社会组织参与又会对农村男性的主观生命质量有消极影响。在不同地区，送礼次数对婚姻困境中农村男性的影响并不一致。在陕西省，送礼次数可以显著缓解年龄和婚姻状况对农村男性主观生命质量的消极影响；但在安徽省，送礼次数却会增加婚姻挤压感受对农村男性主观生命质量的消极影响。

（4）婚姻困境中的婚姻挤压对农村男性社会支持网的影响存在地区差异；社会支持网对于婚姻挤压背景下农村男性客观生命质量存在间接影响，但对于主观生命质量则同时存在直接积极效应和多样化的调节效应。陕西省受婚姻挤压男性的社会支持网规模、构成与非受婚姻挤压男性之间的差异不明显；但安徽省受婚姻挤压男性的网络规模和构成多样化水平明显小于未受到婚姻挤压的男性。社会支持网对婚姻挤压背景下农村男性的客观生命质量只有间接影响。对有婚姻挤压感受的男性，工具支持网构成多样化程度越高，越会增加有婚姻挤压感受男性对健康的不利影响。对于 28~65 岁、未婚男性群体而言，工具支持网构成多样化程度越高，越能有效缓解年龄和未婚对健康的不利影响。陕西省男性侧重数量，各类支持网规模可以显著促进他们主观生命质量水平的提高。而安徽省男性则侧重来源多样化，工具支持网和社会交往网构成多样化都对其主观生命质量有显著的促进作用。陕西省男性注重亲属，而安徽省男性注重非亲属。首先，工具支持网中，有非亲属会增加年龄对陕西省男性主观生命质量的消极影响。与之相反，网络规模较大、有非亲属则会有效缓解年龄对安徽省男性主观生命质量的消极影响。其次，陕西省样本中，情感支持网中有亲属可以缓解婚姻挤压感受对男性主观生命质量的消极影响；而网络规模较大、有非亲属则会降低 28~65 岁、未婚男性群体的生命质量水平。在安徽省的样本中，情感支持网规模较大、构成多样化会缓解未婚和有婚姻挤压感受对男性主观生命质量的消极影响；而构成中有亲属却会加大年龄和未婚的消极影响。社会交往网中，有亲属对陕西省有婚姻挤压感受男性的主观生命质量也有明显的促进作用。而网络规模较大、有非亲属则可以降低年龄对安徽省男性主观生命质量的消极影响。与此同时，非亲属还表现出了消极性，会加重有婚姻挤压感受对安徽省男性主观生命质量的消极影响。最后，陕西省婚姻困境中农村男性比较重视信息支持网，信息支持网的构成多样化程度越高，同时有亲属和非亲属越能有效缓解有婚姻挤压感受对他们主观生命质量的消极影响；但社会支持网并不能缓冲或调节患病数量对婚姻困境中农村男性主观生命质量的消极影响。

（5）婚姻困境中的婚姻挤压会降低农村男性的感知社会支持水平，而感知社会支持对婚姻挤压背景下农村男性生命质量同时存在直接增益和压力缓冲/调节效用。首先，感知社会支持对婚姻挤压背景下农村男性的客观生命质量同时有直接增益和压力缓冲的效用。高水平的总体感知支持，尤其是高水平的亲戚邻居支持感知，可以有效降低农村男性的患病数量。高水平的家人支持感知可以降低年龄对患病数量的影响。上述结果表明了来自家人、亲戚邻居的支持对男性健康的重要性要高于来自朋友的支持。感知社会支持对婚姻挤压背景下农村男性的主观生命质量也存在直接增益和消极调节效应。高水平的总体感知支持，尤其是高水平的亲戚邻居支持感知，可以显著提高农村男性的主观生命质量水平；同时，高水平的朋友支持感知也有助于提高陕西男性的主观生命质量水平。然而，感知社会支持还表现出了消极的调节效应：在陕西省，高水平的总体感知支持，特别是家人支持感知，会加重年龄和未婚对男性主观生命质量的消极影响。与之相似，在安徽省，高水平的总体感知支持会加大婚姻挤压感受和患病数量对男性主观生命质量的消极影响；同时朋友支持感知还会加重年龄对主观生命质量的消极影响。

第二节　政策建议

虽然说从微观个体来看，农村男性受到婚姻挤压与他们的个体因素（如社会经济状况）有关，但从整体来看，受婚姻挤压男性的出现是人口性别结构失衡所导致的。无论如何，这类男性都必然存在。那么该如何尽可能改善、提高他们的生命质量水平？这是本研究的最终目的所在。

一　提倡现代婚恋观，营造宽容自由的社会环境，帮助大龄未婚男性做好人生规划

研究发现，婚姻挤压显著消极影响农村男性的生命质量，对农村男性

生命质量的威胁程度要大于婚后质量的影响。这说明"普婚制"观念深入人心。对于已经受到婚姻挤压的男性，尤其是大龄未婚男性，结婚已经是低概率事件。此时，应该让他们意识到婚姻并非生活的全部，结婚也可能离婚，婚后生活不一定幸福。同时，养孩子不一定老有所依，还有其他多种养老方式。为此政府组织应该提供一些指导和保障，包括：为他们提供心理和如何规划日后生活的指导，让他们积极对待不能结婚的生活；学会合理规划生活，努力赚钱，积累足够的财力做保障；同时，引导他们培养一些日常兴趣爱好；针对他们开发一整套的保险体系，重点包括医疗和养老，保障他们在大病住院和年迈时的经济状况；一方面完善养老机构的管理，一方面转变他们以家庭为主的养老观念；由基层组织牵头，制定针对孤寡老人的丧葬仪式。

二 引入现代化手段促进农村大龄未婚男性的社会参与，帮助他们提升生命质量

研究发现，媒介参与有助于促进农村男性的主观生命质量，这与"媒介动员论"的观点相一致。电视、报纸、互联网等大众传媒，会不同程度地提高公众的内在效能感。大众媒介分为传统媒介和新兴媒介。传统媒介是指报纸、广播、电视，这在农村已发展得非常成熟。不过相比之下，近年来因智能手机的快速普及，农村地区实际上对新兴媒介——互联网更加青睐，因为它在接收信息和休闲娱乐方面十分便捷。有研究已经证明，频繁使用互联网不仅可以提高自我效能感，还可以减少抑郁症状的发生，提高幸福感。

《中国互联网络发展状况统计报告》也指出，互联网在中国农村已成为除电视之外最为重要的信息来源。截至 2017 年 6 月，农村网民的规模已达 2.01 亿，实际上占全国网民的比例仍然非常低（26.7%）。其中，年龄结构主要分布在 20~40 岁，40 岁以后，上网比例较低。《报告》显示，互联网知识与应用技能的缺乏以及文化水平限制一直是阻碍非网民上网的重要原因；其次是不需要或不感兴趣，以及互联网基础设施限制。也就是说，提升非网民的上网技能，降低上网成本以及提升非网民对互联网需求是带动非网民上网的主要因素。因而，对于如何促进农村大龄未婚男性的互联网使用，首先政府要加强互联网的基础设施建设，尤其是农村偏远落后地区；

其次，加速"三大网"的"提速降费"改革以及推动农村地区无线宽带的普及，降低上网成本；最后也是最重要的，就如何利用智能手机上网，提供简单的技能培训。

三　打造村庄公共生活体系，创造平台促进农村大龄未婚男性的社会融合

研究发现，频繁的日常交往不仅能帮助改善农村男性的主观生命质量，还可以有效缓解婚姻状况对农村男性主观生命质量的消极影响。同时，送礼次数对婚姻困境中农村男性健康状况和主观生命质量的影响表现出了两面性。日常交往和送礼次数一个代表了非正式的村庄公共生活，一个代表了制度性的公共生活。而目前，乡村振兴过程中普遍遇到的问题就是村庄公共生活萎缩，引发村庄共同体解体危机。因此，通过打造村庄公共生活，可以同步实现焕发村庄活力与提高受婚姻挤压男性的村庄内部融合，改善生命质量的目的。

在传统时期，由于受各方面条件的限制，一些村民经常聚集在院坝、水井等场所或红白喜事活动上。改革开放后，随着电视等娱乐方式的普及和村庄人口的减少，以院坝、水井等为代表的日常生活性公共空间逐渐衰落。红白喜事的人情交往也日趋利益化与理性，村民们参与进来，更多是想要借助这个时机，拉近关系、储蓄人脉，为以后自家遇到事情时，求助有果。因而首先，促进日常村民间广泛、频繁互动的基础是为他们提供公共空间。可以借鉴城市公共广场、公园等公共空间的建设，在一定村庄地域范围内，修建休闲广场；鼓励受婚姻挤压男性多多走出去与人交流。同时，也可以利用微信平台、QQ 平台建立公共生活群。其次，设立一些村民共同参与的大型庆祝活动，比如庙会、迎新年活动等。同时，人情交往活动虽然不可避免，但重要的是将礼金控制在合理范围，不要造成负担，这就需要村民共同去商讨、遵守。

四　推进村民自治，鼓励农村大龄未婚男性积极参与村庄事务

研究发现，频繁参与村庄事务对婚姻困境中农村男性的生命质量既有积极影响，又有消极影响。村民自治良性运作的必要条件在于村民的积极参与。村民自治形成于改革开放之后，从本质上说是一种动员式民主。发

展至今，从实践方式来看，其中最主要的就是"村务公开"与"村干部选举"，一则是"钱"，二则是"权"。而目前，在推进乡村民主过程中，普遍存在重选举而轻治理的现象。所谓"村治"几乎都是村干部之治，村庄精英利用自身的政治和经济优势，干预村庄的选举和管理。一般村民则由于机制不健全、诉求表达渠道不畅通、利益表达能力欠缺、合作能力不足、参与成本过高等，政治效能感较弱，参与冷漠。

对此，上级政府应该重视村庄自治，通过一些措施，重拾普通村民对农村政治的关心和信心，而婚姻困境中农村男性也可以借此参与进来。比如，动员并积极创造条件，让村民积极地参与到村庄公共事务中。如借助民主恳谈、听证会、村民代表会议等形式，经常性地组织村民会议商讨村中事务，培养他们的议事能力。利用微信、QQ等平台积极推进基层政务、村务、财务公开，让他们日常参与到村庄的管理活动中。同时最根本的是，加强村民自治制度化建设。建立健全村民自治法律法规，通过立法、修改法律，使村民自治更加细化，具备可操作性。

五 建立多样化的社会支持体系，为农村大龄未婚男性提供保障

研究发现，社会支持网规模较大、构成多样化程度较高有利于提高婚姻困境中农村男性生命质量。对于不同省份的受婚姻挤压男性，支持网构成中亲属和非亲属的效用不同。不过，亲戚邻居、朋友支持对主观生命质量的效用大于家人支持这一结果表明了，除了依赖亲属这一天然关系的支持，婚姻困境中农村男性还可以通过获得地缘、友缘关系的支持来提高生命质量。对此，基层组织可以鼓励他们多参与社交互动，通过各种途径，比如社交平台来扩展自己的交友范围，以获取更多支持。

同时，还可以引入第三方组织和平台来替代家人、亲戚邻居、朋友支持。比如，获取一些社会公益组织的资金支持；构建村庄互助平台，可以通过建立积分体系，政府给予一定报酬来鼓励村民间的相互帮助；定时为婚姻困境中农村男性提供心理解压咨询服务；教会他们使用各种聊天软件；同时开发各种情绪状态下的聊天机器人 App，如女友机器人。

六 改善农村大龄未婚男性的物质经济福利，提升整体生命质量

研究发现，婚姻困境中农村男性的物质经济福利状况较差。而家庭年

收入较高的农村男性平均患病数量显著较低；并且年收入越高、生活设施数量越齐全，他们的主观生命质量越好。也就是说，提高婚姻困境中农村男性的经济收入，改善其经济状况和提高其生活水平也是提高他们生命质量的重要环节。首先，整合、提供各地劳务市场的需求信息和技能培训信息，同时组织职业技能培训，促进就业。尤其是在就业机会较少的地区，如陕西省。其次，提供就业机会，与一些公司做好劳动力输送对接的工作，比如家政服务、建筑公司、花卉园林基地等。另外，在购买家电、交通工具时，凭借相关说明，可以给予他们大力度的优惠补贴。

第三节　研究展望

本研究通过对婚姻困境中农村男性生命质量概念的界定，利用陕西省安康市和安徽省巢湖市的调查数据全面展示了婚姻困境中农村男性的生命质量现状，分析了婚姻挤压在农村男性生命质量中的地位；同时详细探讨了社会支持变量对婚姻挤压背景下农村男性生命质量的影响机制和效应。本研究较好地补充了已有研究存在的缺陷，为如何改善、提高婚姻困境中农村男性的生命质量提供了政策依据。尽管如此，本研究依然存在一些遗憾。

一是数据方面，贺雪峰（2012）通过多年的观察发现，认为中国的农村结构可以分为三种类型：原子化程度很高的分散型村庄、宗族性的团结型村庄和以"小亲族"为基础的分裂型村庄。本研究因财力、人力资本的限制，只选择了第一种（安康市）和第三种（巢湖市下辖的农村），存在的问题是：（1）这两个区域的样本结果分别表现出了各自的特征，但这些特征在其他地区同类型的村庄是否表现出一致性，需要继续检验。（2）缺少第二种村庄的样本，无法得知此类村庄婚姻困境中农村男性在社会支持上的偏好。因而，希望未来的研究扩大社会调查区域，以弥补这两个缺憾。

二是内容方面，受安康市调查问卷内容的限制，本研究中凡是涉及到健康状况的内容都不能进行两省对比。同时，两省调查中对感知社会支持水平的测量都未能明确体现支持功能，导致在讨论感知社会支持的影响时，只能关注支持来源，不能做到与社会支持网一一对应。

　　三是结果方面，本研究采用的是横断面的数据，虽然结果表明了婚姻挤压对农村男性的平均患病数量有显著的作用，但实际上并不能确定是婚姻挤压导致了患病数量的增加，还是同时患有多种疾病而受到婚姻挤压？希望未来可以有纵向跟踪的数据来解答这一疑问。

参考文献

[1] Abell J. Quality of life at older ages and marital status: gender and welfare regime variation [D]. London, England: Imperial College London, 2013.

[2] Acock A C. Social networks, marital status, and well-being [J]. Social Networks, 1993, 15 (3): 309 – 334.

[3] Adamczyk K. An Investigation of Loneliness and Perceived Social Support Among Single and Partnered Young Adults [J]. Current Psychology, 2015, 35 (4): 674 – 689.

[4] Adams K B., Leibbrandt S., & Moon H. A critical review of the literature on social and leisure activity and wellbeing in later life [J]. Ageing & Society, 2011, 31 (4): 683 – 712.

[5] Agborsangaya C B, Lau D, Lahtinen M, et al. Health-related quality of life and healthcare utilization in multimorbidity: results of a cross-sectional survey [J]. Quality of Life Research, 2013, 22 (4): 791 – 799.

[6] Agneessens F, Waege H, & Lievens J. Diversity in social support by role relations: A typology [J]. Social Networks, 2006, 28 (4): 427 – 441.

[7] Ahituv A, & Lerman R I. How do marital status, work effort, and wage rates interact? [J]. Demography, 2007, 44 (3): 623 – 647.

[8] Andersson L. Sweden: Quality of life in old age I [M]. In Walker A. Growing older in Europe. Berkshire, UK: Open University Press, 2005: 105 – 128.

[9] Andrews F M, & Withey S B. Social indicators of well-being: Americans' perceptions of life quality [M]. Springer Science & Business Media, 2012.

[10] Antonucci T C. Social relations: An examination of social networks, social

support, and sense of control [J]. In Birren J. E. , & Schaie K. W. Handbook of the psychology of aging (5th ed.). San Diego, CA: Academic Press, 2001: 427 - 453.

[11] Aspinwall L G, Taylor S E. A stitch in time: Self-regulation and proactive coping. Psychological Bulletin, 121, 417 - 436 [J]. Psychological Bulletin, 1997, 121 (3): 417 - 436.

[12] Attané I. , Zhang Q. , Li S. , Yang X. , & Guilmoto C. Z. Bachelorhood and sexuality in a context of female shortage: Evidence from a survey in rural Anhui, China [J]. The China Quarterly, 2013, 215: 703 - 726.

[13] Balaji A B, Claussen A H, Smith D C, et al. Social support networks and maternal mental health and well-being [J]. Journal of Women's Health, 2007, 16 (10): 1386 - 1396.

[14] Bandura A. A social foundation of thought and action: Asocial cognitive theory [M]. Upper Saddle River, NJ: Prentice Hall, 1986.

[15] Barbara L. Family Membership, Past and Present [J]. Social Problems, 1978 (5): 476 - 490.

[16] Barger S D. Social integration, social support and mortality in the US National Health Interview Survey [J]. Psychosomatic Medicine, 2013, 75 (5): 510 - 517.

[17] Baron R M, Kenny D A. The moderator-mediator variable distinction in social psychological research: Conceptual, strategic, and statistical considerations [J]. Journal of Personality and Social Psychology, 1986, 51 (6): 1173 - 1182.

[18] Barrera M. Distinctions between social support concepts, measures, and models [J] . American Journal of Community Psychology, 1986, 14 (4): 413 - 445.

[19] Bassuk S S, Glass T A, Berkman L F. Social Disengagement and Incident Cognitive Decline in Community-Dwelling Elderly Persons [J]. Annals of Internal Medicine, 1999, 131 (3): 165 - 173.

[20] Bath P A, Deeg D. Social engagement and health outcomes among older people: Introduction to a special section [J]. European Journal of Ageing,

2005, 2 (1): 24 – 30.

[21] Baumeister R F, Leary M R. The need to belong: desire for interpersonal attachments as a fundamental human motivation [J]. Psychological Bulletin, 1995, 117 (3): 497 – 529.

[22] Baxter J. , She'lerly S. M. , Eby C. , Mason L. , Cortese C. F. , & Hamman R. F. Social network factors associated with perceived quality of life: The San Luis Valley Health and Aging Study [J]. Journal of Aging and Health, 1998, 10 (3): 287 – 310.

[23] Becker G S. A theory of marriage: Part II [J]. Journal of political Economy, 1974, 82: 11 – 26.

[24] Becker G S. A Treatise on the Family [M]. Harvard university press, 1981.

[25] Becker M, Diamond R, Sainfort F. A new patient focused index for measuring quality of life in persons with severe and persistent mental illness [J]. Quality of life Research, 1993, 2 (4): 239 – 251.

[26] Bekele T, Rourke S B, Tucker R, et al. Direct and indirect effects of perceived social support on health-related quality of life in persons living with HIV/AIDS [J]. AIDS care, 2013, 25 (3): 337 – 346.

[27] Bell R A. , Leroy J B. , & Stephenson J J. Evaluating the mediating effects of social support upon life events and depressive symptoms [J]. Journal of Community Psychology, 1982, 10 (4): 325 – 340.

[28] Berger-Schmitt R. Considering Social Cohesion in Quality of Life Assessments: Concept and Measurement [J]. Social Indicators Research, 2002, 58 (1/3): 403 – 428.

[29] Berkman L F, Glass T, Brissette I, et al. From social integration to health: Durkheim in the new millennium [J]. Social science & medicine, 2000, 51 (6): 843 – 857.

[30] Berlim M T, Fleck M P A. Reliability and Validity of the WHOQOL BREF in a Sample of Brazilian Outpatients with Major Depression [J]. Quality of Life Research, 2005, 14 (2): 561 – 564.

[31] Berridge K C. Food reward: brain substrates of wanting and liking [J]. Neuroscience & Biobehavioral Reviews, 1996, 20 (1): 1 – 25.

[32] Bickenbach J. WHO's Definition of Health: Philosophical Analysis [J]. 2015. DOI: 10. 1007/978 - 94 - 017 - 8688 - 1_48.

[33] Biddle B J. Recent developments in role theory [J]. Annual review of sociology, 1986, 12 (1): 67 - 92.

[34] Binswanger M. Why does income growth fail to make us happier? Searching for the treadmills behind the paradox of happiness [J]. Journal of Socio-Economics, 2006, 35 (2): 366 - 381.

[35] Birren J E, Dieckmann L. Concepts and Content of Quality of Life in the Later Years: An Overview [J]. Concept & Measurement of Quality of Life in the Frail Elderly, 1991: 344 - 360.

[36] Blaikie N W H. , & Kelsen G P. Locating self and giving meaning to existence: A typology of paths to spiritual well-being based on new religious movements in Australia [J]. Spiritual well-being: Sociological perspectives, 1979, 133 - 151.

[37] Bloom A J. , Smoot D A. , Shore T H. , & Shore M F. Toward a perceptual model of smoking policy satisfaction [J]. Journal of Social Psychology, 1992, 132: 675 - 684.

[38] Bond J. Quality of life for people with dementia: approaches to the challenge of measurement [J]. Ageing & Society, 1999, 19 (5): 561 - 579.

[39] Bonomi A, Patrick D D, Martin M. Quality of life measurement: will we ever be satisfied? [J]. Journal of Clinical Epidemiology, 2000, 53 (1): 19 - 23.

[40] Borthwick-Duffy S. A. Quality of life and quality of care in mental retardation [J]. Springer, New York, NY, 1992, 52 - 66.

[41] Bowen K S, Uchino B N, Birmingham W, et al. The stress-buffering effects of functional social support on ambulatory blood pressure [J]. Health Psychology, 2014, 33 (11): 1440 - 1443.

[42] Bowling A, Gabriel Z, Dykes J, et al. Let's ask them: a national survey of definitions of quality of life and its enhancement among people aged 65 and over [J]. The International Journal of Aging and Human Development, 2003, 56 (4): 269 - 306.

［43］ Bozo O, Gündogdu E, Büyükasik-Colak C. The moderating role of different sources of perceived social support on the dispositional optimism—posttraumatic growth relationship in postoperative breast cancer patients ［J］. Journal of health psychology, 2009, 14 （7）: 1009 – 1020.

［44］ Brink, S. The greying of our communities worldwide ［J］. Ageing International, 1997, 23 （3 – 4）: 13 – 31.

［45］ Brooks R. EuroQol: the current state of play ［J］. Health Policy, 1996, 37 （1）: 53 – 72.

［46］ Brown R I, Brown I. The application of quality of life ［J］. Journal of Intellectual Disability Research, 2005, 49 （10）: 718 – 727.

［47］ Browne JP, O'Boyle CA, McGee HM, et al. Individual quality of life in the healthy elderly ［J］. Quality of life Research. 1994, 3: 235 – 44.

［48］ Brummett B H, Barefoot J C, Siegler I C, et al. Characteristics of socially isolated patients with coronary artery disease who are at elevated risk for mortality ［J］. Psychosomatic Medicine, 2001, 63 （2）: 267 – 272.

［49］ Burgoyne R, Renwick R. Social support and quality of life over time among adults living with HIV in the HAART era ［J］. Social Science & Medicine, 2004, 58 （7）: 1353 – 1366.

［50］ Burt R S. A note on strangers, friends and happiness ［J］. Social Networks, 1987, 9 （4）: 311 – 331.

［51］ Cacioppo J T, Hawkley L C, Crawford L E, et al. Loneliness and health: potential mechanisms ［J］. Psychosomatic Medicine, 2002, 64 （3）: 407 – 417.

［52］ Campbell A, Converse PE, Rodgers WL. The quality of American life: Perceptions, evaluations, and satisfactions ［M］. Russell Sage Foundation, 1976.

［53］ Campbell A. The sense of well-being in America: Recent patterns and trends ［M］. New York: McGiaw-Hill Book Company, 1981.

［54］ Cannuscio C C, Colditz G A, Rimm E B, et al. Employment status, social ties, and caregivers' mental health ［J］. Social Science & Medicine, 2004, 58 （7）: 1247 – 1256.

［55］ Carr A J, Gibson B, Robinson P G. Measuring quality of life: Is quality of life determined by expectations or experience? ［J］. BMJ, 2001, 322 (7296): 1240.

［56］ Carr D, Springer K W. Advances in families and health research in the 21st century ［J］. Journal of Marriage and Family, 2010, 72 (3): 743 – 761.

［57］ Cella D F. Quality of life: Concepts and definition ［J］. Journal of Pain and Symptom Management, 1994, 9 (3): 186 – 192.

［58］ Chand P K, Mattoo S K, Sharan P. Quality of life and its correlates in patients with bipolar disorder stabilized on lithium prophylaxis ［J］. Psychiatry and clinical neurosciences, 2004, 58 (3): 311 – 318.

［59］ Cheon E Y. Correlation of Social Network Types on Health Status of Korean Elders ［J］. Journal of Korean Academy of Nursing, 2010, 40 (1).

［60］ Cherlin A J. The deinstitutionalization of American marriage ［J］. Journal of Marriage & Family, 2010, 66 (4): 848 – 861.

［61］ Cherry K E, Walker E J, Brown J S, et al. Social engagement and health in younger, older, and oldest-old adults in the Louisiana Healthy Aging Study ［J］. Journal of Applied Gerontology, 2013, 32 (1): 51 – 75.

［62］ Christakis N A, Fowler J H. The spread of obesity in a large social network over 32 years ［J］. New England journal of medicine, 2007, 357 (4): 370 – 379.

［63］ Chun H, Lee I. Why do married men earn more: productivity or marriage selection? ［J］. Economic Inquiry, 2010, 39 (2): 307 – 319.

［64］ Cicirelli V G. Interpersonal relationships among elderly siblings: Implications for clinical practice ［J］. In M. D. Kahn & K. G. Lewis (Eds.), Siblings in therapy: Life span and clinical issues. New York: Norton, 1988: 435 – 456.

［65］ Clark R, Gochett P. Interactive effects of perceived racism and coping responses predict a school-based assessment of blood pressure in black youth ［J］. Annals of Behavioral Medicine, 2006, 32 (1): 1 – 9.

［66］ Cohen S, Brissette I, Skoner D, et al. Social Integration and Health: The Case of the Common Cold ［J］. Journal of Social Structure, 2000, 1 (3):

1 − 7.

[67] Cohen S, Hoberman H M. Positive events and social supports as buffers of life change stress [J]. Journal of applied social psychology, 1983, 13 (2): 99 − 125.

[68] Cohen S, Janicki-Deverts D. Can we improve our physical health by altering our social networks? [J]. Perspectives on Psychological Science, 2009, 4 (4): 375 − 378.

[69] Cohen S, Wills T A. Stress, social support, and the buffering hypothesis [J]. Psychological bulletin, 1985, 98 (2): 310 − 357.

[70] Cohen S, Wills T A. Stress, social support, and the buffering hypothesis [J]. Psychological bulletin, 1985, 98 (2): 310 − 357.

[71] Cohen S. Social relationships and health [M]. American psychologist, 2004.

[72] Coleman D, Iso-Ahola S E. Leisure and health: the role of social support and self-determination [J]. Journal of Leisure Research, 1993, 25 (2): 111 − 128.

[73] Cornwell E Y, Waite L J. Social Disconnectedness, Perceived Isolation, and Health among Older Adults [J]. J Health Soc Behav, 2009, 50 (1): 31 − 48.

[74] Costanza R, Fisher B, Ali S, et al. Quality of life: An approach integrating opportunities, human needs, and subjective well-being [J]. Ecological economics, 2007, 61 (2 − 3): 267 − 276.

[75] Costanza R, Fisher B, Ali S, et al. Quality of life: An approach integrating opportunities, human needs, and subjective well-being [J]. Ecological E-conomics, 2007, 61 (2): 267 − 276.

[76] Crista N. Crittenden, Sarah D. Pressman, Sheldon Cohen, et al. Social Integration and Pulmonary Function in the Elderly [J]. Health Psychology Official Journal of the Division of Health Psychology American Psychological Association, 2014, 33 (6): 535 − 43.

[77] Cummins R A. Objective and Subjective Quality of Life: An Interactive Model [J]. Social Indicators Research, 2000, 52 (1): 55 − 72.

[78] da Silva Lima A F B, Fleck M, Pechansky F, et al. Psychometric properties of the World Health Organization quality of life instrument (WHOQoL-BREF) in alcoholic males: a pilot study [J]. Quality of Life Research, 2005, 14 (2): 473 – 478.

[79] Das Gupta M., Ebenstein A Y., & Sharygin E J. China's marriage market and upcoming challenges for elderly men. World Bank Policy Research Working Paper [J]. 2010, 5351.

[80] de Hollander A E M, Staatsen B A M. Health, environment and quality of life: an epidemiological perspective on urban development [J]. Landscape and Urban Planning, 2003, 65 (1 – 2): 53 – 62.

[81] de Jong-Gierveld J, Van Tilburg T, Dykstra P A. (2006). Loneliness and social isolation. In The Cambridge handbook of personal relationships. Cambridge University Press, 2016: 485 – 500.

[82] de Souza Briggs X. Brown kids in white suburbs: Housing mobility and the many faces of social capital [J]. Housing policy debate, 1988, 9 (1): 177 – 221.

[83] Diener E, Emmons R A. The independence of positive and negative affect [J]. Journal of personality and social psychology, 1984, 47 (5): 1105 – 1117.

[84] Diener E, Gohm C L, Suh E, et al. Similarity of the Relations between Marital Status and Subjective Well-Being Across Cultures [J]. Journal of Cross-Cultural Psychology, 2000, 31 (4): 419 – 436.

[85] Diener E, Suh E. Measuring quality of life: Economic, social, and subjective indicators [J]. Social indicators research, 1997, 40 (1 – 2): 189 – 216.

[86] Dimatteo M R. Social Support and Patient Adherence to Medical Treatment: A Meta-Analysis [J]. Health Psychology, 2004, 23 (2): 207 – 218.

[87] Dupertuis L L, Aldwin C M, Bossé R. Does the Source of Support Matter for Different Health Outcomes? Findings from the Normative Aging Study [J]. Journal of Aging and Health, 2001, 13 (4): 494 – 510.

[88] Easterlin R A. Explaining happiness [J]. Proceedings of the National Acad-

emy of Sciences, 2003, 100 (19): 11176 – 11183.

[89] Edwards AC, Nazroo JY, Brown GW. Gender differences in marital support following a shared life event [J]. Social science & medicine. 1998, 46 (8): 1077 – 1085.

[90] Eisenberger NI. An empirical review of the neural underpinnings of receiving and giving social support: implications for health [J]. Psychosomatic Medicine, 2013, 75 (6): 545 – 556.

[91] Eiser C, Morse R. A review of measures of quality of life for children with chronic illness [J]. Archives of disease in childhood, 2001, 84 (3): 205 – 211.

[92] Eklund L. & Attané I. Marriage squeeze and mate selection in China [J]. Handbook on the Family and Marriage in China, 2017, 156.

[93] Eklund L. Marriage squeeze and mate selection: The ecology of choice and implications for social policy in China [J]. Economic and Political Weekly, 2013: 62 – 69.

[94] Elal G, Krespi M. Life events, social support and depression in haemodialysis patients [J]. Journal of community & applied social psychology, 1999, 9 (1): 23 – 33.

[95] Ellison CW. Spiritual well-being: Conceptualization and measurement [J]. Journal of psychology and theology, 1983, 11 (4): 330 – 338.

[96] Eom C S, Dong W S, Kim S Y, et al. Impact of perceived social support on the mental health and health-related quality of life in cancer patients: results from a nationwide, multicenter survey in South Korea [J]. Psycho-Oncology, 2013, 22 (6): 1283 – 1290.

[97] Ertel K A, Glymour M M, Berkman L F. Social networks and health: A life course perspective integrating observational and experimental evidence [J]. Journal of Social and Personal Relationships, 2009, 26 (1): 73 – 92.

[98] Espinosa J, Evans W N. Heightened mortality after the death of a spouse: marriage protection or marriage selection? [J]. Journal of Health Economics, 2008, 27 (5): 1326.

[99] Ettema T P, Dröes R M, De Lange J, et al. The concept of quality of life in

dementia in the different stages of the disease ［J］. International Psychogeriatrics, 2005, 17 （3）: 353 – 370.

［100］ EuroQol Group. EuroQol-a new facility for the measurement of health-related quality of life ［J］. Health policy, 1990, 16 （3）: 199 – 208.

［101］ Everard KM, Lach HW, Fisher EB, Baum MC. Relationship of activity and social support to the functional health of older adults ［J］. The Journals of Gerontology Series B: Psychological Sciences and Social Sciences, 2000, 55 （4）: S208 – S212.

［102］ Everson-Rose S A, Lewis T T. Psychosocial factors and cardiovascular diseases ［J］. Annu. Rev. Public Health, 2005, 26: 469 – 500.

［103］ Farquhar M. Definitions of quality of life: a taxonomy ［J］. Journal of advanced nursing, 1995, 22 （3）: 502 – 508.

［104］ Fawzy F I, Cousins N, Fawzy N W, et al. A structured psychiatric intervention for cancer patients I Changes over time in methods of coping and affective disturbance ［J］. Archives of general psychiatry, 1990, 47 （8）: 720 – 725.

［105］ Feeney B C, Collins N L. A new look at social support: A theoretical perspective on thriving through relationships ［J］. Personality and Social Psychology Review, 2015, 19 （2）: 113 – 147.

［106］ Felce D, Perry J. Quality of life: its definition and measurement. ［J］. Res Dev Disabil, 1995, 16 （1）: 51 – 74.

［107］ Felton B J, Berry C A. Do the sources of the urban elderly's social support determine its psychological consequences? ［J］. Psychology and Aging, 1992, 7 （1）: 89 – 97.

［108］ Fernández-Ballesteros R. Quality of life in old age: Problematic issues ［J］. Applied Research in Quality of life, 2011, 6 （1）: 21 – 40.

［109］ Fernández-Ballesteros R. Quality of life: Concept ［J］. Advances in Psychological Science: Social, personal, and cultural aspects, 1998, 1: 387 – 406.

［110］ Fernández-Ballesteros, R. The construct of quality of life among the elderly ［J］. Recent advances in aging and science, 1993: 1627 – 1630.

[111] Ferrell B R, Grant M, Funk B, et al. Quality of life in breast cancer: Part II Psychological and spiritual well-being [J]. Cancer Nursing, 1998, 21 (1): 1 −9.

[112] Ferriss, A. L. The quality of life concept in sociology [J]. The American Sociologist, 2004, 35 (3), 37 −51.

[113] Fiori KL, Antonucci TC, Cortina KS. Social network typologies and mental health among older adults [J]. The Journals of Gerontology Series B: Psychological Sciences and Social Sciences, 2006, 61 (1): 25 −32.

[114] Fleck M, Louzada S, Xavier M, et al. Application of the Portuguese version of the abbreviated instrument of quality life WHOQOL-brief [J]. Revista de saude publica, 2000, 34 (2): 178 −183.

[115] Folkman S, Schaefer C, Lazarus R S. Cognitive processes as mediators of stress and coping [J]. Human stress and cognition, 1979: 265 −298.

[116] Frasure-Smith N, Lespérance F, Gravel G, et al. Social support, depression, and mortality during the first year after myocardial infarction [J]. Circulation, 2000, 101 (16): 1919 −1924.

[117] Fratiglioni L, Wang H X, Ericsson K, et al. Influence of social network on occurrence of dementia: a community-based longitudinal study [J]. Lancet, 2000, 355 (9212): 1315 −1319.

[118] Frisch M B. Quality of Life Therapy and Assessment in Health Care [J]. Clinical Psychology Science & Practice, 2010, 5 (1): 19 −40.

[119] Fu S, Huang N, Chou YJ. Peer reviewed: trends in the prevalence of multiple chronic conditions in Taiwan from 2000 to 2010: a population-based study [J]. Preventing chronic disease, 2014, 11: 140205.

[120] García-Villamisar DA, Dattilo J. Effects of a leisure programme on quality of life and stress of individuals with ASD [J]. Journal of Intellectual Disability Research, 2010, 54 (7): 611 −619.

[121] Garin N, Olaya B, Moneta M V, et al. Impact of multimorbidity on disability and quality of life in the Spanish older population [J]. PloS one, 2014, 9 (11): e111498.

[122] Ginther D K, Zavodny M. Is the male marriage premium due to selection?

The effect of shotgun weddings on the return to marriage [J]. Journal of Population Economics, 2001, 14 (2): 313 – 328.

[123] Glass T A, De Leon C F, Bassuk S S, et al. Social engagement and depressive symptoms in late life: longitudinal findings [J]. Journal of Aging & Health, 2006, 18 (4): 604 – 28.

[124] Gove W R, Hughes M, Style C B. Does marriage have positive effects on the psychological well-being of the individual? [J]. Journal of health and social behavior, 1983: 122 – 131.

[125] Grant N, Hamer M, Steptoe A. Social Isolation and Stress-related Cardiovascular, Lipid, and Cortisol Responses [J]. Annals of Behavioral Medicine, 2009, 37 (1): 29 – 37.

[126] Haas B K. A multidisciplinary concept analysis of quality of life [J]. Western journal of nursing research, 1999, 21 (6): 728 – 742.

[127] Haber M G, Cohen J L, Lucas T, et al. The relationship between self-reported received and perceived social support: a meta-analytic review [J]. American Journal of Community Psychology, 2007, 39 (1 – 2): 133 – 144.

[128] Hacker E D. Quantitative measurement of quality of life in adult patients undergoing bone marrow transplant or peripheral blood stem cell transplant: a decade in review [C] //Oncology Nursing Forum. 2003, 30 (4).

[129] Hampton K, Goulet L S, Rainie L, et al. Social networking sites and our lives [J]. Pew Internet & American Life Project, 2011, 16: 1 – 85.

[130] Han K T, Park E C, Kim J H, et al. Is marital status associated with quality of life? [J]. Health and quality of life outcomes, 2014, 12 (1): 109.

[131] Hareven TK. Family time and historical time. Daedalus, 1977, 57 – 70.

[132] Hawkley L C, Cacioppo J T. Loneliness Matters: A Theoretical and Empirical Review of Consequences and Mechanisms [J]. Annals of Behavioral Medicine, 2010, 40 (2): 218 – 227.

[133] Hawkley L. C., Thisted R. A., Cacioppo J. T. Loneliness predicts reduced physical activity: Cross-sectional & longitudinal analyses [J]. Health

Psychology, 2009, 28, 354 – 363. doi: 10. 1037/a0014400

[134] Hays R D, Kallich J D, Mapes D L, et al. Development of the kidney disease quality of life (KDQOL TM) instrument [J]. Quality of life Research, 1994, 3 (5): 329 – 338.

[135] Helgeson V S. Social support and quality of life [J]. Quality of life research, 2003, 12 (1): 25 – 31.

[136] Helgeson V S. Two Important Distinctions in Social Support: Kind of Support and Perceived Versus Received [J]. Journal of Applied Social Psychology, 2010, 23 (10): 825 – 845.

[137] Helliwell J F, Barrington-Leigh C P, Harris A, et al. International evidence on the social context of well-being [R]. National Bureau of Economic Research, 2009.

[138] Henly J R, Danziger S K, Offer S. The contribution of social support to the material well-being of low-income families [J]. Journal of Marriage & Family, 2010, 67 (1): 122 – 140.

[139] Hewitt B, Turrell G, Giskes K. Marital loss, mental health and the role of perceived social support: findings from six waves of an Australian population based panel study [J]. J Epidemiol Community Health, 2012, 66 (4): 308 – 314.

[140] Hill R. Linking quality of home and community-based care and quality of life in frail older adults [J]. In 54th annual scientific meeting of the Gerontological Society of America, Chicago, 2001, November.

[141] Holland A. Darwin and the meaning in life [J]. Environmental Values, 2009, 18 (4): 503 – 516.

[142] Holt-Lunstad J, Birmingham W, Jones B Q. Is there something unique about marriage? The relative impact of marital status, relationship quality, and network social support on ambulatory blood pressure and mental health [J]. Annals of behavioral medicine, 2008, 35 (2): 239 – 244.

[143] Holt-Lunstad J, Smith T B, Layton J B. Social relationships and mortality risk: a meta-analytic review [J]. PLoS medicine, 2010, 7 (7): e1000316.

[144] Holt-Lunstad J. , Smith T. B. , Baker M. , Harris T. , & Stephenson D. Loneliness and social isolation as risk factors for mortality: a meta-analytic review [J]. Perspectives on Psychological Science, 2015, 10 (2), 227 – 237.

[145] Hörnquist J O. Quality of life: concept and assessment [J]. Scandinavian Journal of Social Medicine, 1990, 18 (1): 69 – 79.

[146] House J S, Cynthia R, Metzner H L. The association of social relationships and activities with mortality: prospective evidence from the Tecumseh Community Health Study [J]. American journal of epidemiology, 116 (1), 123 – 140.

[147] House J S, Umberson D, Landis K R. Structures and processes of social support [J]. Annual review of sociology, 1988, 14 (1): 293 – 318.

[148] House J S, Umberson D, Landis K R. Structures and processes of social support [J]. Annual review of sociology, 1988, 14 (1): 293 – 318.

[149] Hughes, B. Quality of life [J]. In Peace S M. Researching social gerontology. Concepts, methods and issues. Beverly Hills, CA: Sage, 1990: 46 – 58.

[150] Iso-Ahola S E. A psychological analysis of leisure and health [J]. In Work, leisure and well-being. Routledge, 2006: 143 – 156.

[151] Jang Y, Mortimer J A, Haley W E, et al. The role of social engagement in life satisfaction: Its significance among older individuals with disease and disability [J]. Journal of Applied Gerontology, 2015, 23 (3): 266 – 278.

[152] Jaremka L M, Belury M A, Andridge R R, et al. Novel links between troubled marriages and appetite regulation: Marital distress, ghrelin, and diet quality [J]. Clinical psychological science, 2016, 4 (3): 363 – 375.

[153] Jenkinson C, Layte R, Jenkinson D, et al. A Shorter Form Health Survey: Can the SF-12 Replicate Results from the SF – 36 in Longitudinal Studies? [J]. Journal of Public Health Medicine, 1997, 19 (2): 179 – 186.

[154] Joung I M A, Van De Mheen H D, Stronks K, et al. A longitudinal study

of health selection in marital transitions [J]. Social science & medicine, 1998, 46 (3): 425 -435.

[155] Kane R A. Long-term care and a good quality of life: Bringing them closer together [J]. The Gerontologist, 2001, 41 (3): 293 - 304.

[156] Kaplan R M, Kronick R G. Marital status and longevity in the United States population [J]. Journal of Epidemiology & Community Health, 2006, 60 (9): 760 -765.

[157] Kassel J D, Stroud L R, Paronis C A. Smoking, stress, and negative affect: correlation, causation, and context across stages of smoking [J]. Psychological bulletin, 2003, 129 (2): 270 -304.

[158] Kawachi I, Berkman L F. Social ties and mental health [J]. Journal of Urban health, 2001, 78 (3): 458 -467.

[159] Kelley-Gillespie N. An integrated conceptual model of quality of life for older adults based on a synthesis of the literature [J]. Applied Research in Quality of life, 2009, 4 (3): 259 -282.

[160] Keyes C L M. Social Well-Being [J]. Social Psychology Quarterly, 1998, 61 (2): 121 -140.

[161] Kiecolt-Glaser JK, Newton TL. Marriage and health: his and hers. Psychological bulletin. 2001, 127 (4): 472 -503.

[162] Kołodziej-Zaleska A, Przybyła-Basista H. Psychological well-being of individuals after divorce&58; the role of social support [J]. Current Issues in Personality Psychology, 2016, 4 (4): 206 -216.

[163] Komter A E, Vollebergh W A M. Solidarity in Dutch Families [J]. Journal of Family Issues, 2002, 23 (2): 171 -188.

[164] Krägeloh CU, Kersten P, Rex Billington D et al. Validation of the WHO-QOL-BREF quality of life questionnaire for general use in New Zealand: confirmatory factor analysis and Rasch analysis [J]. Quality of Life Research, 2013, 22 (6): 1451 -1457.

[165] Kuiper JS, Zuidersma M, Voshaar RC, et al. Social relationships and risk of dementia: A systematic review and meta-analysis of longitudinal cohort studies [J]. Ageing Research Reviews, 2015, 22: 39 -57.

[166] Lakey B, Cronin A. Low social support and major depression: Research, theory and methodological issues [J]. Risk factors in depression, 2008, 385 – 408.

[167] Lakey B, Orehek E. Relational regulation theory: A new approach to explain the link between perceived social support and mental health [J]. Psychological review, 2011, 118 (3): 482 – 498.

[168] Larson J S. The measurement of social well-being [J]. Social indicators research, 1993, 28 (3): 285 – 296.

[169] Lassey W R, Lassey M L. Quality of life for older people: An international perspective [M]. Prentice-Hall Incorporated, 2001.

[170] Lawton MP. A multidimensional view of quality of life in frail elders [J]. In Birren J E. , Rowe J C, Lubben JE, et al. The Concept and Measurement of Quality of Life in the Frail Elderly. Academic Press, 1991, 3 – 27.

[171] Lazarus R S. , & Launier R. Stress-related transactions between person and environment. In Perspectives in interactional psychology [M]. Boston, MA: Springer US, 1978, 287 – 327.

[172] Lee C Y S, Anderson J R, Horowitz J L, et al. Family Income and Parenting: The Role of Parental Depression and Social Support [J]. Family Relations, 2009, 58 (4): 417 – 430.

[173] Lee G R, Ishii-Kuntz M. Social Interaction, Loneliness, and Emotional Well-Being among the Elderly [J]. Research on Aging, 1987, 9 (4): 459 – 482.

[174] Lehman A F. A quality of life interview for the chronically mentally ill [J]. Evaluation and program planning, 1988, 11 (1): 51 – 62.

[175] Li K, Kay N S, Nokkaew N. The Performance of the World Health Organization's WHOQOL-BREF in Assessing the Quality of Life of Thai College Students [J]. Social Indicators Research, 2009, 90 (3): 489 – 501.

[176] Li S, Jiang Q, Feldman M W. The Male Surplus in China's Marriage Market: Review and Prospects [J]. Analysing China's Population, 2014: 77 –

93.

[177] Lillard L A, Panis C W A. Marital status and mortality: The role of health [J]. Demography, 1996, 33 (3): 313 – 327.

[178] Lin N. Social networks and status attainment [J]. Annual review of sociology, 1999, 25 (1): 467 – 487.

[179] Lin N. Social networks and status attainment [J]. Annual review of sociology, 1999, 25 (1): 467 – 487.

[180] Lindström M, Rosvall M. Marital status, social capital, economic stress, and mental health: A population-based study [J]. Social Science Journal, 2012, 49 (3): 339 – 342.

[181] Lindström M, Rosvall M. Marital status, social capital, economic stress, and mental health: A population-based study [J]. Social Science Journal, 2012, 49 (3): 339 – 342.

[182] Lindström M. Marital status, social capital, material conditions and self-rated health: A population-based study [J]. Health Policy, 2009, 93 (2 – 3): 172 – 179.

[183] Liou H H, Chen R C, Chen C C, et al. Health related quality of life in adult patients with epilepsy compared with a general reference population in Taiwan [J]. Epilepsy research, 2005, 64 (3): 151 – 159.

[184] Litwin H, Shiovitz-Ezra S. Network type and mortality risk in later life [J]. The Gerontologist, 2006, 46 (6): 735 – 743.

[185] Litwin H. Social network type and morale in old age [J]. The gerontologist, 2001, 41 (4): 516 – 524.

[186] Liu H, Umberson D J. The times they are a changing: marital status and health differentials from 1972 to 2003 [J]. Journal of Health & Social Behavior, 2008, 49 (3): 239.

[187] Liu H, Waite L. Bad Marriage, Broken Heart? Age and Gender Differences in the Link between Marital Quality and Cardiovascular Risks among Older Adults [J]. Journal of Health & Social Behavior, 2014, 55 (4): 403 – 423.

[188] Liu H. Marital dissolution and self-rated health: age trajectories and birth

cohort variations. [J]. Social Science & Medicine, 2012, 74 (7): 1107 – 1116.

[189] Luszczynska A, Pawlowska I, Cieslak R, et al. Social support and quality of life among lung cancer patients: a systematic review [J]. Psycho-Oncology, 2013, 22 (10): 2160 – 2168.

[190] Makovski T T, Schmitz S, Zeegers M P, et al. Multimorbidity and quality of life: systematic literature review and meta-analysis [J]. Ageing Research Reviews, 2019: 100903.

[191] Manzoli L, Villari P, Pirone G M, et al. Marital status and mortality in the elderly: a systematic review and meta-analysis [J]. Social science & medicine, 2007, 64 (1): 77 – 94.

[192] Marinelli R D, Plummer O K. Healthy aging: Beyond exercise [J]. Activities, Adaptation & Aging, 1999, 23 (4): 1 – 11.

[193] Mas-Expósito L, Amador-Campos J A, Gómez-Benito J, et al. The World Health Organization quality of life scale brief version: a validation study in patients with schizophrenia [J]. Quality of life Research, 2011, 20 (7): 1079 – 1089.

[194] Mavandadi S, Zanjani F, Ten Have T R, et al. Psychological wellbeing among individuals aging with HIV: The value of social relationships [J]. Journal of acquired immune deficiency syndromes, 2009, 51 (1): 91 – 98.

[195] McCall S. Quality of life Social [J]. Indicators Research, 1975, 2, 229 – 248.

[196] McDowell I, Newell C. The short-form-36 health survey [J]. Measuring Health, 1996: 446 – 454.

[197] Mcdowell T L, Serovich J M. The effect of perceived and actual social support on the mental health of HIV-positive persons [J]. Aids Care, 2007, 19 (10): 1223 – 1229.

[198] Meeberg G A. Quality of life: a concept analysis [J]. Journal of advanced nursing, 1993, 18 (1): 32 – 38.

[199] Mendes de Leon CF, Glass TA, Berkman LF. Social engagement and disability in a community population of older adults: the New Haven EPESE

[J]. American Journal of Epidemiology, 2003, 157 (7): 633 - 642.

[200] Merz E M, Huxhold O. Wellbeing depends on social relationship character-istics: Comparing different types and providers of support to older adults [J]. Ageing & Society, 2010, 30 (5): 843 - 857.

[201] Merz EM, Schuengel C, Schulze HJ. Intergenerational relations across 4 years: Well-being is affected by quality, not by support exchange [J]. The Gerontologist, 2009, 49 (4): 536 - 548.

[202] Michael ST, Crowther MR, Schmid B, Allen RS. Widowhood and spiritu-ality: Coping responses to bereavement [J]. Journal of Women & Aging, 2003, 15 (2 - 3): 145 - 65.

[203] Michalos A C. Essays on the Quality of Life [M]. Dordrecht: Kluwer Ac-ademic, 2003.

[204] Michalos A C. Quality of life, two-variable theory [J]. Encyclopedia of quality of life and well-being research, 2014: 5307 - 5309.

[205] Michelone A P C, Santos V L C G. Quality of life of cancer patients with and without an ostomy [J]. Revista latino-americana de enfermagem, 2004, 12 (6): 875 - 883.

[206] Mirowsky J, Ross C E. Social causes of psychological distress [M]. Trans-action Publishers, 2003.

[207] Moberg D O. The development of social indicators for quality of life re-search [J]. Sociological Analysis, 1979, 40 (1): 11 - 26.

[208] Moons P, Budts W, Geest S D. Critique on the conceptualisation of quality of life: a review and evaluation of different conceptual approaches [J]. International Journal of Nursing Studies, 2006, 43 (7): 891 - 901.

[209] Mujica-Mota R E, Roberts M, Abel G, et al. Common patterns of morbidi-ty and multi-morbidity and their impact on health-related quality of life: evidence from a national survey [J]. Quality of Life Research, 2015, 24 (4): 909 - 918.

[210] Nader M, Nemati A, Esmaeili M, et al. The Relationship between Sexual Satisfaction and the Marriage Satisfaction of Men and Women [J]. INTER-NATIONAL JOURNAL OF ADVANCED BIOTECHNOLOGY AND RE-

SEARCH, 2016, 7 (1)：255 – 263.

[211] Naslund J A, Aschbrenner K A, Marsch L A, et al. The future of mental health care：peer-to-peer support and social media [J]. Epidemiology & Psychiatric Sciences, 2016, 25 (2)：113 – 122.

[212] O'Connell K, Skevington S, Saxena S, et al. Preliminary development of the World Health Organsiation's Quality of Life HIV instrument (WHO-QOL-HIV)：analysis of the pilot version [J]. Social Science & Medicine, 2003, 57 (7)：1259 – 1275.

[213] Oliveira S E H, Carvalho H, Esteves F. Internalized stigma and quality of life domains among people with mental illness：the mediating role of self-esteem [J]. Journal of Mental Health, 2016, 25 (1)：55 – 61.

[214] O'neill J. Happiness and the good life [J]. Environmental Values, 2008, 17 (2)：125 – 144.

[215] Ornstein S M, Nietert P J, Jenkins R G, et al. The Prevalence of Chronic Diseases and Multimorbidity in Primary Care Practice：A PPRNet Report [J]. Journal of the American Board of Family Medicine Jabfm, 2013, 26 (5)：518 – 524.

[216] Orwelius L, Bäckman C, Fredrikson M, et al. Social integration：an important factor for health-related quality of life after critical illness [J]. Intensive care medicine, 2011, 37 (5)：831 – 838.

[217] Orwelius L, Bckman C, Fredrikson M, et al. Social integration：an important factor for health-related quality of life after critical illness [J]. Intensive Care Medicine, 2011, 37 (5)：831 – 838.

[218] Ownby D. 2002. Approximations of Chinese Bandits：Perverse Rebels or Frustrated Bachelors? [J]. Romantic Heroes, 2002.

[219] Park, N. S. The relationship of social engagement to psychological well-being of older adults in assisted living facilities [J]. Journal of Applied Gerontology, 2009, 28 (4), 461 – 481.

[220] Pateraki E, Roussi P. Marital quality and well-being：The role of gender, marital duration, social support and cultural context [M]//A positive psychology perspective on quality of life. Springer, Dordrecht, 2012：125 –

145.

[221] Pinquart M, Duberstein P R. Associations of social networks with cancer mortality: a meta-analysis [J]. Critical reviews in oncology/hematology, 2010, 75 (2): 122 - 137.

[222] Power M, Quinn K, Schmidt S. Development of the WHOQOL-old module [J]. Quality of life research, 2005, 14 (10): 2197 - 2214.

[223] Pressman SD, Cohen S, Miller GE, et al. Loneliness, social network size, and immune response to influenza vaccination in college freshmen [J]. Health Psychology Official Journal of the Division of Health Psychology American Psychological Association, 2005, 24 (3): 297 - 306.

[224] Prezza M, Pacilli M G. Perceived social support from significant others, family and friends and several socio-demographic characteristics [J]. Journal of Community & Applied Social Psychology, 2010, 12 (6): 422 - 429.

[225] Rambod M, Rafii F. Perceived social support and quality of life in Iranian hemodialysis patients [J]. Journal of Nursing Scholarship An Official Publication of Sigma Theta Tau International Honor Society of Nursing, 2010, 42 (3): 242 - 249.

[226] Raphael D, Brown I, Renwick R, et al. Measuring the quality of life of older persons: a model with implications for community and public health nursing [J]. International Journal of Nursing Studies, 1997, 34 (3): 231 - 239.

[227] Reblin M, Uchino B N. Social and emotional support and its implication for health [J]. Current opinion in psychiatry, 2008, 21 (2): 201 - 205.

[228] Rendall M S, Weden M M, Favreault M M, et al. The protective effect of marriage for survival: a review and update [J]. Demography, 2011, 48 (2): 481 - 506.

[229] Revenson T A. Social support and marital coping with chronic illness [J]. Annals of Behavioral Medicine, 1994, 16 (2): 122 - 130.

[230] Revenson T A. Social support and marital coping with chronic illness [J]. Annals of Behavioral Medicine, 1994, 16 (2): 122 - 130.

[231] Ribar D C. What do social scientists know about the benefits of marriage? A review of quantitative methodologies [J]. Iza Discussion Papers, 2004.

[232] Rice V H. Handbook of Stress, Coping, and Health: Implications for Nursing Research, Theory, and Practice [M]. Sage Publications, 2012.

[233] Robles T F, Kiecolt-Glaser J K. The physiology of marriage: Pathways to health [J]. Physiology & behavior, 2003, 79 (3): 409 – 416.

[234] Roick J, Keszte J, Danker H, et al. Social integration and its relevance for quality of life after laryngectomy [J]. Laryngo-rhino-otologie, 2014, 93 (5): 321 – 326.

[235] Rook K S, Ituarte P H G. Social control, social support, and companionship in older adults' family relationships and friendships [J]. Personal Relationships, 1999, 6 (2): 199 – 211.

[236] Rosenthal C J, Sulman J, Marshall V W. Depressive Symptoms in Family Caregivers of Long-stay Patients [J]. The Gerontologist, 1993 (33 – 2): 249 – 257.

[237] Ross C E. Reconceptualizing marital status as a continuum of social attachment [J]. Journal of Marriage and the Family, 1995: 129 – 140.

[238] Ross C E., Mirowsky J., & Goldsteen K. The impact of the family on health: The decade in review [J]. Journal of Marriage and the Family, 1990, 52 (4), 1059 – 1078.

[239] Rutledge T, Reis S E, Olson M, et al. Social networks are associated with lower mortality rates among women with suspected coronary disease: the National Heart, Lung, and Blood Institute-Sponsored Women's Ischemia Syndrome Evaluation study [J]. Psychosomatic Medicine, 2004, 66 (6): 882 – 888.

[240] Ryan AK, Willits FK. Family ties, physical health, and psychological well-being [J]. Journal of Aging and Health, 2007, 19 (6): 907 – 920.

[241] Ryff C D. Happiness is everything, or is it? Explorations on the meaning of psychological well-being [J]. Journal of Personality & Social Psychology, 1989, 57 (6): 1069 – 1081.

[242] Sarason B, Sarason I, & Gurung R. Close personal relationships and health

outcomes: A key to the role of social support. In Sarason B. & Duck S. (Eds.), Personal relationships: Implications for clinical and community psychology [M]. Chichester, UK: Wiley, 2001, 547 – 573.

[243] Schag C A., & Heinrich R L. Development of a comprehensive quality of life measurement tool: CARES [J]. Oncology (Williston Park, NY), 1990, 4 (5): 135 – 138.

[244] Schalock R L. The concept of quality of life: what we know and do not know [J]. Journal of intellectual disability research, 2004, 48 (3): 203 – 216.

[245] Schoenbach VJ, Kaplan BH, Fredman L, Kleinbaum DG. Social ties and mortality in Evans County, Georgia. American journal of epidemiology [J]. 1986, 123 (4), 577 – 591.

[246] Schoenborn CA. Marital status and health: United States, 1999 – 2002 [J]. Advance Data, 2004, 351.

[247] Schulz A J, Israel B A, Zenk S N, et al. Psychosocial stress and social support as mediators of relationships between income, length of residence and depressive symptoms among African American women on Detroit's eastside [J]. Social Science & Medicine, 2006, 62 (2): 510 – 522.

[248] Schwarz N., Strack F. Reports of subjective well-being: Judgmental processes and their methodological implications [J]. Well-being: The foundations of hedonic psychology, 1999, 7: 61 – 84.

[249] Schwarzer R, Bowler R M, Cone J E. Social integration buffers stress in New York police after the 911 terrorist attack [J]. Anxiety Stress Coping, 2014, 27 (1): 18 – 26.

[250] Scott J P. Sibling interaction in later life [J]. In T. Brubaker. Family relationships in later life. Newbury Park, CA: Sage, 1990, 86 – 99.

[251] Seeman T E. Social ties and health: The benefits of social integration [J]. Annals of epidemiology, 1996, 6 (5): 442 – 451.

[252] Shaw ME, Costanzo PR. Theories of social comparison, judgment, and perception. Theories of social psychology, 1982, 259 – 291.

[253] Shen W, Kotsanos J G, Huster W J, et al. Development and validation of

the diabetes quality of life clinical trial questionnaire [J]. Medical care, 1999: 45 – 66.

[254] Shinn, Marybeth, Lehmann, Stanley, Wong, Nora W. Social interaction and social support [J]. Journal of Social Issues, 2010, 40 (4): 55 – 76.

[255] Shor E, Roelfs D J, Yogev T. The strength of family ties: A meta-analysis and meta-regression of self-reported social support and mortality [J]. Social Networks, 2013, 35 (4): 626 – 638.

[256] Shumaker S A, Hill D R. Gender differences in social support and physical health [J]. Health psychology, 1991, 10 (2): 102 – 111.

[257] Smith K P, Christakis N A. Social Networks and Health [J]. Annual Review of Sociology, 2008, 34 (1): 405 – 429.

[258] Soulsby L K , Bennett K M . Marriage and Psychological Wellbeing: The Role of Social Support [J] . Psychology, 2015, 6 (11): 1349 – 1359.

[259] Southwick S M, Sippel L, Krystal J, et al. Why are some individuals more resilient than others: the role of social support [J]. World Psychiatry, 2016, 15 (1): 77 – 79.

[260] Spiegel D . Effect of psychosocial treatment on survival of patients with metatastic breast cancer [J] . The Lancet, 1989, *334* (8668): 888 – 891.

[261] Stack, S. The effect of divorce on suicide in Denmark, 1951 – 1980 [J]. Sociological Quarterly, 1990, 31 (3): 359 – 370.

[262] Steinbach, U. Social networks, institutionalization, and mortality among elderly people in the United States [J]. Journal of gerontology, 1992, 47 (4): S183 – S190.

[263] Stratton L S. Examimg the wage Differential for Married and Cohabiting men [J]. Economic Inquiry, 2010, 40 (2): 199 – 212.

[264] Strohschein, L. , & Ram, U. Gender, marital status, and mental health: A test of the sex role hypothesis in India [J]. Journal of Family Issues, 2017, 38 (13): 1899 – 1922.

[265] Sultan, S. , Fisher, D. A. , Voils, C. I. , et al. Impact of functional support on health-related quality of life in patients with colorectal cancer [J].

Cancer, 2004, 101 (12): 2737 - 2743.

[266] Symoens S, Van de Velde S, Colman E, et al. Divorce and the multidimensionality of men and women's mental health: The role of social-relational and socio-economic conditions [J]. Applied Research in Quality of Life, 2014, 9 (2): 197 - 214.

[267] The WHOQOL Group. The World Health Organization quality of life assessment (WHOQOL): development and general psychometric properties [J]. Social science & medicine, 1998, 46 (12): 1569 - 1585.

[268] Theeke L. A. Sociodemographic and health-related risks for loneliness and outcome differences by loneliness status in a sample of U. S. older adults [J]. Research in Gerontological Nursing, 2010, 3, 113 - 125.

[269] Theofilou P. Quality of Life: Definition and Measurement [J]. Europe's journal of psychology, 2013, 9 (1): 150 - 162.

[270] Thoits P A. Mechanisms linking social ties and support to physical and mental health [J]. Journal of health and social behavior, 2011, 52 (2): 145 - 161.

[271] Thoits, P. A. Multiple identities and psychological well-being: A reformulation and test of the social isolation hypothesis [J]. American sociological review, 1983, 174 - 187.

[272] Tremolada M, Bonichini S, Basso G, et al. Perceived social support and health-related quality of life in AYA cancer survivors and controls [J]. Psycho-Oncology, 2016, 25 (12): 1408 - 1417.

[273] Triandis H C. Individualism-collectivism and personality [J]. Journal of personality, 2001, 69 (6): 907 - 924.

[274] Trompenaars F J, Masthoff E D, Van Heck G L, et al. Content validity, construct validity, and reliability of the WHOQOL-Bref in a population of Dutch adult psychiatric outpatients [J]. Quality of Life Research, 2005, 14 (1): 151 - 160.

[275] Tucker J S, Klein D J, Elliott M N. Social Control of Health Behaviors: A Comparison of Young, Middle-Aged, and Older Adults [J]. Journals of Gerontology, 2004, 59 (4): 147 - 150.

[276] Turner RJ, Frankel BG, Levin DM. Social support: Conceptualization, measurement, and implications for mental health [J]. Research in community & mental health. 1983.

[277] Ubel P A, Loewenstein G, Jepson C. Whose quality of life? A commentary exploring discrepancies between health state evaluations of patients and the general public [J]. Quality of Life Research, 2003, 12 (6): 599 – 607.

[278] Uchino B N. Social Support and Health: A Review of Physiological Processes Potentially Underlying Links to Disease Outcomes [J]. Journal of Behavioral Medicine, 2006, 29 (4): 377 – 387.

[279] Uchino B N. Social support and physical health: Understanding the health consequences of our relationships [M]. New Haven, CT: Yale University Press, 2004.

[280] Uchino B N. Understanding the links between social support and physical health: A life-span perspective with emphasis on the separability of perceived and received support [J]. Perspectives on psychological science, 2009, 4 (3): 236 – 255.

[281] Uchino B. N. Social support and health: A review of physiological processes potentially underlying links to disease outcomes [J]. Journal of Behavioral Medicine, 2006, 29, 377 – 387. doi: 10. 1007/s10865 – 006 – 9056 – 5

[282] Umberson D, Karas Montez J. Social relationships and health: A flashpoint for health policy [J]. Journal of health and social behavior, 2010, 51 (1_ suppl): S54 – S66.

[283] Umberson D, Thomeer M B, Williams K. Family status and mental health: Recent advances and future directions [M] //Handbook of the sociology of mental health. Springer, Dordrecht, 2013: 405 – 431.

[284] Umberson D. Gender, marital status and the social control of health behavior [J]. Social Science & Medicine, 1992, 34 (8): 907 – 917.

[285] Umberson, D. Family status and health behaviors: Social control as a dimension of social integration [J]. Journal of health and social behavior, 1987, 306 – 319.

[286] Umberson, D., Williams, K., Powers, D. A., Liu, H., & Needham, B. You make me sick: Marital quality and health over the life course [J]. Journal of health and social behavior, 2006, 47 (1), 1 – 16.

[287] UNDP. Human Development Report [R]. Oxford University Press, New York, 1998: 136.

[288] Unger JB, McAvay G, Bruce ML, et al. Variation in the impact of social network characteristics on physical functioning in elderly persons: MacArthur Studies of Successful Aging [J]. The Journals of Gerontology Series B: Psychological Sciences and Social Sciences, 1999, 54 (5): S245 – S251.

[289] Utz R L, Deborah C, Randolph N, et al. The effect of widowhood on older adults' social participation: an evaluation of activity, disengagement, and continuity theories [J]. Gerontologist, 2002 (4): 522 – 533.

[290] Vaarama M, Pieper R, Ljunggren G, et al. Care-related quality of life: An overview [M] //Care-Related Quality of Life in Old Age. Springer, New York, NY, 2008: 301 – 326.

[291] Van der Poel M G M. Delineating personal support networks [J]. Social networks, 1993, 15 (1): 49 – 70.

[292] Veenhoven R. The Four Qualities of Life: Ordering Concepts and Measures of the Good Life [J]. Journal of Happiness Studies, 2013, 1 (1): 195 – 226.

[293] Ventegodt S, Merrick J, Andersen N J. Quality of life theory I. The IQOL theory: an integrative theory of the global quality of life concept [J]. The Scientific World Journal, 2003, 3: 1030 – 1040.

[294] Vogt, T. M., Mullooly, J. P., Ernst, D., et al. Social networks as predictors of ischemic heart disease, cancer, stroke and hypertension: incidence, survival and mortality [J]. Journal of clinical epidemiology, 1992, 45 (6): 659 – 666.

[295] von Steinbüchel N, Lischetzke T, Gurny M, et al. Assessing quality of life in older people: psychometric properties of the WHOQOL-BREF [J]. European Journal of Ageing, 2006, 3 (2): 116 – 122.

［296］Waite L J. Does marriage matter? ［J］. Demography, 1995, 32 (4): 483 – 507.

［297］Walker A E. Multiple chronic diseases and quality of life: patterns emerging from a large national sample, Australia ［J］. Chronic Illness, 2007, 3 (3): 202.

［298］Wang S, Yang X, Attané I. Social Support Networks and Quality of Life of Rural Men in a Context of Marriage Squeeze in China ［J］. American Journal of Men's Health, 2018, 12 (35): 1557988317753263.

［299］Ware J E, Sherbourne C D. The MOS 36 – item short-form health survey (SF – 36). I. Conceptual framework and item selection ［J］. Medical care, 1992, 473 – 483.

［300］Warner LM, Schüz B, Wurm S, et al. Giving and taking—Differential effects of providing, receiving and anticipating emotional support on quality of life in adults with multiple illnesses ［J］. Journal of Health Psychology, 2010, 15 (5): 660 – 670.

［301］Webster J, Nicholas C, Velacott C, Cridland N, Fawcett L. Quality of life and depression following childbirth: impact of social support ［J］. Midwifery. 2011, 27 (5): 745 – 749.

［302］Wethington E, Kessler R C. Perceived support, received support, and adjustment to stressful life events ［J］. Journal of Health and Social behavior, 1986: 78 – 89.

［303］Whoqol Group. Development of the World Health Organization WHOQOL-BREF Quality of Life Assessment ［J］. Psychological Medicine, 1998, 28 (3): 551 – 558.

［304］Williams K, Frech A, Carlson DL. Marital status and mental health ［J］. A handbook for the study of mental health: Social contexts, theories, and systems. 2010, 2: 306 – 320.

［305］Williams K, Umberson D. Marital Status, Marital Transitions, and Health: A Gendered Life Course Perspective ［J］. Journal of Health & Social Behavior, 2004, 45 (1): 81 – 98.

［306］Wilson C M, Oswald A J. How Does Marriage Affect Physical and Psychological Health? A Survey of the Longitudinal Evidence [J]. Economic Research Papers, 2005.

[307] Yeung G T Y, Fung H H. Social support and life satisfaction among Hong Kong Chinese older adults: family first? [J]. European Journal of Ageing, 2007, 4 (4): 219 - 227.

[308] Young KJ, Longman AJ. Quality of life and persons with melanoma: A pilot study [J]. Cancer nursing, 1983, 6 (3): 219 - 226.

[309] Yu J, Xie Y. Cohabitation in China: Trends and Determinants [J]. Population & Development Review, 2015, 41 (4): 607 - 628.

[310] Zella S. Marital status transitions and self-reported health among Canadians: a life course perspective [J]. Applied Research in Quality of Life, 2017, 12 (2): 303 - 325.

[311] Zimet G D, Dahlem N W, Zimet S G, et al. The multidimensional scale of perceived social support [J]. Journal of personality assessment, 1988, 52 (1): 30 - 41.

[312] 边燕杰, 张磊. 论关系文化与关系社会资本 [J]. 人文杂志, 2013, (1): 107 - 113.

[313] 蔡文辉. 婚姻与家庭 - 家庭社会学 [M]. 五南圖書出版股份有限公司, 2007。

[314] 程广帅, 万能. 农村女性婚姻迁移人口的成因及影响 [J]. 西北人口, 2003 (4): 31 - 33.

[315] 费孝通. 乡土中国 [M]. 北京: 北京出版社, 2011: 26 - 27.

[316] 郭秋菊, 靳小怡. 婚姻状况对农村男性养老意愿的影响研究——基于安徽乙县的调查分析 [J]. 人口与发展, 2011, 17 (1): 38 - 44.

[317] 贺雪峰. 论中国农村的区域差异——村庄社会结构的视角 [J]. 开放时代, 2012 (10): 108 - 129.

[318] 姜全保, 果臻, 李树茁. 中国未来婚姻挤压研究 [J]. 人口与发展, 2010, 16 (3): 39 - 47.

[319] 靳小怡, 李成华, 李艳. 性别失衡背景下中国农村人口的婚姻策略与婚姻质量——对 X 市和全国百村调查的分析 [J]. 青年研究, 2011 (6): 1 - 10.

[320] 靳小怡，谢娅婷，郭秋菊，等."光棍"聚集与社区公共安全——全国百村调查的研究发现［J］.西安交通大学学报（社会科学版），2012，32（6）：36－44.

[321] 李林艳.弱关系的弱势及其转化"关系"的一种文化阐释路径［J］.社会，2007，27（4）：175－194.

[322] 李树茁，李卫东.性别失衡背景下应对资源与未婚男性农民工的心理失范［J］.人口与发展，2012，18（4）：67－77.

[323] 李树茁.性别失衡，男性婚姻挤压与婚姻策略［J］.探索与争鸣，2013，5：22－23.

[324] 李艳，李树茁，韦艳，等.农村男性的婚姻状况与社会支持网络［J］.西安交通大学学报（社会科学版），2010，30（3）：54－62.

[325] 李艳，帅玉良，李树茁.农村大龄未婚男性的社会融合问题探析［J］.中国农村观察，2012（6）：71－79.

[326] 李艳，李树茁，刘鑫财.农村大龄未婚男性社会支持影响因素研究［J］.预测，2015，v.34；No.206（05）：67－73.DOI：10.11847/fj.34.5.67.

[327] 李艳，李树茁.农村大龄未婚男性的社会支持网络［M］.社会科学文献出版社，2011.

[328] 刘慧君，谢晓佩.农村大龄未婚男性养老选择的代际差异及其养老脆弱性［J］.人口与社会，2017，33（3）：42－52.

[329] 刘慧君.脆弱性视角下农村大龄未婚男性的生存质量：现状与未来——基于陕南地区的调查研究［J］.人口与社会，2017，33（1）：33－43.

[330] 刘奇.中国乡土社会面临十大转变［J］.中国发展观察，2018，（07）：55－57.

[331] 刘爽，蔡圣晗.谁被"剩"下了？——对我国"大龄未婚"问题的再思考［J］.青年研究，2015（4）：76－84.

[332] 刘中一.大龄未婚男性与农村社会稳定——出生性别比升高的社会后果预测性分析之一［J］.青少年犯罪问题，2005（5）：17－22.

[333] 苏颢云.数说婚姻那些事儿：结婚年龄普遍推迟，婚姻观念地区差异大［EB/OL］.［2017－09－09］.https://www.thepaper.cn/newsDetail_forward_1787209

［334］邰秀军.谁是性别失衡下的弱势群体——对农村流动人口和驻村人口的调查［J］.未来与发展，2011（11）：28－34.

［335］王磊.农村大龄未婚男性的生活质量及其影响因素分析——以冀北地区调查为基础［J］.人口学刊，2012（2）：21－31.

［336］王磊.农村中老年未婚男性的生活境况与养老意愿分析［J］.中国农村观察，2015（1）：84－92.

［337］王智波，李长洪.好男人都结婚了吗？——探究我国男性工资婚姻溢价的形成机制［J］.经济学（季刊），2016，15（2）：917－940.

［338］韦艳，张力.农村大龄未婚男性的婚姻困境：基于性别不平等视角的认识［J］.人口研究，2011，35（5）：58－70.

［339］韦艳，靳小怡，李树茁.农村大龄未婚男性家庭压力和应对策略研究——基于YC县访谈的发现［J］.人口与发展，2008（5）：2－12.

［340］吴明隆.问卷统计分析实务——SPSS操作与应用［M］.重庆：重庆大学出版社，2010.

［341］伍海霞.农村男性大龄未婚的影响因素分析——来自河北CC县调查的发现［J］.人口与发展，2013，19（3）：92－97.

［342］杨雪燕，罗丞，马克斯·费尔德曼.婚姻挤压对农村男性生命质量的影响［J］.人口学刊，2017，39（1）：28－37.

［343］杨雪燕，王珺，伊莎贝尔·阿塔尼，等.婚姻挤压和流动背景下大龄未婚男性的商业性行为：基于中国西安的调查发现［J］.西安交通大学学报（社会科学版），2016，36（2）：91－99.

［344］杨雪燕，伊莎贝尔·阿塔尼，李树茁，等.中国农村大龄未婚男性的自慰行为——基于性别失衡背景的研究发现［J］.人口与发展，2011，17（3）：97－104.

［345］杨雪燕，伊莎贝尔·阿塔尼，李树茁.性别失衡背景下大龄未婚男性的商业性行为——基于中国农村地区的研究发现［J］.人口学刊，2013，35（1）：44－57.

［346］杨雪燕，伊莎贝拉·阿塔尼，李树茁.大龄未婚男性的男男性行为及其对公共安全的意义：基于中国农村性别失衡背景的研究发现［J］.中国软科学，2012（5）：58－67.

［347］臧敦刚，余爽，李后建.公共服务、村庄民主与幸福感——基于民族

地区 757 个行政村 31615 个农户的调查 [J]. 农业经济问题, 2016 (3)：79 - 87.

[348] 张翠娥, 狄金华. 找回家庭：对农村单身现象的再解释——对赣南茶村的大龄未婚男青年的分析 [J]. 南方人口, 2013, 28 (2)：39 - 49.

[349] 张思锋, 唐燕, 张园. 农村大龄未婚男性社会保障需求与供给分析 [J]. 人口与经济, 2011 (6)：86 - 93.

[350] 中国国务院人口普查办公室, 国家统计局人口和就业统计司. 中国 2010 年人口普查资料 [M]. 北京：中国统计出版社, 2012.

[351] 中国统计信息网. 陕西省农村劳动力就业、转移状况及农民增收研究 [EB/OL]. [2004 - 10 - 12]. http://www. stats. gov. cn/ztjc/ztfx/fx-bg/200410/t20041010_14979. html

[352] 中国统计信息网. 陕西省农村劳动力就业、转移状况及农民增收研究 [EB/OL]. [2004 - 10 - 12]. http://www. stats. gov. cn/ztjc/ztfx/fx-bg/200410/t20041010_14979. html

[353] 周应恒, 胡凌啸. 中国农民专业合作社还能否实现"弱者的联合"？——基于中日实践的对比分析 [J]. 中国农村经济, 2016 (6)：30 - 38.

附　录

附录 1

ID☐☐☐☐☐☐☐☐☐☐☐☐☐☐☐☐☐☐☐

农村男性家庭生活状况调查

被访人 0 1 0 1 ☐☐☐☐☐☐☐☐ 　**编码:**

你好！西安交通大学人口与发展研究所正在开展一项关于"农村男性家庭生活状况"的社会调查，特邀请你参加本次调查，谢谢你的合作！调查中将询问有关你的基本情况、生活质量及个人生活态度、情绪状况、婚姻生活状况、社会融合与社会支持以及对政策和服务的评价等方面的一些问题。根据《统计法》第三章第十四条，本资料"属于私人、家庭的单项调查资料，非经本人同意，不得泄露"。课题组向你郑重承诺：本次调查的信息严格保密，除了合格的研究人员，任何人不会接触到这些资料，你的回答不会和任何能够表明你身份的信息产生联系。

再次感谢你的合作！

农村男性家庭生活状况调查课题组

2014 年 7 月

第一部分：个人基本情况

101. 你目前的婚姻状态？　　　　　　　　　　　　　　　101 □

　　1. 未婚，一个人居住　　2. 未婚，与人同居，但没订婚

　　3. 已经订婚　　4. 已婚（初婚）　　5. 已婚（再婚）

　　6. 离婚　　7. 丧偶

102. 你的出生年月是？　　　　　　　　　　　　19□□年□□月

103. 你户口属于：_____（市）_____县（区）

104. 你的身高是：　　　　　　　　　　　　　104□□□厘米

105. 你的体重是：　　　　　　　　　　　　　105□□□斤

106. 你觉得自己是个外向的人吗？　　　　　　　　　　　106□

　　1. 非常外向　　2. 外向　　3. 一般　　4. 内向

　　5. 非常内向

107. 你目前的受教育程度是？　　　　　　　　　　　　107□

　　1. 没上过学　　2. 小学　　3. 初中　　4. 高中（含中专、技校）

　　5. 大专　　6. 本科及以上

108. 你是否有过外出工作或打工的经历？1. 是　　2. 否（跳至 118 题）

　　　　　　　　　　　　　　　　　　　　　　　　108□

109. 你一共有过多少次外出工作或打工超过一个月的经历？　109□□次

110. 你外出工作或打工总共有多长时间了（大概时间）？　110□□年□□月

111. 你第一次外出工作或打工是什么时候？　　　　111□□□□年

112. 你第一次外出工作或打工的主要原因是：（可多选）

　　1. 挣钱养家　　2. 找对象　　3. 挣钱结婚　　4. 学手艺

　　5. 让孩子能接受更好的教育　　6. 见世面　　7. 其他

113. 你最近一次外出工作或打工是什么时候？　　　113□□□□年

114. 你最近一次外出工作或打工的主要原因是：（可多选）

　　1. 挣钱养家　　2. 找对象　　3. 挣钱结婚　　4. 学手艺

　　5. 让孩子能接受更好的教育　　6. 见世面　　7. 其他

115. 你最近或目前正在从事的工作，是否与用人单位签订了劳动合同？

　　　　　　　　　　　　　　　　　　　　　　　　115□

　　　1. 签了固定期限合同　　　2. 签了临时合同　　　3. 没签合同

116. 你最近一次外出工作或打工是和谁一起去的？　　　　　　　　116□

　　　1. 自己一个人　　　2. 随配偶／女（男）朋友去的

　　　3. 随家人去的　　　4. 随老乡去的　　　5. 其他

117. 你是不是在外出打工期间认识了你的妻子／女（男）朋友？　　117□

　　　1. 是　　　　2. 否　　　　3. 目前没有妻子或女（男）朋友

118. 你目前从事的职业属于以下哪种类型？　　　　　　　　　　118□

　　　1. 农业劳动者　　2. 工人　　3. 商业、服务业劳动者　　4. 个体户

　　　5. 办事人员　　　6. 企业、商业负责人（如经理、厂长）

　　　7. 专业技术人员（如教师、医生）　　8. 公务员、事业单位人员

　　　9. 离退休人员　　10. 城乡无业、失业、半失业者　　11 其他

119. 过去 5 年，你共接受过多少次培训（包括就业、种养技能、手艺）

　　　　　　　　　　　　　　　　　　　　　　　　　119□□次

120. 除了你本人，你还有几个亲生的兄弟姐妹（不包括堂、表兄弟姐妹）

　　　　　　　　　　　　　　　　　　　　　　　　　120□个

　　　　　　其中：□个已经结婚的亲哥哥；　　　　□个未结婚的亲哥哥

　　　　　　　　　□个已经结婚的亲弟弟；　　　　□个未结婚的亲弟弟

121. 2013 年你个人全年的总收入是多少？　　　　　　　　　　121□

　　　①5000 元以下　　②5000～1 万元　　③1 万～2 万元　　④2 万～3 万元

　　　⑤3 万～4 万元　　⑥5 万～7 万元　　⑦7 万～9 万元　　⑧10 万元及以上

122. 2013 年你全家的全年总收入是多少？（包括和你一起居住的人，如妻子、父母）　　　　　　　　　　　　　　　　　　　　　　122□

　　　①5000 元以下　　②5000～1 万元　　③1 万～2 万元　　④2 万～3 万元

　　　⑤3 万～4 万元　　⑥5 万～7 万元　　⑦7 万～9 万元　　⑧10 万元及以上

123. 你上个月的日常生活费用支出是多少？（包括衣、食、住、行费用）

　　　　　　　　　　　　　　　　　　　　　　　　　123□

　　　①500 元以下　　②500～999 元　　③1000～1999 元　　④2000～2999 元

　　　⑤3000～3999 元　⑥4000～4999 元　⑦5000 元及以上

124. 和你家乡的同龄人相比，你认为自己的经济状况如何？　　　124□

　　　1. 很好　　　2. 较好　　　3. 一般　　　4. 较差　　　5. 很差

125. 目前，你和谁住在一起？（可多选）

1. 自己一个人住　　2. 和妻子　　　3. 和女朋友或者伴侣

4. 和父母　　5. 和孩子　　6. 和兄弟或姐妹　　7. 和岳父母

8. 和同事　　9. 和以上所有人外的其他人

126. 前，你住房内的设施有哪些？（可多选）

1. 自来水　　2. 独立的卫生间　3. 厨房　4. 电视　　5. 电脑

6. 洗澡设施　7. 冰箱　　8. 洗衣机　9. 空调　10. 电动自行车

11. 摩托车　12. 热水器　13. 煤气/天然气

127. 你有自己独立的房子吗？　　　　　　　　　　　　　127□

1. 有　　　　　　2. 没有（跳至 201 题）

128. 你房屋的结构是？　　　　　　　　　　　　　　　128□

1. 土木结构　　2. 砖瓦/砖木结构　　3. 砖混结构　　4. 其他

129. 你目前是否在乡镇企业或工厂打工？　　　　　　　　129□

1. 是　　　　　　2. 否

第二部分：个人生活态度、情绪状况

201. 生活质量状况

1. 你怎样评价你的生活质量？　1. 很差　　2. 差 3. 一般 4. 好 5. 很好	1□
2. 你对自己的健康状况满意吗？1. 很不满意　2. 不满意3. 一般　4 满意 5. 很	2□
3. 过去两周里，你觉得疼痛妨碍你去做自己需要做的事情吗？ 1. 完全不妨碍　　2. 很少妨碍　　3. 有妨碍　　4. 比较妨碍　5. 非常妨碍	3□
4. 过去两周里，你在日常生活中是否需要药物或医疗器械的帮助？ 1. 完全不需要　　2. 很少需要　　3. 需要　　4. 比较需要　　5. 非常需要	4□
5. 过去两周里，你觉得生活有乐趣吗？ 1. 完全没乐趣　　2. 很少有乐趣　3. 有乐趣　4. 比较有乐趣　5. 非常有乐趣	5□
6. 过去两周里，你觉得自己的生活有意义吗？ 1. 完全没意义　　2. 很少有意义　3. 有意义　4. 比较有意义　5. 非常有意义	6□
7. 过去两周里，你能集中注意力吗？ 1. 完全不能　　2. 很少能　　3. 能　　4. 比较能　　5. 非常能	7□
8. 过去两周里，日常生活中你感觉安全吗？ 1. 非常不安全　　2. 比较不安全　3. 一般　　4. 比较安全　　5. 非常安全	8□
9. 过去两周里，你的生活环境对健康好吗？ 1. 非常不好　　2. 比较不好　　3. 好　　4. 比较好　　5. 非常好	9□

10. 过去两周里，你有充沛的精力去应付日常生活吗？				10□
1. 非常没精力	2. 比较没精力	3. 一般	4. 比较有精力	5. 非常有精力
11. 过去两周里，你认为自己的外形过得去吗？				11□
1. 完全过不去	2. 比较过不去	3. 过得去	4. 比较过得去	5. 完全过得去
12. 过去两周里，你的钱够用吗？				12□
1. 完全不够用	2. 比较不够用	3. 够用	4. 比较够用	5. 完全够用
13. 过去两周里，在日常生活中你需要的信息都齐全吗？				13□
1. 非常不齐全	2. 比较不齐全	3. 齐全	4. 比较齐全	5. 非常齐全
14. 过去两周里，你有机会进行休闲活动吗？				14□
1. 完全没机会	2. 很少有机会	3. 有机会	4. 比较有机会	5. 非常有机会
15. 过去两周里，你的行动能力如何？				15□
1. 很差	2. 差	3. 不好也不差	4. 好	5. 很好
16. 过去两周里，你对自己的睡眠情况满意吗？				16□
1. 非常不满意	2. 不满意	3. 一般	4. 满意	5. 非常满意
17. 过去两周里，你对自己处理日常生活事情的能力满意吗？				17□
1. 非常不满意	2. 不满意	3. 一般	4. 满意	5. 非常满意
18. 过去两周里，你对自己的工作能力满意吗？				18□
1. 非常不满意	2. 不满意	3. 一般	4. 满意	5. 非常满意
19. 过去两周里，你对自己满意吗？				19□
1. 非常不满意	2. 不满意	3. 一般	4. 满意	5. 非常满意
20. 过去两周里，你对自己的人际关系满意吗？				20□
1. 非常不满意	2. 不满意	3. 一般	4. 满意	5. 非常满意
21. 过去两周里，你对自己的性生活满意吗？				21□
1. 非常不满意	2. 不满意	3. 一般	4. 满意	5. 非常满意
22. 过去两周里，你对自己从朋友那里得到的支持满意吗？				22□
1. 非常不满意	2. 不满意	3. 一般	4. 满意	5. 非常满意
23. 过去两周里，你对自己居住地的条件满意吗？				23□
1. 非常不满意	2. 不满意	3. 一般	4. 满意	5. 非常满意
24. 过去两周里，你对得到医疗卫生保健服务的方便程度满意吗？				24□
1. 非常不满意	2. 不满意	3. 一般	4. 满意	5. 非常满意
25. 过去两周里，你对自己的交通情况满意吗？				25□
1. 非常不满意	2. 不满意	3. 一般	4. 满意	5. 非常满意
26. 过去两周里，你有消极感受吗？（如情绪低落、绝望、焦虑、忧郁）				26□
1. 没有	2. 偶尔有	3. 时有时无	4. 经常有	5. 总是有
27. 家庭摩擦影响你的生活吗？				27□
1. 完全不影响	2. 很少影响	3. 影响	4. 比较影响	5. 非常影响
28. 你的食欲怎么样？				28□
1. 很差	2. 差	3. 一般	4. 好	5. 很好

29. 如果让你综合以上各方面（生理健康、心理健康、社会关系和周围环境等方面），给自己的生存质量打一个总分，你打□□□分？（满分为100分）

202. 个人生活态度

A. 在我的日常生活中，充满了使我感兴趣的事情。	☐	1. 是	2. 否
B. 我深信生活对我是残酷的。	☐	1. 是	2. 否
C. 我时常感到悲观失望。	☐	1. 是	2. 否
D. 我容易哭或想哭。	☐	1. 是	2. 否
E. 我容易入睡并且一夜睡得很好。	☐	1. 是	2. 否
F. 有时我也讲假话。	☐	1. 是	2. 否
G. 生活在这个丰富多彩的世界里是多么美好。	☐	1. 是	2. 否
H. 我确实缺少自信心。	☐	1. 是	2. 否
I. 我有时发脾气。	☐	1. 是	2. 否
G. 我总觉得人生是有价值的。	☐	1. 是	2. 否
K. 大部分时间我觉得自己还是死了的好。	☐	1. 是	2. 否
L. 我睡得不安，很容易被吵醒。	☐	1. 是	2. 否
M. 有时候我也会说人家闲话。	☐	1. 是	2. 否
N. 有时候我觉得我真的是毫无用处。	☐	1. 是	2. 否
O. 偶尔我听了下流的笑话也会发笑。	☐	1. 是	2. 否
P. 我的前途似乎没有希望。	☐	1. 是	2. 否
Q. 我想结束自己的生命。	☐	1. 是	2. 否
R. 我醒得太早。	☐	1. 是	2. 否
S. 我觉得我的生活是失败的。	☐	1. 是	2. 否
T. 我总是将事情看得严重些。	☐	1. 是	2. 否
U. 我对将来抱有希望。	☐	1. 是	2. 否
V. 我曾经自杀过。	☐	1. 是	2. 否
W. 有时候我觉得就要垮了。	☐	1. 是	2. 否
X. 有时候我因忧虑而失眠。	☐	1. 是	2. 否
Y. 我曾损坏过或遗失过别人的东西。	☐	1. 是	2. 否
Z. 有时我想一死了之，但又矛盾重重。	☐	1. 是	2. 否

203. 你在过去一周里有下面的感觉吗？

A. 过去一周里，你觉得自己心情好吗？	☐	1. 没有	2. 有时	3. 经常
B. 过去一周里，你觉得寂寞吗？	☐	1. 没有	2. 有时	3. 经常
C. 过去一周里，你觉得心里很难过吗？	☐	1. 没有	2. 有时	3. 经常
D. 过去一周里，你觉得自己的日子过得很不错嘛？	☐	1. 没有	2. 有时	3. 经常

E. 过去一周里，你觉得胃口不好吗？	☐	1. 没有	2. 有时	3. 经常
F. 过去一周里，你睡不好觉吗？	☐	1. 没有	2. 有时	3. 经常
G. 过去一周里，你觉得自己是有用的人吗？	☐	1. 没有	2. 有时	3. 经常
H. 过去一周里，你觉得自己没事可做吗？	☐	1. 没有	2. 有时	3. 经常
I. 过去一周里，你觉得生活中有很多有意思的事情吗？		1. 没有	2. 有时	3. 经常

204. 你是否同意下列说法？

	1. 完全 不同意	2. 有点 不同意	3. 有点 同意	4. 完全 同意
A. 如果我尽力去做的话，我总是能够解决问题的。	1	2	3	4
B. 即使别人反对我，我仍有办法得到我想要的。	1	2	3	4
C. 无论在我身上发生什么事，我都能轻松应对。	1	2	3	4
D. 面对一个难题时，我通常能找到多种解决办法。	1	2	3	4
E. 对我来说，坚持理想和达成目标是非常容易的。	1	2	3	4
F. 我自信能有效应对任何突然发生的事情。	1	2	3	4
G. 如果我付出努力，一定能够解决大多数的难题。	1	2	3	4
H. 我能冷静地面对困难，因为我相信自己的能力。	1	2	3	4
I. 以我的聪明才智，我能应付意料之外的情况。	1	2	3	4
J. 有麻烦的时候，我通常能想到一些应对的办法。	1	2	3	4

第三部分：婚姻生活

301. 对你来说，你觉得结婚是不是一件困难的事情？　　　　301☐

　　1. 非常困难　　　2. 比较困难　　　3. 一般　　　4. 容易

　　5. 非常容易

302. 如果你还没结婚，在选择对象时，你对对象的哪些方面有要求？（可多选）

　　1. 来自哪里　　2. 年龄　　3. 收入　　4. 职业单位

　　5. 是否结过婚　　6. 是否有小孩　　7. 城乡户口　　8. 家庭背景

　　（如家庭成员、经济状况）　　9. 性格　　10. 长相　　11. 身高

　　12. 健康状况　　13. 能力才干　　14. 其他

303. 你认为导致当前男人结婚难的主要原因是什么？（可多选）

1. 年龄　　2. 性格　　3. 周围女性太少　4. 家里太穷　5. 收入太低

6. 没有房子　　7. 受教育程度太低　　8. 父母的干涉

9. 找对象要求太多　10. 其他（请注明）＿＿＿＿

304. 下列事项是否会使你有压力？

	1. 非常有压力	2. 有压力	3. 有点压力	4. 没有压力	5. 不适用
A. 找不到对象或离婚。	1	2	3	4	5
B. 你或你子女的年龄越来越大。	1	2	3	4	5
C. 家庭经济困难。	1	2	3	4	5
D. 自己或家人的身体状况不好。	1	2	3	4	5
E. 日常生活无人照料，家务劳动重。	1	2	3	4	5
F. 感情上没有依靠或夫妻之间经常吵架。	1	2	3	4	5
G. 没有性生活或夫妻之间性生活不和谐。	1	2	3	4	5
H. 没有孩子。	1	2	3	4	5
I. 年老时无人照顾。	1	2	3	4	5
J. 与亲戚、朋友、邻居相处不好。	1	2	3	4	5
K. 老人（如父母、岳父母）和子女的日常生活照料。	1	2	3	4	5
L. 家人看病时的医疗费用支出或子女教育费用支出。	1	2	3	4	5
M. 父母对你婚事的催促，或你对子女婚事的担心。	1	2	3	4	5
N. 亲戚、朋友、邻居对你婚事或你子女婚事的关心。	1	2	3	4	5
O. 找不到对象时，父母的难过、自责情绪，或孩子找对象困难时，你帮不上忙。	1	2	3	4	5
P. 村里其他人对你婚事或你子女婚事的议论。	1	2	3	4	5

305. 在遭遇婚姻带来的压力时（如304），你会怎么样？　　　　　305□

　　1. 积极应对，寻找解决办法

　　2. 消极应对，压抑内心的情绪，哭泣、抱怨

　　3. 通过行动发泄自己的压力，如打架、自残、自杀等

306. 已婚者答，未婚、离婚、丧偶者不答

306.1 过去一年中你是否有过离婚的念头?　　　　　　　　　　　　　306.1□

　　1. 经常有　　　　2. 有时有　　　　3. 偶尔有　　　　4. 从来没有过

306.2 你认为配偶是否会提出与你离婚?　　　　　　　　　　　　　　306.2□

　　1. 肯定会　　　2. 也许会　　　3. 难说　　　4. 不大可能　　　5. 肯定不会

第四部分：生活事件

401. 过去 5 年，你自己或家人是否患过重大疾病?　　　　　　　　　401□

　　1. 是　　　　　　　2. 否

402. 过去 5 年，你自己或家人是否遭遇过意外事故?　　　　　　　　402□

　　1. 是　　　　　　　2. 否

403. 2013 年，你家在看病、住院等方面共花了多少钱?　　　　　　　402□

　　①1000 元以下　　②1000－3000 元　　③3000－5000 元

　　④5000—10000 元　　⑤1 万元以上

404. 目前，你名下承包地是如何处置的?（可多选）

　　1. 自己或家庭耕种　　　2. 卖给他人　　　3. 互相交换土地

　　4. 转包或出租给他人，收取租金　　　5. 生态（工程）移民

　　6. 其他

405. 过去 5 年，你外出打工时是否遭遇过工资被拖欠的情况?　　　　405□

　　1. 是　　　　　　　2. 否

406. 到目前为止，你名下的存款约为：　　　　　　　　　　　　　　406□

　　①1 万元以下　　②1 万 ~ 3 万元　　③3 万 ~ 5 万元　　④5 万 ~ 10 万元

　　⑤10 万元以上　　⑥无存款

407. 过去 5 年，你或你家人是否有过钱财被骗的经历?　　　　　　　407□

　　1. 有过　　　　　　2. 没有过

408. 未来 5 年，你家是否有建造新房或翻修房屋的打算?　　　　　　408□

　　1. 正在建造或翻修　　　2. 打算建造或翻修　　　3. 不打算建造或翻修

409. 未来 5 年，你家的男成员（包括你自己）是否有准备彩礼或举办婚礼

　　的打算?　　　　　　　　　　　　　　　　　　　　　　　　　409□

　　1. 是　　　　2. 否　　　　3. 不确定

410. 你与下述人员之间是否相互信任对方？

A. 父母	A□	1. 相互信任	2. 不清楚	3. 不能相互信任
B. 兄弟姐妹	B□	1. 相互信任	2. 不清楚	3. 不能相互信任
C. 大部分亲戚	C□	1. 相互信任	2. 不清楚	3. 不能相互信任
D. 大部分朋友	D□	1. 相互信任	2. 不清楚	3. 不能相互信任
E. 村里其他人	E□	1. 相互信任	2. 不清楚	3. 不能相互信任

411. 过去 5 年，你是否有向政府申请过补贴，如低保、五保或灾害救济，但没被批准的经历？　　　　　　　　　　411□

　　1. 是　　　　2. 否　　　　3. 没申请过

412. 你是否担心以下情况发生？

	1. 一点也不担心	2. 不担心	3. 说不准	4. 担心	5. 非常担心
A. 你自身或家人患重大疾病。	1	2	3	4	5
B. 你自身或家人发生意外事故。	1	2	3	4	5
C. 失去自己名下承包地的经营权。	1	2	3	4	5
D. 你或家人出去打工的工资收入得不到保障。	1	2	3	4	5
E. 自己名下没有存款。	1	2	3	4	5
F. 你或家人的钱财被骗。	1	2	3	4	5
G. 自家因建造新房或翻修房屋陷入经济困难。	1	2	3	4	5
H. 自家因结婚彩礼和婚娶费用的花费陷入经济困难。	1	2	3	4	5
I. 自己找不到对象或离婚。	1	2	3	4	5
J. 自己和家人、亲戚、朋友、同村人等的关系恶化。	1	2	3	4	5
K. 自己与家人、亲戚、朋友、同村人之间越来越不信任对方。	1	2	3	4	5
L. 自己在遭遇困难时，得不到亲戚、朋友、同村人的帮助。	1	2	3	4	5
M. 参与的合作社/协会等社会组织不能给自己提供帮助。	1	2	3	4	5
N. 生活困难或遭遇自然灾害时，你或家人得不到政府提供的保障。	1	2	3	4	5

第五部分：社会融合与社会支持

501. 你在认识朋友时，一般是主动的还是被动的？　　　　　　　501□

  1. 一直都是自己主动的　　　　2. 大部分情况下是自己主动

  3. 一半主动，一半被动　　　　4. 大部分情况下是被动的

  5. 一直都是被动的

502. 最近一个月，你是否与下列人员一起吃过饭、喝过酒、打过牌、串门聊过天？

A. 已婚男性人员	□	1. 经常一起	2. 偶尔一起	3. 从未一起过
B. 28 岁及以上的未婚男性人员	□	1. 经常一起	2. 偶尔一起	3. 从未一起过

503. 最近一个月，你是否参加过所在村庄或社区的管理和服务工作？　503□

  1. 经常参加　　　　　2. 偶尔参加　　　　　3. 从未参加过

504. 你与下述人员的关系怎样？

A. 父母	□	1. 非常好	2. 比较好	3. 一般	4. 比较不好	5. 非常不好
B. 兄弟姐妹	□	1. 非常好	2. 比较好	3. 一般	4. 比较不好	5. 非常不好
C. 大部分亲戚	□	1. 非常好	2. 比较好	3. 一般	4. 比较不好	5. 非常不好
D. 大部分朋友	□	1. 非常好	2. 比较好	3. 一般	4. 比较不好	5. 非常不好
E. 同村人	□	1. 非常好	2. 比较好	3. 一般	4. 比较不好	5. 非常不好

505. 当下列人员家有红白喜事时，你愿不愿意参加？

A 兄弟姐妹家	□	1. 非常愿意	2. 比较愿意	3. 无所谓	4. 比较不愿意	5. 非常不愿意
B 亲戚家	□	1. 非常愿意	2. 比较愿意	3. 无所谓	4. 比较不愿意	5. 非常不愿意
C 朋友家	□	1. 非常愿意	2. 比较愿意	3. 无所谓	4. 比较不愿意	5. 非常不愿意
D 同村人	□	1. 非常愿意	2. 比较愿意	3. 无所谓	4. 比较不愿意	5. 非常不愿意

506. 最近一年内，你在参加兄弟姐妹家、亲戚家、朋友家及同村其他人家的结婚、生子、生日或过寿等喜事时，一共送出了 □□□□元？

  其中：共送了兄弟/姐妹家□□次；共送了亲戚家 □□次；

  共送了朋友家□□次；共送了同村其他人家□□次。

507. 最近一年内，当兄弟姐妹家、亲戚家、朋友家及同村其他人家有人生病或过世时，你去探望或参加葬礼一共花费了 □□□□元？

其中：共送了兄弟/姐妹家□□次；共送了亲戚家 □□次；

共送了朋友家□□次；共送了同村其他人家□□次。

508. 最近一年内，在过年过节的时候，你一共送了兄弟姐妹家、亲戚家、朋友家及同村其他人家 □□□□元？

其中：共送了兄弟/姐妹家□□次；共送了亲戚家 □□次；

共送了朋友家□□次；共送了同村其他人家□□次。

509. 最近一年内，你在除上述喜事、探病或葬礼、过年过节等场合外的其他场合中，一共送了兄弟姐妹家、亲戚家、朋友家及同村其他人家 □□□□元？

其中：共送了兄弟/姐妹家□□次；共送了亲戚家 □□次；

共送了朋友家□□次；共送了同村其他人家□□次。

510. 你在与家人、亲戚、朋友或其他人交谈时，是否跟他们讲过心里话？

510□

1. 从不讲 　　　　2. 偶尔讲 　　　　3. 经常讲

511. 你觉得是否有必要遵守村里的风俗习惯（婚、丧、嫁、娶、过年过节的风俗）？

511□

1. 非常有必要 　　2. 比较有必要 　　3. 无所谓 　　4. 比较没必要

5. 非常没必要

512. 你是否从报纸、电视或互联网上获取新闻和流行事物信息？

512□

1. 从不 　　　　2. 偶尔 　　　　3. 经常

513. 你是否赞同"男孩和女孩应该接受同样的教育"？

513□

1. 赞同 　　　　2. 不赞同 　　　　3. 无所谓

514. 你在多大程度上愿意提前安排自己的婚姻事项（如彩礼、结婚费用、婚房准备）？

514□

1. 等需要时再说 　　　2. 仅对个别事项做事先计划

3. 大多数事项都事先仔细安排

515. 假如你和一位朋友约定某一时间见面，但他/她没有按时出现。你认为，多少分钟后他/她还没到算迟到？

515□

1. 一分钟以内也算迟到 　　　2. 一分钟到五分钟 　　　3. 五分钟到

十分钟

4. 十分钟到半小时　　　　　5. 半小时以上

516. 在工作和生活中，你是否受到过歧视（如语言讽刺、人格侮辱）？

516□

　　1. 受到过，且经常发生　　　2. 受到过，但次数很少　　　3. 没有

517. 对于以下说法你是否同意？

	1. 完全同意	2. 同意	3. 说不清	4. 不同意	5. 完全不同意
A. 你愿意与 28 岁及以上的未婚男性人员做朋友。	1	2	3	4	5
B. 你愿意与 28 岁及以上的未婚男性人员一起吃饭、喝酒、打牌、串门聊天。	1	2	3	4	5
C. 在与 28 岁及以上的未婚男性人员交谈时，你愿意跟他讲心里话。	1	2	3	4	5
D. 在与 28 岁及以上的未婚男性人员交往时，你感觉有隔阂。	1	2	3	4	5
E. 对于找不到对象的人，政府应该给予帮助和支持。	1	2	3	4	5
F. 你愿意参加村庄或社区的管理和服务工作。	1	2	3	4	5
G. 你愿意与已婚男性人员做朋友。	1	2	3	4	5
H. 你愿意与已婚男性人员一起吃饭、喝酒、打牌、串门聊天。	1	2	3	4	5
I. 在与已婚男性人员交谈时，你愿意跟他讲心里话。	1	2	3	4	5
J. 在与已婚男性人员交往时，你感觉有隔阂。	1	2	3	4	5

518. a. 你如果要借东西（如钱、白糖、钳子），或请人帮助做些屋里屋外的小事（如搬东西、买日常用品），下面几类人群中分别有多少人帮助你？

　　1. 帮助你的家人：共□□人　　　2. 帮助你的亲戚：共□□人

　　3. 帮助你的同村人：共□□人　　　4. 帮助你的朋友：共□□人

　　5. 帮助你的领导、同事：共□□人　　6. 帮助你的网友：共 □□人

　　7. 帮助你的其他人：共 □□人

b. 请在上述帮助你的人员中，列举出你认为最重要的 3 位帮助者的相关信息：

	与你的关系	性别	年龄	是否结婚	职业	受教育程度
1						
2						
3						

519. a. 你如果因为某些问题心情不好（如跟别人吵架、生活不顺等），你分别会跟多少人诉说？

    1. 诉说的家人：共 □□ 人   2. 诉说的亲戚：共 □□ 人

    3. 诉说的同村人：共 □□ 人   4. 诉说的朋友：共 □□ 人

    5. 诉说的领导、同事：共 □□ 人   6. 诉说的网友：共 □□ 人

    7. 诉说的其他人：共 □□ 人

b. 请在上述诉说的人员中，列举出你认为最重要的 3 位诉说者的相关信息：

	与你的关系	性别	年龄	是否结婚	职业	受教育程度
1						
2						
3						

520. a. 如果你要串门聊天、喝酒、打牌、看戏、看电影，你通常会找的各类人的人数有多少？

    1. 一起的家人：共 □□ 人   2. 一起的亲戚：共 □□ 人

    3. 一起的同村人：共 □□ 人   4. 一起的朋友：共 □□ 人

    5. 一起的领导、同事：共 □□ 人   6. 一起的网友：共 □□ 人

    7. 一起的其他人：共 □□ 人

b. 请在上述一起的人员中，列举出你认为最重要的 3 位人员的相关信息：

	与你的关系	性别	年龄	是否结婚	职业	受教育程度
1						
2						
3						

521. a. 你如果要找工作，下列几类人群中，为你提供就业信息或介绍工作的人分别有多少？

    1. 帮助你的家人：共 □□人   2. 帮助你的亲戚：共 □□人

    3. 帮助你的同村人：共 □□人   4. 帮助你的朋友：共 □□人

    5. 帮助你的领导、同事：共 □□人   6. 帮助你的网友：共 □□人

    7. 帮助你的其他人：共 □□人

    b. 请在上述帮你找工作的人员中，列举出你认为最重要的 3 位人员的相关信息：

	与你的关系	性别	年龄	是否结婚	职业	受教育程度
1						
2						
3						

522. a. 下列几类人群中，为你介绍过交往对象的人分别有多少？

    1. 家人中共 □□人介绍过   2. 亲戚中共 □□人介绍过

    3. 同村人中共 □□人介绍过   4. 朋友中共 □□人介绍过

    5. 领导、同事中共 □□人介绍过   6. 网友中共 □□人介绍过

    7. 其他人中共 □□人介绍过

    b. 请在上述人员中，列举出为你介绍对象次数最多的 3 位人员的相关信息：

	与你的关系	性别	年龄	是否结婚	职业	受教育程度
1						
2						
3						

523. 你一般通过哪些途径找对象？（可多选）

    1. 自由恋爱   2. 熟人或媒人介绍

    3. 婚姻中介机构   4. 相亲大会或联谊大会

    5. 婚恋网、QQ 聊天、微信、微博等工具   6. 其他

524. 如果你还没结婚，你是否愿意参加"非诚勿扰""我们约会吧"等相亲节目举办的农村单身男性专场活动？   524□

1. 愿意   2. 不愿意   3. 不清楚

525. 目前，你是否加入了农民专业合作组织（如农民合作社）或农产品行业协会？   525□

     1. 是   2. 否（跳至第 528 题）

526. 你是否参加过农村专业合作组织或行业协会举办的活动？   526□

     1. 经常参加   2. 偶尔参加   3. 从不参加

527. 加入农民专业合作组织或农产品行业协会后，对你的生产或生活是否有帮助？   527□

     1. 有   2. 没有

528. 目前，你是否购买了商业保险（如人身保险、财产保险、商业养老保险等）？   528□

     1. 是   2. 否

529. 过去 5 年，你是否向民间融资机构借过钱？   529□

     1. 是   2. 否

530. 过去 5 年，你是否将钱借给过其他组织或个人，以获取更高收益？   530□

     1. 是   2. 否

531. 过去 5 年，你是否向银行或信用社申请过贷款？   531□

     1. 申请过，但没成功   2. 申请成功过   3. 没申请过

532. 过去 5 年，你是否找过有关部门（如工会）帮你解决权益被损的问题（如被骗/拖欠工资）？   532□

     1. 找过，问题被成功解决   2. 找过，但问题没被解决

     3. 没找过

533. 如果权益被损（如被骗/拖欠工资/强拆），你是否会向有关部门（如工会）求助？   533□

     1. 会   2. 不会   3. 不知道

534. 你是否参加了新型农村合作医疗？   534□

     1. 已参加   2. 未参加但打算参加（跳至 537 题）

     3. 未参加也不打算参加（跳至 537 题）

535. 自参加新型农村合作医疗以来，你或家里人是否报销过医药费？   535□

     1. 经常报销   2. 偶尔报销   3. 从没报销过

536. 自参加新型农村合作医疗以来，你或你家里享受过哪些方面的补助或优惠政策？（可多选）

　　1. 计划生育定向补助　　　　2. 普通疾病或慢性疾病门诊就医补助

　　3. 重病住院补助　　　　4. 免费健康体检　　　　5. 其他

537. 你是否参加了城乡居民社会养老保险（新型农村社会养老保险）？

537□

　　1. 已参加　　　　　　　　2. 未参加但打算参加

　　3. 未参加也不打算参加（跳至 539 题）

538. 如果你已经参加或打算参加城乡居民社会养老保险（新农保），你选择哪一缴费档次？

538□

　　1. 每年 100 元　　2. 每年 200 元　　3. 每年 300 元　　4. 每年 400 元

　　5. 每年 500 元　　6. 每年 600 元　　7. 每年 700 元　　8. 每年 800 元

　　9. 每年 900 元　　10. 每年 1000 元　　11. 每年 1500 元

　　12. 每年 2000 元

539. 2013 年你家农业补贴一共发了□□次，共 □□□□元？

540. 目前，你或你家是否参加了政策性农业保险（如种植业保险/能繁母猪/生猪保险等）？

540□

　　1. 已参加　　2. 未参加但打算参加（跳至 542 题）

　　3. 未参加也不打算参加（跳至 542 题）

541. 如果你或你家参加了政策性农业保险，是否因遭受损失得到过赔偿？

541□

　　1. 是　　　　　　2. 否

542. 你或你家现在是否享受低保或五保？

542□

　　1. 享受低保　　　2. 享受五保　　　3. 二者都没有

543. 在你最近遭遇的 3 次困难中，你获得过下列哪些人或组织的帮助？（可多选）

　　1. 父母　　2. 兄弟姐妹　　3. 亲戚　　4. 朋友

　　5. 同村人　　6. 合作社/专业协会　　7. 政府组织　　8. 其他人

　　9. 没有帮助（跳至 545 题）

544. 上述帮助你的人或组织分别提供了怎样的帮助？（可多选，请在相应的数字上打"√"）

	1. 赠送资金	2. 无息借款	3. 提供劳动支持	4. 情绪上安慰/开导	5. 提供相关信息	6. 提供物质帮助，如食物	7. 其他
父母	1	2	3	4	5	6	7
兄弟姐妹	1	2	3	4	5	6	7
亲戚	1	2	3	4	5	6	7
朋友	1	2	3	4	5	6	7
同村人	1	2	3	4	5	6	7
合作社/专业协会	1	2	3	4	5	6	7
政府组织	1	2	3	4	5	6	7
其他人	1	2	3	4	5	6	7

545. 对于以下说法你是否同意？

	1. 完全同意	2. 同意	3. 说不清	4. 不同意	5. 完全不同意
A. 你遇到麻烦时亲戚或邻居会帮助你。	1	2	3	4	5
B. 你有高兴或不高兴的事时亲戚或邻居愿意听你说说。	1	2	3	4	5
C. 你的家人能够给你提供非常实际的帮助，如借钱、帮忙种地等。	1	2	3	4	5
D. 在需要时你的家人能够安慰和鼓励你。	1	2	3	4	5
E. 当你有困难时，你能得到你亲戚和邻居的安慰。	1	2	3	4	5
F. 在你需要的时候，你的朋友都能够真正帮助你。	1	2	3	4	5
G. 当你有困难时，你可以依靠你的朋友。	1	2	3	4	5
H. 你有困难时你可以跟家人说一说，让他们出出主意。	1	2	3	4	5
I. 你有高兴或不高兴的事时你的朋友们愿意听你说说。	1	2	3	4	5
J. 你的亲戚、邻居和朋友中有人关心你的日子过得好不好。	1	2	3	4	5
K. 你的家人很愿意帮助你下决心、做决定。	1	2	3	4	5
L. 你碰到困难时可以跟朋友说说，让他们出出主意。	1	2	3	4	5

续表

	1. 完全同意	2. 同意	3. 说不清	4. 不同意	5. 完全不同意
M. 你有困难时可以向农民合作社、借贷机构等社会组织申请获得资金/劳动力/物质帮助等。	1	2	3	4	5
N. 当你有困难时，你能得到政府的救助和补贴。	1	2	3	4	5

第六部分：政策和服务

601. 你的父母是否健在？　　　　　　　　　　　　　　601□

　　1. 父母亲都健在　　　　　　　2. 母亲健在，父亲已去世

　　3. 父亲健在，母亲已去世　　　4. 父母亲都去世（跳至 603 题）

602. 目前，你父母的养老方式为：　　　　　　　　　　602□

　　1. 父母还不到养老的年龄

　　2. 家庭养老，依靠子女

　　3. 自我养老，依靠土地/储蓄等

　　4. 养老保险养老，依靠社会养老保险或商业养老保险

　　5. 机构养老，父母住在养老院等机构

603. 未来，你希望的养老方式为：　　　　　　　　　　603□

　　1. 家庭养老，主要依靠子女

　　2. 自我养老，主要依靠土地、储蓄等

　　4. 养老保险养老，依靠社会养老保险或商业养老保险

　　5. 机构养老，住在养老院等机构

604. 如果某一个村的"村规民约"同意"上门女婿"与本村其他人享有一样的土地和财产分配权利，而你还没结婚，你是否愿意去做"上门女婿"？

　　　　　　　　　　　　　　　　　　　　　　　　　604□

　　1. 愿意　　　　2. 不愿意　　　　3. 不清楚

605. 请你对下列相关政策或服务的重要性和满意度做出评价。

政策和服务种类		①你觉得以下政策或服务，对你重要吗？ 1. 完全不重要 2. 比较不重要 3. 一般 4. 比较重要 5. 非常重要	②你对以下政策或服务的执行和实施情况，满意吗？ 1. 非常不满意 2. 比较不满意 3. 一般 4. 比较满意 5. 非常满意 6. 从未参加过或享受过
1	新型农村合作医疗	☐	☐
2	城乡居民社会养老保险（新型农村社会养老保险）	☐	☐
3	政策性农业保险（如种植业/能繁母猪保险等）	☐	☐
4	农村居民最低生活保障	☐	☐
5	五保户供养	☐	☐
6	农业补贴	☐	☐
7	生态移民补贴	☐	☐
8	饮用水安全工程	☐	☐
9	生殖健康服务	☐	☐
10	心理健康服务	☐	☐
11	婚姻中介服务机构、婚恋网	☐	☐

606. 你认为新型农村合作医疗在哪些方面还需改进？（可多选）

　　1. 提高报销比例　　　　　　2. 增加可报销药品及服务种类

　　3. 增加医保定点医院　　　　4. 简化报销手续

　　5. 降低医保定点单位药品和服务的价格

　　6. 方便异地报销　　　　　　7. 不清楚

607. 你认为城乡居民社会养老保险（新型农村社会养老保险）在哪些方面还需改进？（可多选）

　　1. 加大政策宣传　　　　　　2. 降低起付标准

　　3. 减少缴费年限　　　　　　4. 增加每月发放的费用

　　5. 完善账户基金管理　　　　6. 提高地方政府的缴费补贴

　　7. 不清楚

608. 你认为政策性农业保险在哪些方面还需改进？（可多选）

　　1. 加大政策宣传力度　　　　2. 降低保费支付标准

3. 提高政府的保费补贴　　　　4. 提高保险公司管理水平

5. 完善财政补贴机制　　　　　6. 不清楚

609. 你认为农村居民最低生活保障和五保户供养政策在哪些方面还需改进？

1. 增加名额　　　　2. 改进评选方式　　　3. 提高补助标准

4. 及时发放补助　　5. 简化申请手续　　　6. 不清楚

610. 你希望政府在农业补贴或生态移民补贴等方面做出怎样的完善？（可多选）

1. 增加补贴项目　　　　2. 提高补贴标准　　　　3. 及时发放补贴

4. 不清楚

611. 你希望得到哪方面的生殖健康知识？（可多选）

1. 性保健知识　　　2. 性病/艾滋病防治　　　3. 安全性行为

4. 性生理　　　　　5. 性心理　　　　　　　　6. 优生优育

7. 受孕原理和避孕节育　　　　　　　　　　　8. 不清楚

612. 你希望得到哪方面的心理辅导？（可多选）

1. 婚恋、择偶等两性心理问题

2. 人际关系问题（如与家庭、同村人、同事之间的交往）

3. 自己的身心管理（如饮食、压力与情绪管理等）

4. 物质依赖（如酗酒、过度吸烟等）

5. 危机干预（如突发事件心理应急措施）

6. 择业、就业等职业发展问题

7. 不清楚

调查结束，感谢你的支持与配合！

[246] **附录 2：婚姻挤压背景下农村男性生命质量的百村调查问卷**

访谈地点：＿＿＿＿＿＿＿＿＿＿省＿＿＿＿＿＿＿＿市/县

＿＿＿＿＿＿＿＿＿＿乡/镇＿＿＿＿＿＿＿＿村委会

调查员：＿＿＿＿＿＿＿＿＿＿

你好！西安交通大学人口与发展研究所正在开展一项关于"农村男性生活质量状况"的百村社会调查，特邀请你参加本次调查。你的合作对我们了解有关信息和制定社会政策，将有十分重要的作用。根据《统计法》第三章第十四条，本资料"属于私人、家庭的单项调查资料，非经本人同意，不得泄露"。我们向你郑重承诺：本次调查的信息严格保密，除了合格的研究人员，任何人不会接触到这些资料，不会造成你村委会/居委会和个人信息的泄露。请你放心。

谢谢你的合作！

农村男性家庭生活状况调查课题组
2016 年 01 月

请记录当前时间：□□月□□日□□时□□分

填写说明：① 本村是指仅限于自然村；　② 请在符合实际情况的选项上打"√"；在"□"和"＿＿＿＿"填写相应内容。

一、村庄的基本信息

1. 本村所在地在地理上属于：

　　1. 丘陵　　2. 山区　　3. 高原　　4. 平原　　5. 草原　　6. 岛屿

　　7. 其他_____

2. 本村所在地是否属于矿产资源区？　　　　　1. 是　　2. 否

3. 本村所在地是否属于风景区？　　　　　　　1. 是　　2. 否

4. 本村所在地是否属于自然灾害频发区？　　　1. 是　　2. 否

5. 本村是否开通公路？　　　　　　　　　　　1. 是　　2. 否

6. 村内的路面状况是？

　　1. 水泥　　　　2. 柏油　　　　3. 沙石　　　　4. 未硬化

7. 本村到镇上的距离：□□公里；到最近集市的距离：□□公里。

8. 本村村民乘坐公交车是否方便？

　　1. 很方便　　2. 方便　　　　3. 不方便　　4. 很不方便

9. 基础服务设施

	本村有没有？	如果没有，最近的有多远？
银行/信用社	1. 有　　2. 没有	□□□公里
超市	1. 有　　2. 没有	□□□公里
农贸市场	1. 有　　2. 没有	□□□公里
医院/卫生院	1. 有　　2. 没有	□□□公里
邮局	1. 有　　2. 没有	□□□公里
养老院	1. 有　　2. 没有	□□□公里

	本村有没有？	如果没有，最近的有多远？
小商店/小卖部	1. 有　　2. 没有	□□□公里
卫生室/诊所	1. 有　　2. 没有	□□□公里
老年活动室	1. 有　　2. 没有	□□□公里
图书室	1. 有　　2. 没有	□□□公里
体育健身场所	1. 有　　2. 没有	□□□公里
棋牌活动室	1. 有　　2. 没有	□□□公里
下水道系统	1. 有　　2. 没有	□□□公里

10. 本村提供的服务有哪些？（多选）

　　1. 健康体检　　2. 健康知识培训　　3. 生活照料　　4. 婚丧服务

　　5. 解决纠纷　　6. 组织娱乐活动　　7. 提供就业信息

　　8. 农业信息发布　　9. 技术培训

11. 村里的生活用水来源？

　　1. 自来水　　2. 水井　　3. 小水库　　4. 河水　　5. 其他

12. 村里的生活燃料来源？

　　1. 薪柴或秸秆　　2. 煤　　3. 沼气　　4. 天然气　　5. 液化气　　6. 电

　　7. 太阳能　　8. 其他

13. 本村现有□□□个村办集体企业？2015 年的总产值是□□□□万元。

14. 本村 2015 年的人均年收入是□□□□□元。

15. 人口统计

	2013 年	2014 年	2015 年
总户数			
总人数			
男性人口总数（包括孩子）			
20～28 岁的未婚男性多少人？			
28 岁以上的未婚男性多少人？			
超过 35 岁的未婚男性人口总数			
超过 65 岁的未婚男性人口总数			
20～28 岁的未婚女性多少人？			
28 岁以上的未婚女性多少人？			

	2013 年	2014 年	2015 年
本村总共多少人外出打工？			
其中外出打工的男性多少人？			
外出打工的女性多少人？			
超过 20 岁的未婚男性外出打工人数			
超过 28 岁的未婚男性外出打工人数			
超过 35 岁的未婚男性外出打工人数			
超过 20 岁的未婚女性外出打工人数			
有多少媳妇是从同县外村来的？			
有多少媳妇是从外省、外市或外县来的？			
有多少媳妇是从外国来的？			
村里有多少姑娘外嫁（非本村）？			
村里有多少上门女婿？			

16. 与附近村庄相比，本村的男性结婚困难吗？

　　1. 非常困难　　2. 比较困难　　　3. 一般　　4. 比较容易　　5. 非常
　　容易

17. 在本村，男性的结婚年龄一般是□□岁，通常不超过□□岁；
　　女性的结婚年龄一般是□□岁，通常不超过□□岁。

18. 在本村，结婚时，男方一般花费（包括盖新房、彩礼、办酒席）□□万
　　元；女方一般花费（包括办嫁妆）□□万元。

19. 最近 5 年，结婚花费变化大吗？

　　1. 几乎每年增加　　2. 增加一点　　3. 差不多　　4. 减少一点
　　5. 减少很多

20. 在本村，老年人主要依靠：　　1. 家庭养老　　2. 养老院养老
　　3. 两者结合

二、生活质量状况

1. 你觉得村里"超过 28 岁还没结婚的男性"的整体生活质量怎样？

　　1. 非常差　　　2. 比较差　　　3. 一般　　　4. 比较好
　　5. 非常好

2. 在本村，超过 28 岁的未婚男性中：

1）高中、中专、技校、大专、大学文化程度的有□□人。

2）父母双方都健在的有□□人；

仅母亲健在的有□□人；

仅父亲健在的有□□人。

3）和父母、兄弟姐妹一起住的有□□人；自己独自住的有□□人。

4）住房是瓦房的有□□人；平房的有□□人；楼房的有□□人。

5）有手机或电话的有□□人；装卫星电视（锅）或有线电视的有□□人；

装电脑的有□□人。

6）有摩托车的有□□人；有电动自行车或电动三轮车的有□□人；

有农用三轮车的有□□人；有拖拉机的□□人。

3. 在本村，超过 28 岁的未婚男性中：

1）吃饭、穿衣、洗澡、上厕所有困难的有□□人。

2）上下楼梯、步行、乘坐汽车有困难的有□□人。

3）参加体力劳动（如田间、工地）有困难的有□□人。

4）患慢性病（糖尿病、癌症、心脏病、高血压、胃病、风湿病）的有□□人。

5）身体有缺陷（如手脚、耳、眼、口、鼻残疾）的有□□人。

6）大脑受损或智力缺陷的有□□人。

7）身体健康的有□□人。

4. 最近 3 年，本村超过 28 岁的未婚男性中：

1）遭遇过交通事故或严重意外伤害的有□□人。

2）住院时间超过 15 天的有□□人。

3）住院时间超过 30 天的有□□人。

5. 本村超过 28 岁的未婚男性中，遭到过骗婚、逃婚事件的有□□人；

被骗金额在 1 万元以下的有□□人；被骗金额在 1 万元以上的有□□人。

6. 2015 年，本村超过 28 岁的未婚男性的人均年收入是□□□□□元。

7. 本村超过 28 岁的未婚男性中，欠外债的有□□人。

8. 本村超过 28 岁的未婚男性，会手艺（如种养/加工/机械操作）的有□□人。

9. 在本村，超过 28 岁的未婚男性中：

1）正在从事：农业种植、养殖的有□□人；出租耕地、林地的有□□人；

外出打工、就近打工的共有□□人；做生意的有□□人；

医生、教师、乡村干部、政府工作人员的有□□人。

2）对于村庄事务的管理和服务工作（如村民大会、兴修基础设施），经常参加的有□□人；偶尔参加的有□□人；基本不参加的有□□人。

10. 在本村，超过 28 岁的未婚男性中：

    1）与家人关系好的有□□人；与家人关系一般的有□□人；

    与家人不好的有□□人；

    2）与邻里关系好的有□□人；与邻里关系一般的有□□人；

    与邻里关系不好的有□□人。

    3）经常和村民一起聊天、打牌、喝酒的有□□人。

    偶尔和村民一起聊天、打牌、喝酒的有□□人。

    基本不和村民一起聊天、打牌、喝酒的有□□人。

    4）聊天、打牌、喝酒的对象基本不变的有□□人。

    聊天、打牌、喝酒的对象经常变化的有□□人。

11. 在本村，超过 28 岁的未婚男性中：

    1）抽烟的有□□人；经常喝酒的有□□人；参与赌博的有□□人。

    2）吵架、乱发脾气的有□□人；成天闲逛、花钱大手大脚的有□□人。

12. 在本村，超过 28 岁的未婚男性会受到村里人的议论、歧视吗？

    1. 都会受到   2. 大部分人会受到   3. 个别人会受到

    4. 都不会受到

13. 在本村，超过 28 岁的未婚男性中：   参加新农合的有□□人；

参加新农合补充保险的有□□人；   参加养老保险的有□□人；

有□□人是低保户；有□□人是五保户。

14. 社会化服务组织

	本村有没有？	超过 28 岁的未婚男性中，有几人参与？
专业合作社（农业合作社）	1. 有 2. 没有	□□人
专业协会（技术、生产、供销、加工）	1. 有 2. 没有	□□人
龙头企业或公司带动的农户	1. 有 2. 没有	□□人

15. 你觉得超过 28 岁的未婚男性，生活中面临的最大困难是？

　　1. 日常生活无人照料　　2. 孤独　　3. 压力大　　4. 与人交往

　　5. 经济生活困难　　6. 养老　　7. 无人帮助　　8. 其他＿＿＿＿＿＿

三、被访者信息

1. 你在村委会/居委会（社区）的职务是？

　　1. 主任（村长）　　2. 书记　　3. 会计　　4. 其他工作人员＿＿＿＿＿＿

2. 你的受教育程度是：

　　1. 没上过学　　2. 小学　　3. 初中　　4. 高中（含中专、技校）

　　5. 大专　　6. 本科及以上

3. 你的政治面貌是：　　1. 共产党员　　2. 民主党派　　3. 共青团员　　4. 群众

4. 请问你的姓名是：〔＿＿＿＿＿＿＿＿＿＿＿＿〕

5. 请问你的联系电话是：□□□□□□□□□□□

6. 请问村委会的联系电话是：区号□□□□＋电话号码□□□□□□□□

　　请记录当前时间：□□月□□日□□时□□分

图书在版编目（CIP）数据

中国农村男性的婚姻困境与突破：基于生命质量和
社会支持视角／杨雪燕，王洒洒著. -- 北京：社会科
学文献出版社，2023.9
（西安交通大学人口与发展研究所. 学术文库）
ISBN 978 - 7 - 5228 - 2416 - 1

Ⅰ. ①中… Ⅱ. ①杨… ②王… Ⅲ. ①农村 - 男性 -
婚姻问题 - 研究 - 中国 Ⅳ. ①D669.1

中国国家版本馆 CIP 数据核字（2023）第 165139 号

西安交通大学人口与发展研究所·学术文库
中国农村男性的婚姻困境与突破：基于生命质量和社会支持视角

著　　者／杨雪燕　王洒洒

出 版 人／冀祥德
组稿编辑／周　丽
责任编辑／王玉山
责任印制／王京美

出　　版／社会科学文献出版社·城市和绿色发展分社（010）59367143
　　　　　地址：北京市北三环中路甲 29 号院华龙大厦　邮编：100029
　　　　　网址：www.ssap.com.cn
发　　行／社会科学文献出版社（010）59367028
印　　装／三河市尚艺印装有限公司

规　　格／开　本：787mm × 1092mm　1/16
　　　　　印　张：18.25　字　数：296 千字
版　　次／2023 年 9 月第 1 版　2023 年 9 月第 1 次印刷
书　　号／ISBN 978 - 7 - 5228 - 2416 - 1
定　　价／108.00 元

读者服务电话：4008918866

版权所有 翻印必究